빈 들의 향기, 백비(白碑)

빈 들의 향기, 백비(白碑)

초판 1쇄 인쇄 | 2021년 08월 08일
지은이 | 임병식
펴낸이 | 이재욱(필명:이승훈)
펴낸곳 | 해드림출판사
주 소 | 서울 영등포구 경인로82길 3-4(문래동1가 39)
센터플러스빌딩 1004호(07371)
전 화 | 02-2612-5552
팩 스 | 02-2688-5568
E-mail | jlee5059@hanmail.net

등록번호 제2013-000076
등록일자 2008년 9월 29일

ISBN 979-11-5634-467-4

임병식 수필집

빈 들의 향기, 백비(白碑)

해드림출판사

펴내는 글

문여기인(文如其人)

앞으로 더 책을 내게 될지 모르지만, 이번이 마지막이란 생각으로 그간 써놓은 작품을 간추렸다. 단행본인 〈꽃씨의 꿈〉을 낸 것이 2015년이니까 꼭 6년 만이다. 꾸준히 쓰다 보니 한군데 모아 갈무리할 필요가 생겼다.

넘치는 샘물을 퍼내야 한다. 그렇지 않으면 한데로 흘러서 옷자락을 적시게 된다. 마찬가지로 작품도 넘치면 흩어지기 쉽고 비단 그것으로 그치지 않는다. 생각의 흐름을 막아놓아 자꾸만 글을 쓰는데 신경이 쓰이게 한다.

그간 나는 열네 권의 수필집을 냈다. 그렇다고 만족한 것은 아니다. 오히려 낼 때마다 미흡하여 부끄러움을 느낀다. 사람이 어디 한 군데라도 특출한 데가 있어야 하는데 그렇지 못하니 의욕을 앞세우나 태작만 내놓고 있을 뿐이다.

그렇지만 심마니가 노상 허탕을 치면서도 산에 드는 것을 마다하지 않듯이 나도 컴퓨터 자판기 앞을 떠나지 못한다. 열심히 쓰면 혹여 좋은 작품 하나쯤 얻을 수 있지 않을까 해서다.

그간 써온 작품을 골라서 목차를 꾸미고 보니 그런대로 균형이 잡힌 듯하다. 이는 내가 어느 주제를 가지고 시리즈로 쓰지 않고 그때마다 생각나는 작품은 쓰지만 나름 균형감각을 가지고 써온 터인지 모른다.

나는 "문여기인"이라는 말을 좋아한다. 글과 사람이 같다는 해석의 측면을 넘어, 바로 글은 그 사람이어야 한다는 생각을 지닌 까닭이다. 따라서 글은 허황되게 과하지 않고 그러면서도 내숭이 없는 글이어야 한다고 믿는다.

나는 비교적 그 기준에 맞추어 글을 써왔다고 생각한다. 나는 내가 뛰어나서 주목을 받지는 못하더라도 후대인에게 하나의 참고가 되었으면 한다. 내가 살아온 한 시대를 내 글을 통해 엿보고 느꼈으면 한다.

하지만 부족한 탓에 그럴 수 있을지 모르겠다. 부디 이 책을 접한 분들은 부족함을 널리 해량하여 주었으면 한다. 나는 앞으로는 기력이 남아있는 한 글을 쓸 것이다. 앞으로 더 책을 낼 기회가 있을지 모르나, 마지막이라는 생각으로 묶어 펴낸다.

2021년 여름

임병식

목차

2부 의미 있는 나들이 · 85

3부 또 다른 백아와 종자기 · 159

4부 앵무새 둥지 탈출 · 233

1부

모정의 바닷길

둠벙의 추억

산책을 하면서 사랫길을 걷는 한 아이를 생각한다. 그 아이는 신고 있는 고무신에 물이 넘쳐 들어와 미끄덩한 상태에서 조심조심 걷고 있다. 그 모습은 바로 내 어릴 적의 자화상. 그렇게 걷다 보면 개구리는 한두 발 앞에서 미리 뛰어나가고 메뚜기는 거의 밟힐 지경이 되어야 다급하게 후닥닥 소란을 피우며 내달았다.

그런 사랫길을 걸으며 가을이면 나는 메뚜기를 잡았다. 물가에 자라는 강아지풀 꺾어서 꿰미를 만들어 메뚜기목을 꿰면 그것들은 축 늘어지면서도 끝까지 반항하며 발버둥을 쳤다. 논둑길 어느 가장자리에는 둠벙이 있었다. 크지도 작지도 않은 물구덩이에 불과했지만, 거기에는 뚜껑처럼 이끼가 잔뜩 낀 데다 절반쯤은 웃자란 수초가 차지하고 있었다.

그 속에는 장구벌레를 비롯하여 소금쟁이며 거머리가 진을 치고 있었다. 농업용수 확보를 위해 가둬두는 곳이라 사시사철 물이 담겨있었다. 그곳을 우리는 둠벙이라 불렀다. 물을 가둬두는 형태는 규모에 따라 제각기 달리 부른다. 큰 규모는 댐, 그다음의 것은 저수지, 그리고 그보다 작은 것은 둠벙과 웅덩이가 있다. 말하자면 돌도 크기에 따라 바위, 돌, 자갈, 모래로 불리듯이 세분화된 셈이다.

그중에서 둠벙은 소규모에 해당한다. 적당한 규모에 물을 가둬두기는 하지만 그렇다고 양어장은 아니다. 더구나 식수로 쓰기 위함도 아니다. 오직 농업용수를 위해서 예비적으로 관리한 것이다. 규모는 통상 1.5*m*~2*m*의 깊이가 보통이다.

오늘 자 지방판 신문에는 이 둠벙이 보도되었다. 전남지방 농민들의 요구에 의해 내년 도내에다 300곳의 둠벙을 조성하기로 했다는 것이다. 수생생물 보호와 가뭄 해갈에 대비하기 위한 방책이라고 한다.

나는 그 기사를 보면서 문득 어릴 적에 자주 구경하던 고향의 한 둠벙을 떠올렸다. 그러자니 그곳에서 놀던 일과 주변 풍경이 어려왔다. 문득 그리움이 사무쳐왔다. 그때가 언제였던가.

한편, 나는 둠벙 기사를 보면서 조금은 엉뚱하게 이색적으로 붙여진 명칭을 생각해 본다. 왜 그렇게 붙였을까? 그것은 혹시 용두레로 물을 풀 때면 '첨벙' 하는 소리가 나는데 거기서 따온 의성어가 아닐까? 그 연장선에서 나는 또 다른 것을 연상해 본다. 그것은 초가지붕에 새 이엉을 올리면서 걷어낸 썩은새를 보면 그 속에 굼벵이가 많은데 그 이름이 순우리말 '굼뜨다'에서 생겨났듯이 첨벙하는 소리 또한 그렇게 변형되어 '둠벙'이 되지 않았나 생각도 해본다.

수년 전 12월 이맘때로 기억한다. 내가 살고 있는 곳에서 그리 멀지 않은 순천 낙안읍성을 찾아간 적이 있다. 가던 날은 마침 월동준비를 위해 초가에 이엉을 얹고 있었다. 여러 명이 한 조를 이루어 일사불란하게 작업하는 광경이 마치 김홍도의 작품에 보이는 기와 올리는 그림을 떠올리게 했다.

인부들의 손놀림이 척척 죽이 맞아 마치 기계가 돌아가듯 했다. 이엉 얹기의 작업 과정이다. 우선 새 이엉을 올리자면 지난해 묵은 것을 먼저 걷어내야 한다. 그런 후에 새것을 올리는데 이때 보면 사근새 속에서 굼벵이가 나온다. 그날도 보니 다르지 않아서 어떤 이가 토실토실하게 살이 오른 굼벵이를 잡고 있었다.

굼벵이는 몇 가지 특징이 있다. 행동이 느린, 반면에 기막히게 구르는 재주를 가졌다. 느린 동작을 빨리 구르는 것으로 커버하는 것이다. 이것까지는 사람들이 다 안다. 한데 모르는 것이 하나 있다. 그것은 비장의 무기로, 튼튼한 이빨을 갖고 있다는 사실이다.

놈은 이런 이빨을 가지고 식물의 줄기 정도는 단숨에 끊어놓는다. 과히 동물계의 벌목 대장인 비버의 이빨에 버금간다고 할 만하다. 아무튼, 둠벙의 기사를 읽다가 그런저런 것을 떠올린 것이지만, 이 둠벙이란 말은 주로 충청 이남에서만 쓰이는 말이라고 한다.

이미 토착어로 자리 잡아 사전에는 방언으로 나와 있으나 일반화가 된 말이다. 그런 만큼 이름이 존중되고 보존되어야 하지 않을까 한다. 왜냐하면, 다른 표현은 어색하고 이처럼 실감나는 표현이 없기 때문이다. 그냥 웅덩이라고 하면 길가에 파인 구덩이와도 겹치고, 허방이라는 말과도 혼용될 소지가 있기 때문이다.

아무튼, 둠벙이 새삼스레 주목받는 것은 반갑다. 농업용수 확보에 탁월한 장점이 있어서라니 그 기능이 가상하다. 이 둠벙이 갖춰진 논은 어지간한 가뭄이 들어도 끄떡없다는 것이다.

둠벙은 그 밖에도 수생 생태계 보존과 휴식 공간을 크게 제공하지 않는가 한다. 나는 그 기능에 공감을 한다. 어려서 보면 휴식의 개념은 아니었지만 심심하면 늘 집 가까이에 있는 둠벙에 나가 놀았는데, 그때 보면 맑은 날은 그 속에 푸른 하늘이 내려앉고 흰 구름장도 둥둥 떠 흘러갔다.

그게 오히려 창공을 바라볼 때 보다 더 아름답고 신기하게 보였다. 그뿐만이 아니었다. 이는 물결은 가상자리 풀잎의 떨림과 함께하고, 그 풀잎은 허리가 꺾이도록 흔들리어 여느 때 명경과도 같은 투명한 물속을 금방 어질러놓았다. 나는 어렸을 적 가을 추수가 끝나면 꼭 한 차례 이 둠벙을 퍼내어 고기를 잡았다.

물이 자박해지면 그곳에서는 붕어나 피라미, 미꾸라지가 잡히고 어쩌다가 한 번씩은 장어도 붙잡혀 나왔다. 그러니 그 둠병은 단지 물을 가두는 가두리 기능뿐 아니고 고급 단백질 공급원이기도 했던 셈이다. 그런데 이런 둠병의 필요성을 행정 당국에서 일찍이 깨닫고 확장한다니 여간 반가운 일이 아니다.

한때는 기능을 무시하여 농지정리 과정에서 많이 없애버렸는데 나중에라도 다시 원래 상태로 돌려놓게 되었으니 다행이다.

아무튼, 둠병 기사를 대하니 반가웠다. 둠병이 무엇인지도 모르고 크는 아이들에게는 그 기능을 알려주고 옛사람들의 단순 소박한 지혜도 엿보게 해 줄 수 있지 않겠는가.

지금은 이엉을 엮는 사람이 드물어 그런 사람을 기능보유자로 예우하는 세상인데, 그런 곳에서 고기 잡던 일을 채록하여 보존해야 할 형편에, 다시 대대적인 복원을 한다는 건 낭보가 아닐 수 없다.

나는 그 기사를 읽으며 옛날 둠병가에 나가 놀면서 물 위를 걷는 소금쟁이를 보고 신기해하던 생각과 물방개의 자맥질을 보고서 즐기던 생각을 새삼 반추하였다. (2012)

삿갓논

예전 우리나라는 산지가 거의 7할이나 차지해 평야 지대나 간척지가 아니고서는 두부모 같은 반듯반듯한 논이 거의 없었다. 70년대 이후 본격적인 농지정리가 시작된 이후 논들은 기계가 들어갈 정도로 규격화는 이루어졌지만, 여전히 질서정연한 형태는 갖추지 못했다. 그런 데는 우선 냇가를 중심으로 구획을 나누다 보니 물이 흘러가는 방향에 따라 정리될 수밖에 없어서였다.

거기에 더하여 다랑논은 정리조차 엄두를 내지 못하여 지금도 옛날 그대로 고풍스러운 모습을 유지하거나 아예 묵정 논으로 버려진 것들이 많다. 그것을 보면 아깝다는 생각이 많이 드는데, 그런 소회가 드는 것은 작은 농토를 붙이고 산 집에서 어린 시절을 보내서인지 모른다.

그 때문인지 나는 이태준 선생이 어떤 글에서 '너른 벽면이 있는 집만큼 부러운 것이 없다.'라고 한 것을 보고 '아니, 부러운 건 너른 논인데'하는 생각을 지울 수가 없었다.

우리 마을은 비교적 높은 산이 위치해 있는 그 아랫마을이다 보니 앞들은 넓어도 뒷들은 다랑논이 많았다. 산 경사면을 깎아서 농지를 만들다 보니 생겨난 풍경이었다.

그런 논들은 보기에 밭으로나 이용해야 하는데 굳이 논을 만들어 벼를 심었다. 1950, 1960년대는 쌀농사가 주가 되다 보니 밭곡식을 재배하는 건 구색 맞추기로나 여겨 가정에서 아들을 바라듯 논을 선호하였다.

그런 논들은 관리가 쉽지 않았다. 옹색한 비탈길에 만들다 보니 대부분의 사질 토질이 물 빠짐이 심했기 때문이다. 우스갯말로 그런 다랑논에 물을 가둬 놓으면 근방 삼베 고쟁이에 방귀 빠져나가듯 소리 소문없이 사라져 버렸다.

그렇기 때문에 그런 논은 논둑 붙이기를 잘해야 하고 바닥에는 진흙을 부어 물 막음을 해야만 했다. 그 대표적인 유적이 완도 청산리에 농업유산으로 보존 중인 구들장 논이다. 숫자가 상대적으로 적어서 그렇지 우리 마을의 다랑논도 그와 다르지 않았다.

알려지거나 규모로 보아서 대표적인 다랑논이라면 남해의 산골 논을 들어야 할 것이다. 지금은 그 정경이 많이 알려져 관광지가 되고 있지만, 알고 보면 고달픈 농민의 가파른 삶의 애환을 보여주는 눈물겨운 유산이다.

나는 다랑논을 생각하면 그 어원이 '다랑다랑'이라는 부사어에서 생겨난 말이 아닐까 한다. 통상 이것은 비탈진 산골짜기 자락을 층층으로 만들어 놓은 논을 이르는데 그 형상이 마치 물결을 이루거나 물방울이 맺힌 듯이 보이기 때문이다.

그래서 나는 이것은 어떤 형상을 따온 형태를 지칭해서 생겨난 말이라고 생각한다. 반면에 삿갓 논은 그 이름이 다분히 비유적이다. 다른 말로는 소반 논이라고도 하는데 작다는 것을 그 속에 포함하고 있다. 사실로 말해서 한 됫박 남짓의 쌀을 얻자고 해서 만든 뙈기 논인 것이다.

여기에는 재미난 일화가 전해온다. 산 아래 코딱지만 한 땅을 개간하여 농사를 부쳐 먹은 한 농부가 있었다. 아홉 배미 논을 개간하여 농사를 짓는데 논매기를 하면서 둘러보니 한 배미가 보이지 않았다. 나중에 벗어놓은 삿갓을 들춰보니 보이지 않던 논이 그 안에서 나오는 것이었다. 그런 정도였으니 오죽 작은 논인가.

이것을 생각하면 특별히 작은 것을 이르는 말들이 떠오른다. 라이터 돌. 병아리 눈물. 새 발의 피. 콩 한 쪽. 그리고 형용사로 눈곱만하다. 생쥐 볼가심할 것도 없다 등등이다. 모두 하나같이 작은 것을 이르는 맛깔스러운 어휘나 수사인데, 그중에서 논을 이르는 말 중에서는 이 삿갓 논도 그런 표현에서 빠지지 않을 것이다.

다랑논은 배고픈 시절을 보내던 때에 많이 만들어졌다. 일제강점기를 거쳐 6·25 전쟁을 치르며 가난에 찌들어 살던 시기, 겨울 양식은 거지반 떨어져 가는데 아직 심은 보리가 익지를 않아 풋바심해 먹던 시절을 보내던 때에 개간 작업은 활발하게 이루어졌다. 산이 높지 않고 평평한 곳에 물길을 끌어들일 만하면 빈 땅을 남겨놓지 않았다. 그런 악착으로 가난을 견디며 이겨냈다.

그런데, 지금은 어떤가. 그런 논들은 대부분 유휴지로 방치되어 있다. 벼를 심어 보았자 인건비도 나오지 않는다는 이유로 외면한 탓이다.

나는 그런 논밭을 보면 아깝다는 생각이 많이 든다. 자라면서 밥 한 톨이라도 흘리지 말고 아껴먹으라는 훈육을 받고 살아서 인지는 몰라도 활용 가능한 땅이 방치한 것을 보면 아쉽고 못마땅하다.

그러면서 그런 유휴지를 볼 때 '옛날 같으면 결코 저리 버려두었을까.' 하는 생각이 절로 든다. 내가 꼭 예전에 경작지를 한 평이라도 늘리기 위해 가족들과 힘을 보탰던 때가 생각나서만이 아니다. 그런 땅을 개척해 놓고 온 가족이 얼마나 흐뭇해했던가.

나는 개인적으로 바라는 것이 있다. 버려진 논밭 몇 곳이라도 지자체에서 관리를 좀 했으면 하는 것이다. 꼭 무엇을 가꿔서 소출을 내자는 것이 아니라 윗세대나 우리 세대가 어려운 시절을 지내오면서 그토록 생존을 도모했다는 하나의 증거로, 또한, 교훈으로 남겨놓을 필요가 있어서다.

앞으로 후손들이 먼저 산 선대들이 일제강점기를 어떻게 겪어냈고 해방 이후와 전쟁을 치르는 와중에도 어떻게 살아남았는가를 보여주는 의미가 있기 때문이다. 결코, 궁상맞게 보이는 모습을 소개하자는 것이 아니라 그간 분투노력한 가난 극복 기억의 장소로서 실체모습이 전해졌으면 해서다. (2020)

어머니의 호밋자루

차 트렁크를 정리하다가 그 속에서 호밋자루를 발견했다. 살아생전 모친께서 노상 들고 쓰시던 것이다. 이것은 내가 취미생활로 몇 차례 수석을 채취하다가 놓아둔 것 같다. 마지막 탐석을 나선 지 얼마나 됐을까. 한 10여 년은 넘을 것이다. 이것의 발견은 차 전면에 내려앉은 먼지를 털다 말고 문득 트렁크 안도 청소를 해야겠다는 생각이 들어서 열어보다가 찾아낸 것이다.

그 트렁크 안에는 이 호미 말고도 부모님 산소를 다닐 때 쓰기 위해 마련해둔 낫과 우산도 함께 있었다. 함께 나온 잡다한 것을 합치니 정리할 것이 한 뭉치나 된다. 한데 그중에서도 유독 나의 눈길을 붙잡은 것은 어머니의 손때가 묻은 호밋자루였다.

그 이유는 따로 말할 필요도 없다. 바로 이 호밋자루를 가지고 당신은 살아생전 텃밭을 일구셨던 것이다. 당신은 집안일을 하는 이외에 집 앞 텃밭에서 호미를 끼고 사셨다. 그것이 나의 눈에 익어 있는데 내가 모를 리가 있겠는가. 더구나 그것은 내가 직접 고향 집에 들러서 일부러 가져왔던 것이다.

내가 어렸을 적이나 한참 컷을 적에도 보면 어머니는 허구한날 호밋자루를 가지고 밭고랑의 김을 매거나 흙을 퍼 올려 채소의 북을 돋으셨다. 그런 세월의 연속이었다. 그런 만큼 호미 날도 많이 낡았다. 거기다 자루는 땀에 절은 흔적으로 거무튀튀하기까지 하다.

그런 호밋자루의 내력을 더듬으며 나는 새삼 생긴 모양을 유심히 살펴본다. 보아하니 생김새가 참 재미있다. 비교적 단순한 형태이면서도 과학적 지혜가 돋보인다. 우선 날을 보면 어디서 많이 보던 모양이다. 쟁기의 보습을 닮았다. 골을 낼 때 파낸 흙이 중심부의 자루에 부딪치지 않도록 살짝 비켜서 빠져나가게 되어 있다. 그 모양이 여간 절묘하지 않다.

나는 구조를 살피면서 이것은 '동양적인 사고로 만들어진 것'이라고 지레짐작해 본다. 왜냐하면, 돈을 셀 때도 보면 동양인은 안쪽으로 접어서 넘기는데 비해 서양인은 어색하게 한사코 밖으로 젖혀서 세기 때문이다. 그런데 이것도 안쪽으로 끌어당기는 구조가 아닌가.

내가 이것을 고향 집에서 가져올 때는 이미 집이 폐가로 방치된 때였다. 어느 날 둘러보러 허청을 들렀더니 벽에 쟁기와 함께 쇠스랑, 괭이, 낫, 그리고 호미 서너 자루가 걸려있었다.

나는 그중에서 가장 가벼운 것을 하나 골랐다. 취미활동을 하는 수석을 캐는데 쓰려는 생각도 있었지만, 어머니의 유품을 하나를 간직하겠다는 생각에서였다. 그중에서 가장 작고 많이 닳은 것을 고른 것은 그만큼 어머니의 체취가 많이 묻어 있을 것 같아서였다.

나는 이것을 찾아내어 눈에 잘 띄는 베란다 화분대에 걸쳐 놓고 있다. 그런지라 거실에 앉아 이것을 보고 있으면 어머니 모습이 많이 어려 온다. 떠오르는 모습은 사계(四季) 속에서 늘 텃밭에 나가 이 호밋자루를 손에 들고 허리 굽혀서 일하시던 모습이다.

어머니가 가꾸시던 텃밭은 늘 풍성했다. 봄에는 밭 가장자리에다 가꾼 솔이 푸르름을 이어가는 가운데 그 옆에는 열무와 대파, 올콩이 싹을 틔웠다. 그리고 여름에는 토란과 함께 상추와 쑥갓이 무성하게 자랐다. 가을에는 이것을 거두는 시기다. 김장용 고추와 마늘을 갈무리하고, 배추와 무를 뽑아 나르느라 허리 펼 새가 없으셨다.

그런 어머니의 모습은 늘 한결같으셨다. 하나 생각하면 꼭 한마음이었을까. 살아생전 아버지는 병석에 누운 때가 많았고, 누나가 앞서 죽은 참척을 보았는데 근심이 어찌 없었을까.

그런데 크면서 나는 그것은 생각지도 못하고 당신이 거둬들인 채소로 배를 채우는 데만 신경 썼지 어머니 마음을 헤아리지 못했다. 밥맛이 없으면 마련해둔 깨소금을 쳐서 먹고 더러는 갓 뜯어온 솔이나 쑥갓을 넣고 참기름에 비벼서 먹으면서 나만 생각했다. 생각하면 참 철딱서니 없이 자랐다.

어머니는 일과를 텃밭에서 시작했다. 여명이 터 앞이 보일 정도만 되면 호밋자루를 들고 텃밭으로 나와 김을 매고 흙을 북돋아 작물을 가꾸셨다.

그런 어머니 옆에는 노상 오줌동이가 놓여있었다. 아침마다 들고나가 그것으로 거름을 했다. 다만 솔을 가꿀 때만은 부엌에서 따로 재를 가져와 뿌렸다. 그러면 그것만으로도 별다른 거름을 하지 않아도 무럭무럭 자라주었다.

그렇게 일만 하신 어머니는 손이 곱지 못했다. 손바닥은 딱딱하게 굳은살이 박이고 손가락은 투박하기 그지없었다. 생각하면 어느 세월에 손을 가꿀 시간이 있었을까.

그런 손의 아픔을 나는 어머니 임종 시에 뼈저리게 느꼈다. 염을 마친 장의사가 마지막으로 고별인사를 하라는 말에 손을 잡아 드렸더니 얼음장처럼 찬 손은 거칠기 짝이 없었던 것이다.

"이토록 자식들을 건사하셨는가요. 어머니!"

말을 되뇌자 왈칵 눈물이 쏟아졌다.

나는 호주머니를 뒤져 지갑에서 돈이 잡히는 대로 꺼내어 어머니 손에 쥐여드렸다. 그리고서 가족 중 가장 늦게까지 손을 놓지 못했다. 그것은 최근까지 고단하게 일을 시켜드렸다는 죄책감이 밀려 들어서였다.

그래서인지 '모친의 호미'는 바라보는 눈에 유정하다. 내가 다른 것은 고장에 세워진 생활사 박물관에 모두 기증을 하면서도 이것만은 가지고 있는 이유도 이 때문이다. 나는 이것을 앞으로도 눈에 잘 띄는 곳에 두고서 바라볼 참이다.

살아생전 불효도 사죄하고 추모의 마음을 가다듬고 싶어서다. 사람은 미욱하게 부모가 세상 뜬 후에야 뒤늦게 후회를 한다더니 내가 마치 그런 경우여서 호미를 볼 때마다 사무치는 불효의 마음만 회한으로 다가온다. (2017)

내 십 대의 군것질

세월은 강물처럼 유장하게 흐르지만, 꼭 흘러가는 게 강물만은 아니다. 세월에 얹혀서 모든 생명 있는 것들도 다 그렇게 흘러간다. 거기에는 나무나 짐승도 예외가 없고, 사람도 마찬가지다. 태어나 지내다가 흐르고 흘러 마침내는 강물이 바다에서 종언을 고하듯이 그렇게 생을 마감한다.

그러는 동안 추억은, 노적 더미처럼 쌓였다가 차차로 흐릿해져 간다. 한데 그런데도 나의 경우, 산간벽촌에서 유소년기를 보낸 탓인지 그곳에서 살던 일들이 잊히지 않는다. 아니, 잊히지 않을뿐더러 오히려 날이 갈수록 기억이 또렷해져 간다. 칠십 중반에 겪는 이상한 현상. 아이러니하기도 하고 불가사의하기도 하다.

그렇게 보낸 추억들은 뒤죽박죽 엉키거나 섞이지 않고 떠오른다. 그것은 아마도 봄, 여름, 가을, 겨울이라는 제각기의 카테고리 속에 나뉘어 저장된 때문인지도 모른다.

지금이 한창 겨울이다 보니, 먼저 유년의 겨울이 생각하는데 참새잡이와 토끼몰이가 잊히지 않는다. 내가 자란 마을은 60여 호 정도의 중촌(中村)이었다. 동갑내기만 7, 8명 정도 되고, 한두 살 차이 난 형과 아우들을 합치면 스무 명 가까이 되었다. 이 정도의 인원은 무슨 경기나 두 패로 나누어 겨루고 놀만 하였다.

이런 또래들은 한겨울이 되면 참새잡이에 나섰다. 눈 오는 날 마당을 쓸어놓고 낙곡을 뿌린 벌채를 준비했다. 그런 후 참새가 보이지 않는 곳에서 엿보다가 먹이를 탐한 참새가 들어가면 힘껏 끈을 잡아당겼다. 하지만 이것은 그리 성과가 없었다. 어쩌다가 둔한 녀석이 걸려들긴 했지만, 대다수 눈치 빠른 녀석들은 어느새 도망가 버렸다. 순발력에서 밀렸다.

하지만 다른 방법, 어두운 밤에 새가 자는 둥지를 공략하는 건 효과가 컸다. 이를 위해서 친구들은 손전등과 사다리를 준비했다. 새는 주로 썩은새가 넓인 처마끝에서 자는시라 접근을 하려면 그것이 필요해서였다. 그리고 손전등은 물체를 확인하는 것뿐만 아니라 새의 눈을 비춰서 꼼짝 못 하게 만드는데 일조했다.

이렇게 해두고 손을 집어넣으면 거의 놓치는 법이 없었다. 그렇게 참새를 잡았으나 직접 새집을 더듬어 본 적은 없다. 어느 날, 친척집 처마끝으로 구렁이가 기어가는 것을 본 후로 엄두를 내지 못했다. 뱀이 그러고 다니는 건 새알을 꺼내먹기 위해 서라는데 그 광경이 보니 너무나 소름이 돋았던 것이다.

대신 사다리를 메고 다니면서 지붕을 오를 때 잡아주는 역할을 했지만 돌아온 모가치는 공평했다. 그것을 아궁이 재에 묻어 구워 먹던 걸 어찌 잊을까.

참새가 소를 놀려대며 하는 말이란다. "네 살점 열 개와 내 살점 하나와 바꾸지 않겠다." 이 말 한마디로 얼마나 맛있는가를 설명해 준다.

그렇게 참새잡이를 하던 우리는 눈이 내리는 날은 산으로 몰려나가 토끼몰이를 하였다. 한쪽에서는 굴을 지키고 반대쪽에서 연기를 피우면 굴속에서 쉬고 있던 토끼가 튀어나왔다. 이것을 붙잡는데 간혹 놓치는 녀석은 도망을 쳐도 눈 위에 발자국을 남기는지라 몰이를 하여 잡았다.

봄날은 어떤가. 아직 봄풀이 돋기 전에는 야산에 올라 칡을 캤다. 넝쿨이 메말라 잘 보이지 않지만, 낙엽 진 이파리를 찾아서 캐내었다. 그리고 봄이 본격적으로 시작되면 찔레를 꺾었다.

큰 가지일수록 통통하게 움이 자라서 꺾는 손맛이 있었다. 그런가 하면 모내기를 위해 물이 잡힌 무논에 나가 제 세상처럼 기어 다니는 우렁이를 잡았다. 이런 것들이 마냥 입이 고픈 군것질거리가 되었다.

여름철은 별로 할 수 있는 것이 없었다. 물알이 들기 시작한 보리 대궁을 서리하여 구워 먹거나, 한 번씩 마을로 찾아온 엿장수의 찰칵대는 가위질 소리가 들리면 고물을 찾아들고 나가 엿을 바꿔먹었다. 당시 엿장수는 고물이란 고물은 사양하는 법이 없었다. 떨어진 고무신은 물론, 구멍 난 양은냄비, 부러진 숟가락, 하다못해 떨어진 삼베옷까지 다 건네받았다. 가을에는 논두렁에 나가 메뚜기를 잡고 둠벙을 퍼서 물고기 잡는 것이 큰 놀이였다. 메뚜기는 해가 오른 한낮에는 행동이 민첩하여 도저히 잡을 수가 없지만, 이른 아침이나 늦은 오후에는 비교적 잡기가 수월했다.

일단 사람을 보면 벼 줄기나 풀포기 뒤로 숨기는 해도 쉽게 잡을 수 있었다. 그래도 이것들은 일단 잡아서 꿰미에 꿰어 놓으면 버팅개질로 목이 떨어지는 줄도 모르고 심히 반항을 했다. 가을철 물기기 잡이는 그 무엇보다 재미가 있었다. 논고랑에서는 흙을 뒤집으면 미꾸라지가 튀어나오고 둠벙의 물을 퍼내면 장어와 붕어가 잡혔다.

이것들은 끝까지 모습을 나타내지 않다가 마지막 물이 퍼내지면 자수하는 패잔병처럼 포기하고 손을 들고 나왔다. 이것들은 주전부리 감을 넘어 좋은 부식 거리가 되었다.

그런 추억이 있는데 어찌 잊을까. 생각해 보면 그 시절이 언제인가. 50년도 족히 넘은 옛날이다. 한데도 기억에 생생한 것은 보낸 세월의 멀고 가까운 것보다는 강렬하게 뇌리에 박힌 정도에 따라 새겨져서인지 모른다. 아무튼, 그것은 잊지 못하는 추억이고 그렇게 먹던 것은 지상 최고의 공해 없는 청정한 먹거리가 아니었던가 싶다. (2021)

우정

타고 간 차가 동구를 벗어나 한참을 내닫는데도 백미러에 잡힌 영상은 움직임이 없었다. 조금 전에 헤어진 호형이다. 작달막한 키에 모시한복을 갖춰 입은 모습. 나는 그 모습을 보면서 '어여, 들어가세요'라고 혼잣말을 했다. 그러자 운전대를 잡은 동행인이 빙그레 웃었다. '뭐 들리지도 않을 말을……' 하기보다는 그 광경이 마냥 흐뭇해 보여서 지어 보이는 웃음이었다.

오늘 나는 고향 친구인 초등학교 동창 호형의 집에 그림 한 점을 걸어주었다. 전지 크기의 동양화로 묵당(墨堂)의 작품이다. 이 그림은 두 줄기의 연이 위로 뻗어 올라 있는데 너른 이파리는 물에 잠겨 있고 다른 것은 위로 솟아 있다. 그 위에는 흰 연꽃과 붉은 연꽃이 매달려서 하나는 활짝 피고 다른 하나는 아직 머금은 상태이다.

이 그림은 내가 직장생활을 할 때 관서장이 발령받아 떠나면서 선물한 것이었다. 당시 나는 윤락여성들이 집단으로 모여 있는 곳에서 근무했다. 치안 유지가 어려워 모든 이가 꺼려하는 곳인데, 특명을 받고 투입이 되었다. 선택의 여지가 없이, 오직 성품이 강직하다는 이유로 차출이 된 것이었다.

그런데는 속사정이 있었다. 바로 전날에 가까이 거주하는 시민들이 무질서한 청객 행위를 단속해 주지 않으면 상부로 찾아가겠다고 엄포를 놓았던 것이다. 관서장의 입장에서는 발등에 떨어진 불이었다. 그런 입장에서 관서장은 고심을 했을 터이다. 누구를 정화 책임자로 내보낼 것인가.

궁리 끝에 내가 낙점이 되었다. 부임해 보니 아닌 게 아니라 상황이 여간 심각하지 않았다. 듣던 대로 치안상태는 난장판이나 다름이 없었다. 초저녁만 되면 둥지를 튼 윤락여성들은 길거리로 우르르 몰려나와 닥치는 대로 길 가는 사람의 소매를 잡아끌었다. 제 발로 찾아오는 손님을 받는 것이 아니라 숫제 행인이 남자이면 노소를 가리지 않았다. 경쟁을 벌이는 과정에서 서로 팔 하나씩을 잡고 끌어당기는 진풍경을 연출했다.

이런 사태를 맞아 나는 단속하느라고 매일 저녁 초주검이 되었다. 전쟁도 그런 전쟁이 없었다. 나는 처음부터 방침을 세워 대처하기를 일단 집 밖에 나와서 하는 호객 행위자는 가차 없이 잡아들였다. 그 과정에서 단속에 걸려든 범법자가 매일 2, 30명에 이르렀다. 그들을 호송차에 태워서 본서로 보내고 나면 한 시나 두 시가 되기 일쑤였다. 그런 일을 거듭한 끝에 가까스로 질서를 확립할 수 있었다. 관서장은 그 일을 기억하고서 떠나면서 선물을 보내준 것이다.

나는 이날 호형과 종씨인 친구와 동행했다. 그 마을에서 족장 역할을 하고 있는 호형에게 일가를 소개해주는 것도 좋을 같아서였다. 두 사람은 만나자마자 통성명을 한 후 바로 위계질서를 세웠다. 호형이 아저씨뻘이 된다는 것이었다.

나는 목적지에 당도하여 새로 지은 집을 보고 화들짝 놀랐다. 새집을 지었다는 말을 듣고 그림을 들고 갔던 것인데 지은 집이 의외로 컸다. 현대식 건물에 쓸모가 여간 있어 보이지 않았다. 나는 집을 짓게 된 내력을 듣고 깜짝 놀랐다. 아들이 집을 지어 주었다는데, 언제 돈을 벌었을까. 그 아들은 공부에는 취미가 없고 한때는 거칠게 놀면서 반거충이로 부모 속을 무던히 썩이던 자식이다.

그런데 마음을 잡고 건설업에 뛰어들어 성공했다는 것이다. 나는 진심으로 박수를 보냈다. 새삼 사람의 팔자는 알 수가 없다는 생각이 들었다. 나는 무엇보다도 호형이 늘그막에 생활이 활짝 펴서 신수가 훤해 보이는 것이 보기에 좋았다.

"그랬드라요. 애기 아빠가 외지에 나가 돈을 벌어오면 쳐놓은 사고를 수습하느라고 다 들어갔다니까요."

"그래도 나는 남에게 맞고 들어왔다는 말을 안 들은께 기분은 낫더라고."

아니 그러겠는가. 70 평생을 살면서 남에게 큰소리 한번 쳐

보지 못하고 바닥 인생으로 숨죽이며 살아왔으니 한도 되었을 법하다. 한데 사고를 많이 치던 그 자식이 마음을 잡고서 크게 업계에서 성공을 했다니 얼마나 장한 일인가. 내 일처럼 기분이 좋았다.

그 자식은 집을 지어 안겨주면서.

"이제 집 지어 드린다는 약속은 지켰습니다."

하더란다. 그렇게 전하는 얼굴에는 하나도 그늘이 없었다. 나와 호형과의 우정은 초등학교까지 거슬러 올라 60, 성상을 헤아린다. 초등학교 졸업 이후 죽 변함없이 이어오고 있는 것이다. 나이는 나보다 두 살이 많아 형으로 대접한다. 나는 이 호형에게 큰 빚을 지고 있다. 집사람이 아파 약을 백방으로 알아본 끝에 오래된 중풍에는 돌이끼가 좋다는 말을 듣고 체취를 부탁했던 것이다. 그랬더니 일주일 남짓 만에 작업을 하여 한 소쿠리 분량을 보내왔다.

농번기인데도 내외가 틈틈이 산에 올라서 채취를 했단다. 그 이야기를 들으니 눈물이 핑 돌았다. 성심을 다해 마을을 써준 것이 저릿한 감동으로 다가왔다. 무엇보다도 위험천만한 바위에 올라서 작업을 했다는 사실이 그렇게 고마울 수가 없었다. 그래서 다짐하길 나중 의미 있는 선물을 하자고 마음먹었다. 한데 마침 새집을 지었다는 소식을 전해 듣게 되었던 것이다. '그렇다면 거실에 그림 한 점을 걸어드려야지.' 하고 마음을 굳혔다.

이 그림은 내게 뜻깊은 선물이기도 하지만 그림의 내용도 여간 고결하지가 않다. 연이 무엇인가. 부처님이 설법을 통하여 보여준 깨우침의 꽃이 아닌가.

이 연꽃을 들어 보이자 제자 가섭이 이심전심의 뜻을 알아차리고 미소를 지었다는 바로 그 염화미소(拈花微笑)의 꽃이 아닌가. 그리고 연 자체도 비록 뿌리는 진흙 속에 두지만 고결함을 잃지 않아서 보여주는 생태만으로도 사람들로부터 널리 사랑을 받는 식물이 아닌가. 거기다 무엇보다도 의미 있는 선물로 받았던 것이다.

내가 거실 벽면에 그림을 걸어주자 호형은 감격한 표정으로 나의 손을 힘 있게 잡았다. 그 악력이 말로 다 형언하지 못하는 마음이 전해졌다.

나는 옛사람들이 전한 우정의 말을 떠올렸다. "친구는 기쁨을 배로 해주고 슬픔을 반으로 줄여준다." "우정은 감정이 아니라 행동으로 하는 것이다." 등의 말이었다. 각각 키케로와 고흐가 한 말이다.

이날 나는 한사코 이끄는 손을 뿌리치지 못하고 두 내외가 마련한 푸짐한 음식을 잘 대접받고 돌아섰다. (2019)

인연

외국에서 병원을 운영하는 아우로부터 전화를 받고서 잠시 '다리'에 대해 생각해 본다. 대화 중 '필연'이라는 말이 나와서다. 사람 사이의 만남이 우연이 아닌 필연이라면 거기에는 틀림없이 '다리'가 놓여있을 터이다. 문득 그 생각이 들었다. 우리가 흔히 쓰는 인연이란 말속에는 폭넓게 다의적 의미가 함의되어 있다. 그것을 상징하는 것 또한 현상적으로 존재하는, 통행을 위한 구조물로써의 다리와 신체의 일부인 다리가 있다. 그 밖의 표현되는 것들은 다분히 상징적인 의미를 지닌다.

아우가 전화를 한 건 바로 후자에 해당하는 그 인연의 다리에 관한 것이었다. 아우는 지금 낯선 나라 카자흐스탄에 건너가 여러 지인의 도움으로 자리를 잡게 되었다. 며칠 후에는 그 고마운 뜻에 보답하고자 식사 자리를 마련하게 되었단다. 거기서 할 짧은 인사말을 자문해온 것이었다.

인사말은 구성이 세 단락이었다. 첫째는 우연히 그 나라에 건너와서 좋은 분들을 만났다는 것. 둘째는 부처님 말씀에 세상에 인연 아닌 것이 없는데, 그것은 필연이 아닌가 생각된다는 것. 셋째는 지금은 여러분이 울타리가 되어 주고 있으니 생각해 보면 우연이 지금은 필연의 다리로 이어지고 있지 않은가 한다는 것 등이다.

그에 대해서 나는 하나도 빼거나 보탤 것 없다고 말해주었다. 그러고 나서 하루가 지나 서다. 오늘 아침에 나는 실로 우연히 어떤 이에게 전화하게 되었다. 하루 전까지만 해도 전혀 생각지도 못한 일이다. 여태까지는 그분에 대한 이름은 물론 존재 자체도 몰랐던 사람이다. 그런데 천연덕스럽게, 마치 구면이라도 된 듯 전화를 건 것이다.

"여보세요. 혹시 동화 쓰시는 박명희 선생님이십니까?"

"그렇습니다마는. 누구신지요?"

전파를 타고 들리는 목소리는 70대의 할머니였다. 나는 그때 잠시 내 나이를 잊고 10대의 문학 소년으로 돌아가서 자못 흥분하면서 물었는데, 상대편 음성이 들리니 이내 마음이 차분해졌다.

다른 이야기가 나오기 전에 나는 얼른 내 신분부터 밝혔다. 그리고 전화를 건 이유를 이야기했다. 그러자 다소 경계하던 저쪽 목소리가 이내 밝아졌다. 그 지점이 바로 이석봉 선생님의 존함을 대면서부터였다. 내가 묻고 그쪽에서 답하는 차례가 이어졌다.

“어느 학교 다닐 때 선생님께 배우셨나요?”

“중앙여고 1학년 때 저희 담임선생님이셨습니다”

“아 그렇군요. 저는 중학교 때였습니다만.”

전화를 넣은 건 이유가 있었다. 우연히 중학교 다닐 때 글쓰기를 배웠던 선생님이 생각나 인터넷에 들어가 ‘소설가 이석봉’을 검색하니 김천신문에 기사가 나 있었던 것이다. 얼른 읽어 보니 거기에 선생님을 조명해 놓고 있었다. 한데 뜻밖에도 거기에 내 이름이 나와 있는 게 아닌가. 아울러 박명희 아동문학가의 이름도 보였다. 선생님이 교직에 몸담고 계실 때 문예반에서 지도한 학생들이라는 것이었다.

나는 흥분해 마지않았다. 선생님 살아생전에 가까이 모셨던 것도 아니었고, 주소도 모른 채 살아왔는데 애제자로 여기고 있었다니. 감사하면서도 한없이 부끄럽고 미안했다. 나는 잠시 소년 시절로 돌아갔다. 내가 선생님께 국어를 배울 때는 당신이 아직 등단하기 전이었다. 그렇지만 문학에의 열정이 대단하셔서 우리에게 글쓰기를 열심히 지도해 주셨다.

그런 중에는 잊지 못하는 일이 있다. 하루는 가을 서리가 잔뜩 내려 산길을 걸어오면서 바짓가랑이가 온통 젖었는데, 해가 오르자 거시서 김이 모락모락 나는 것이 보였다. 그 광경을 써서 보여드렸더니 문학적 감수성이 남다르다며 칭찬을 해주셨다. 그 일을 잊지 못한다.

선생님은 내가 졸업을 하고 나서 이듬해에 동아일보 장편소설 공모전에 응모하여 당선되셨다. 그런 후 아마도 서울로 전출을 하셨던 것 같다. 그렇다고 보면 박명희 아동문학가는 선생님이 소설가가 되신 후에 지도한 학생이었던 것 같다.

당시를 헤아려 본다. 나는 그때 나이가 열다섯 살이었다. 그렇다면 선생님은 나보다 연세가 열여덟 살이 많으셨으니 30대 초반이셨을 것이다. 그런데도 느끼길 40대로 생각했다. 엄격하시고 카리스마가 있으셔서 그랬는지 모른다. 그러나 글쓰기를 지도하실 때는 상냥하셨다.

아무튼, 선생님과 그런 인연이 있으니 똑같은 인연을 공유한 그분을 만나보고 싶었다. 내가 신분을 밝히자 상대방도 스스럼없이 응대해 주었다. 해서 나중에 전화를 끊을 때는 마치 먼 세월을 건너서 구면이라도 된 듯 기분이었다.

나는 경상북도 김천 출신인 선생님이 왜 전라도에까지 와서 교편을 잡게 되셨는지는 알지 못한다. 유일한 정보는 부군이 전라도 분이라는 것만 어렴풋이 들어 알 뿐이다. 그런 마당에 후반생은 거의 수도권에서 생활하셨으니 찾아뵐 기회도 없었다. 그래서 선생님이 세상을 떠나신 사실도 한참 후에야 알았다.

그런데 선생님은 진즉에 예비라도 하신 듯 세상을 떠나시면서 인연 하나를 만들어 주신 것이다. 비록 한 울타리 안에서 함께 배우지는 않았지만 한 스승 밑에서 가르침을 받은 소중한 인연이 아닌가. 더구나 선생님이 많지 않은 사람을 들어 애제자로 지목했으니 간접적인 인연이나마 얼마나 각별한 것인가.

앞으로 선생님 생각이 나면 회포를 풀 일이 생기지 않았는가.

가끔 전화 한번 해볼까 한다. 그럴 때마다 그 제자도 반갑게 맞아주지 않을까. 이런저런 일을 떠올려 볼 때 아우의 말마따나 정말 우연 같은 인연이 하나의 필연으로 이어지지 않을까. 선생님은 비록 세상을 떠나 이 세상에 아니 계시지만 까막까치가 다리를 놓아 오작교의 전설이 이어지듯 인연이 이어지지 않을까. 틈틈이 전화라도 하면 그동안은 소원한 선생님에 대한 추모의 마음도 새롭게 다지게 되지 않을까. (2019)

대를 이은 우애

형님이 세상 떠난 지도 어언 3년이 되어간다. 애통해하며 묘를 쓰고 장지(葬地)를 내려오던 때가 엊그제 같은데 세월의 수레바퀴는 쉼 없이 돌아서 해가 벌써 세 번이나 바뀌었다. 마지막 성한 모습을 뵌 것이 언제였던가.

선친 제사를 모시러 갔을 때 보니 걸음걸이가 이상했다. 잔걸음을 떼는데 자꾸만 휘청대고 있었다. 이러다가 오래 살지 못하는 것이 아닐까. 불안한 생각이 스쳤다. 그런데 그 불안은 결국 현실로 나타났다. 집에서 쓰러져 응급실로 실려갔다는 전화를 받고 달려갔을 때는 이미 숨길이 잦아들고 있었다.

그 모습을 뒤로하고 나는 고향 선산으로 내려와 지관을 불러 천광 자리를 살폈다. 패철을 놓고 방위를 잡는데 부음이 알려왔다. 그렇게 형님을 고향 선영에 모셨고 사별을 했다. 그때까지도 나의 눈에서는 눈물이 나오지 않았다. 그런데 막상 집으로 돌아오는 차 속에 앉자, 눈시울이 뜨거워졌다. 생시에 나누던 형님 말씀을 떠올리니 왈칵 눈물이 쏟아졌다.

"동생, 나는 어려울 적에도 자네한테 손을 내밀지 않았네. 그저 열심히 사는 모습을 보여주고 싶었네."

아니 그러하겠는가. 한평생을 부지런히 사신 분인데…… 한데 왜 하필 그 말씀이 떠올랐을까. 고마워서 그랬을까. 살아온 날이 돌아봐져서 그랬을까. 적잖은 식구에 살아온 과정에서 부딪친 고비고비의 어려움이 한두 가지였을까. 여러 가지 생각이 들었을 터이다.

하지만 형님은 살아오면서 별로 어려움을 내색하지 않았다. 그래서 늘 돈에 쪼들리면서도 이겨내고 사시는구나 생각했다. 생각해 보면 일정한 수입 없는 생활에 살기가 얼마나 팍팍했을까. 나는 그래도 공무원이라도 하는 덕분에 다달이 나오는 봉급으로 풍족하지는 못하지만 별 어려움 없이 살았지만, 형님은 그렇지 못했다. 수입원이라곤 농투성이로 적은 전답을 부치며 살면서 막노동을 하는 것이 고작이었다. 그런 형편이니 얼마나 궁핍했을 것인가.

그런 경제적 궁핍을 해결하려고 한때는 시골 오일장을 돌며 신발장수도 했다. 그런 날은 새벽별을 보고 집을 나가 초승달이 갸웃해서야 집에 돌아오곤 하였다.

그런 세월이 쌓이니 도회지 가장자리에 작은 집이나마 한 채를 마련할 수 있었다. 근검(勤儉)하면 밥을 먹고 산다는 옛 어른의 말씀이 적중한 것이었다. 그런 형님은 틈틈이 논밭을 일구어 가꾼 쌀이며, 고구마, 푸성귀를 늘 내 집에 챙겨서 보내주었다.

그런 가운데 하루는 마음 울컥한 모습을 대하게 되었다. 전문 식견도 없으면서 내가 수석을 좋아하는 걸 알고 "이 돌이 자네 맘에 들지 모르겠네." 하시며 큼지막한 돌덩이를 하나 들고 집에 들르셨던 것이다. 모양은 따지지 않고 석질이 쇳소리가 나는 제석산 것과 같아 보여서 가지고 왔다는 것이었다.

그 덕분에 재석산 돌은 벌교 일원에서만 출토되는 줄 알았는데, 고향인 득량과 겸백에서도 나온다는 것을 알게 되었다. 결과적으로 수석 산지 개발에 공헌한 것이었다.

그런 형님이 하루는 고향 집을 찾아가니 몹시 괴로운 표정을 짓고 있었다. 성정이 만만찮은 모친과 형수가 그날따라 대거리를 했는지 집안 분위기가 심상치가 않았다.

"아버지 이럴 때는 내가 어떻게 하면 됩니까?"

형님은 토방 가장자리에 앉아 머리를 무릎에 묻고 있었다. 나는 그 모습을 발견하고 가슴이 철렁 내려앉았다. 자칫 비관이라도 하면 어쩌나 싶었다. 그런 냉랭한 분위기는 나의 너스레에 급반전이 되었다.

나는 크면서 단 한 차례도 형님한테 손찌검을 당해본 적이 없다. 나이가 열세 살이나 차이 나기도 하지만 늘 어여삐 여겨 아껴준 덕분이었다. 그렇지만 딱 한 번 위기를 넘긴 적이 있다. 연을 만들기 위해 공책을 몰래 찢었는데 불같이 화를 냈던 것이다. 화가 잔뜩 나 금방이라도 때릴 기세로 내 손목을 끌고 방으로 들어가자 위기를 직감한 나는 비상수단을 강구했다.

냅다 소리를 질렀던 것이다. 그 서슬에 아버지가 "왜 그러냐" 하는 한마디에 위기는 면했다. 그 후로는 단 한 차례도 고비는 없었다.

그런데는 아버지와 백부님이 항상 서로 위하고 의좋게 사는 모습을 보여준 내력 때문이 아닌가 한다. 아버지와 백부님은 유독 사이가 돈독하셨다. 그것은 내가 어린 시절을 보내면서 자주 느끼는 일이었다. 아버지는 네 살 터울의 백부님을 존경하고 따르셨다. 자주 찾아뵙고 집안일을 의논했다. 그래서인지 백부님도 늘 살가운 마음을 내비쳤다. 동구 가까운 우리 집 앞을 지나실 때는 낮은 담장 너머로 고개를 내밀고 내 동생의 이름을 불렀다.

"병구야. 병구야."

그것은 꼭 동생만을 부르는 뜻은 아니었다. 내가 지금 여기를 지나가는 중이라는 표시를 함과 동시에 아버지를 의식한 행동이었다. 그럴라치면 동생이 먼저 뛰어나가고, 다음은 형님과 내가 나가고 나중에는 아버지가 자리를 털고 나가 인사를 했다.

"어디 중보 뜰에 댕겨오신 가요?" 아니면 "오늘은 날씨가 좋네요." 하면서 응대를 했다.

당시 우리 집에서는 큰댁의 대밭과 인동의 산을 공동으로 이용했다. 따로따로의 재산을 나누지 않고 함께 쓰고 살았다. 그러다가 당신들이 돌아가시고 한참 후에 분할을 하게 되었다.

그만큼 따로따로의 내 것이라는 의식이 없었다. 그러다가 나중 분할한 산은 형님이 관리하다 지금은 장조카가 이어받아 관리한다. 그런 만큼 여전히 공동재산이라는 인식은 확고히 하고 있다.

그것은 매해 수확 철이면 그 산에 있는 과수원에서 수확한 것을 해마다 보내오는 것으로도 알 수 있다. 금년 가을에도 조카는 감이 많이 열렸다며 대봉감을 다섯 박스를 보내왔다. 우애의 흐름이 대를 이어지고 있음을 느낀다.

조카도 제 아버지가 하던 대로 보고 배운 것이다. 나는 집안 친척이 모인 자리에서 빼먹지 않고 선친과 백부님의 형제애를 들려준다. 그리고 우리 또한 그렇게 살아왔음을 늘 강조한다. 두말할 것도 없이 그런 우애의 전통이 이어지기를 바라는 마음에서다.

나는 앞으로도 이런 우애의 가풍이 변함없기를 바란다. 이런 건 가르친다고 해서 될 일은 아닐 것이다. 실천해 옮기는 것이 산 교육이라 믿는다.

현재 막냇동생은 먼 나라 카자흐스탄에서 의술을 펴고 있다. 그런 동생이 매일같이 전화나 문자로 소식을 보내온다.

그런 것을 자식들이나 조카도 은연중에 따라 배울 것이다. 아마 형님도 하늘에서 기뻐하고, 앞서 돌아가신 아버지도 역시 천상에서 기뻐하지 않을까 한다.

조선 중기의 문인 박인로 선생도 세상에 남길 것은 '효도, 우애, 청백'이라고 했다. 그중에서도 우애가 으뜸이라고 생각할 때, 그 연결고리 역할을 내가 실천하고 있음이 떳떳하게 여겨진다. (2018)

집안 내력

대대로 우리 집안은 이야기를 좋아한다. 남 앞에 나서는 화자(話者)의 입장이 아니라 얘기를 들어주는데 고수다. 판소리계에 '귀명창'이 있듯이 동화하는 감응 능력이 탁월하다고 할까.

그래서 조부(祖父)님 살아생전에는 항상 사랑채에 과객이 머물고 그런 손님은 사나흘씩 숙식을 하다 돌아가기 일쑤였다. 그런 발길은 선친 때도 이어져서 큰댁 사랑채는 비어있을 때가 드물었다. 당신들은 머문 분들을 통해서 세상 돌아가는 상황을 파악했다. 필경 '글을 쓰면 가난뱅이로 산다.'라는 말도 그런 입을 통해서 들었을 터이다. 하루는 학교를 파하고 집에 돌아오니 내가 써놓은 원고 뭉치가 내동댕이쳐져 마당에 나뒹굴고 있었다. 비까지 내려서 그것은 처참한 지경이었다.

나중 이야기를 들으니 지병을 앓고 계시는 아버지가 그리하셨다는 것이 아닌가.

"죽도 못 얻어먹을 자슥."

누나가 귀띔해 준 말이었다. 그런 일이 있고 나서 얼마 지나지 않아 아버지는 세상을 떠나셨다. 몸이 아프신 당신 생각에 자식이 한심해 보였을까. 나는 아버지가 그렇게 원고 뭉치를 내던지신 건 어느 분의 말을 들어서일 것으로 믿고 있다. 그즈음 광주에 거주하던 경철 어른이란 분이 사랑방에 머물렀는데, 그 자제분이 문필가로 알려진 임0주 씨였다. 그가 그토록 가난에 쪼들려 산다는 것이었다.

그런저런 정보를 속속들이 들을 정도로 큰댁의 사랑채에는 과객의 차지였다. 찾아온 손님은 자발적으로 머무르기보다는 할아버지와 백부님, 그리고 아버지가 붙잡은 측면이 있다. 하도 옛이야기나 가담항설(街談巷說)까지도 듣기를 좋아하셔서 "그렇군요. 그래서요." 하면서 맞장구치며 추임새를 넣었던 것이다. 그러니 달리 귀명창이 아니겠는가.

이에 반하여 외조모님은 탁월한 이야기꾼이셨다. 타고난 입담으로 사람들을 끌어모았는데, 외조모님이 집에 오시는 날은 마을 사람들이 시나브로 모여들었다. 그러면서 구수하게 풀어내시는 이야기를 경청했다.

그때 들은 이야기다.

옛날 옛적 떨어져서 글공부하던 선비가 자기 부인이 보고 싶어서 중도 포기하고 찾아왔단다. 그걸 보고 베틀에 앉아 베를 짜던 부인이 날실을 잘라버렸다. 진득하니 머물며 공부를 마치지 못하고 돌아오는 발걸음에 실망해서였다. 그걸 보고 놀란 선비는 정신 차리고 다시 돌아가 정진하여 장원급제를 했다는 것이다. 그때 그 사람 이름이 누구라는 말을 들었는데 당시는 어려서 잊어버렸다.

그 이야기 자체도 나중에는 아예 잊고 지냈다. 그런데 어느 날 그 단서가 될 만한 것을 알아내게 되었다. 조선의 유명 여류시인의 시문을 찾아 읽던 중 꽂히는 대목이 있었던 것이다. 그것은 삼의당 김씨(三宜堂 金氏. 1769~1823)의 다음의 시.

옛사람은 글 읽으라 편지를 강물에 던졌다네 / 이런 뜻 일찍이 그대 떠날 때 말씀드렸지요 / 베틀 위에서 짜던 베 아직 다 짜지 못했으니 낭군께선 다시는 악양자처럼 하지 마세요

(古人好讀澗投書/此意嘗陳送子初 / 機上吾射未成匹/願君無復樂羊如)

비녀를 팔고 머리카락을 잘라 팔아 뒷바라지한 남편이 자꾸만 중도에 포기할 생각을 하니 얼마나 실망했을까. 삼의당은 대중에게 널리 알려진 분은 아니다. 그러나 아녀자로서는 보기 드물게 한시를 99수나 남긴 분이다. 따로 한 배움은 없었지만 타고난 총명함으로 글을 읽혀서 그렇게 많은 시문을 남긴 것이다. 위에 언급한 시는 남편이 공부하다가 아내가 보고 싶어서 자꾸만 편지를 보내니 어느 한 인물을 빗대어 언급한 것이다.

그렇다면 그 사람은 혹시 외조모님이 들려주시던 바로 그 사람이 아니었을까. 문득 그런 생각이 들어서 바로 인터넷을 검색해 보았다. 그랬더니 정말로 그런 행적이 보이는 게 아닌가. 나는 이를 확인하고 보니 마치 전에 '올게심니'라는 명칭을 몰라서 답답한 채로 지내다가 나중에 알아내고서 기뻐할 때처럼 기분이 상쾌했다.

거기에 언급된 악양자(樂羊子)에 관한 이야기다.

그는 중국 동한 시대 사람으로 몇 가지 일화를 남기고 있다. 그에게는 현명한 부인이 있었는데 하루는 그가 길거리에서 금은보화가 가득 담긴 보따리 하나를 주었단다. 기쁜 마음에 가져와서 자랑삼아 부인 앞에 내밀자 그녀는 한숨을 내쉬며 말했다.

"예로부터 대인은 아무리 목이 말라도 도천(盜泉)의 물은 마시지 않고 심하게 허기가 져도 예를 갖추지 않는 음식은 거절했습니다. 어찌 내력도 알지 못하는 보따리를 주워 오셨습니까?"

이리 꾸짖으니 그는 그것을 다시 주워온 장소에 가져다 놓았다고 한다.

그런 그는 나중에 학덕이 높은 스승을 찾아 배움의 길을 떠나게 되었단다. 그러나 얼마 가지 않아 아내가 보고 싶어서 공부를 포기하고 돌아왔다. 아내는 베틀에 앉아 베를 짜다가 물었다.

"공부는 마치셨습니까?"

"아직 다 마치지 못했소. 당신 생각이 간절해서 돌아왔소. 여보 보고 싶었소."

그 말에 베를 짜던 아내는 그 자리에서 사정없이 가위로 짜던 베를 싹둑 잘라버렸다. 놀란 악양자가 말했다.

"아니 여보, 애써 짠 베를 왜 가위로 잘라버리시오?"

하자 아내는 그를 향해,

"학업을 중도에서 포기하는 것이나 베를 반쯤 짜다 잘라버리는 것이나 중도에서 그만두기는 마찬가지인데 무엇이 잘못되었습니까?"

이런 이야기를 들려주신 뜻을 곰곰이 생각해 본다. 할머니는 어린 손자에게 교훈을 주고자 한 것이 아닐까 생각된다. 내가 알기로 할머니는 배움이 많은 분은 아니셨다. 그런데도 남다르게 전래 고사를 많이 알고 계셨다. 그것을 특유의 재담으로 살을 입혀서 풀어내셨다.

그런저런 것을 생각하면 나는 친가와 외가 쪽을 두루 닮지 않았나 한다. 이야기 듣기를 좋아하는 것은 친가 쪽, 이야기를 풀어내는 것은 외가 쪽. 그러니 내가 서사를 주로 하는 수필을 쓰고 있는 데는 내 몸속에 이런 양가의 피가 흐르고 있어선지 모르겠다. 당치 않은 비약인지는 모르지만. (2021)

시절의 반추(反芻)

내 카페 방에 자주 들러 글을 읽고 나가는 후배 문인이 올려놓은 글의 연도를 보고 당시 자기는 무엇을 하고 있었노라고 추억을 더듬으며 댓글을 달아놓은 걸 종종 본다. 그 후배처럼 나는 또 다른 방법으로 계절 분위기를 느끼고 싶으면 '농가월령가'를 가끔 찾아 읽는다.

거기에는 월별로 농가에서 해야 할 일들이 일목요연하게 정리되어 있어서다. 이것은 200여 년 전 정학유가 저술한 것이다. 정학유라고 하면 얼른 못 알아들을 사람이 있을 테지만 그가 다산 정약용 선생의 둘째 아들이라면 '아 그분' 하고 금방 알 깨단할 것이다.

정약용 선생이 장남에게 보낸 서찰을 보면 작은아들이 책읽기에 다소 소홀했는지 걱정하는 대목이 나온다. 형더러 잘

타이르라고 이른다. 그런데 그리 염려하던 아들이 아버지의 저술에는 턱없이 못 미치지만 괄목할 만한 글을 남긴 것이다.

농가월령가를 보면 그가 벼슬길에 나갔는지 어떤지는 모르지만, 농촌에서 살면서 농가의 풍속을 훤히 꿰고 있음을 본다. 그로 미루어 보아 풍파 없는 안정적인 생활을 하였음을 느낄 수 있다.

하나, 부친 다산 선생은 그렇지 못했다. 젊은 시절에 정조 임금을 만나 출중한 능력을 인정받고 승승장구했으나 그것은 재위 기간에 한정된 것이었다. 20여 년을 가까이 모셨으나 귀양살이는 거기에 버금가는 18년간이나 되었다.

그는 정조 임금을 보필하며 수원 화성을 축조하고 이를 기념하는 행사에 한강에 배다리를 놓아 건너가게 했다. 그가 제작하여 성을 축조하는데 크게 활용한 거중기는 획기적인 것이었다. 들리는 말로는 그것을 제작하려면 아이큐가 200은 넘어야 한다는 말이 있다. 그 정도로 다산 선생은 두뇌와 능력이 뛰어났다.

하지만 정조 임금이 1800년에 승하하자 곧바로 귀양길에 오르게 되었다. 천주교를 믿고 퍼뜨려 혹세무민한다는 이유였다. 형 정약전은 흑산도로 유배되고 다산은 강진 땅으로 보내졌다. 그것은 불행 중 다행이었다. 바로 외가가 있는 해남과 인접한 고을이기 때문이었다.

그는 외가의 도움을 많이 받았다. 하나, 귀양살이하는 몸인데 얼마나 자유롭게 도움을 받았을 것인가. 감시자를 의식하며 늘 조심스러웠을 터이다.

그는 귀양지에서 저술 활동에 전념하는 한편 형이 그리워지면 만덕산에 올라 서쪽 바다를 바라보았다. 이들 두 형제는 비록 고통스러운 귀양살이지만 학문에 전념하여 귀중한 역저를 남겼다. 형은 자산어보, 아우는 목민심서를 비롯한 흠흠신서 마가회통 등등이었다.

나는 조선 역사를 보면 화가 치밀 때가 많다. 나라를 위한다는 명분으로 당파와 집안 보호에만 매몰되었다는 것을 알기 때문이다.

멀리 거슬러 오를 것도 없다. 조선이 망할 때까지 만고의 역적으로 능지처참을 당하여 이름이 지워진 허균은 실상 문초 기록도 없다고 한다. 그와 가까이 지낸 사람들이 반란혐의를 받자 정인홍, 이이첨 등이 광해군에게 강권하여 처단했다고 한다. 광해군은 마지막까지도 단죄하는 걸 망설였다고 한다.

그들은 임해군을 비롯하여 영창대군과 외조부 김재남도 후환을 없앤다는 이유로 처단해버렸다. 그러고 나서 반정에 나서 인조를 옹립한 세력은 어떤가. 정인홍, 이이첨을 비롯한 북인과 남인 세력을 도륙 내 버렸다.

명분은 나라 안정을 위한 것이라고 하고서 그들의 당파와 집안을 보위한 것은 두말할 것이 없었다.

조선이 부패로 망해가는 길목에서 역할을 한 서인 벽파 세력만 해도 그렇다. 인조반정으로 근거를 마련한 후 조선이 망할 때까지 인종 1년여와 숙종의 환국 정치 두 차례를 제외하고는 권력을 놓은 적이 없었다.

정조 임금이 세상을 뜬 후로는 거침이 없었다. 영조의 계비로 정순왕후가 들어온 후 그들의 기반은 더욱 튼튼해졌다. 서산 다리 마을 김한구의 딸인 그녀는 오빠 김구주를 앞세워 서인 세력을 공고히 했다. 66세인 영조보다 51세나 어린 나이인 그녀는 15세에 왕비가 되어 당파를 지키는데 지대한 힘을 발휘했다. 사도세자를 견제하고 나이 어린 순조가 즉위하자 대왕대비로서 철권을 휘둘렀다. 전해오는 말로는 대신들의 반대를 무릅쓰고 자기 뜻을 기어이 관철했다고 전해진다.

그녀는 3년여의 집권을 통해 정조의 장용영을 없애버리고 무지막지한 숙청에 앞장섰다. 구실은 혹세무민하는 천주교도를 물리친다는 것이었으나 남인들을 표적 삼아 죄다 몰아냈다. 그 과정에서 정조의 이복동생 은언군과 혜경궁의 동생 홍낙임도 처형해 버렸다.

그 조짐은 정조인들 어찌 몰랐을까. 해서 며느리는 다른 가문인 시파 김조순의 딸을 낙점함으로써 그들의 질주를 막았으나 정순왕후는 61세까지 장수했다.

그녀는 정조 임금의 독살 의심도 받는다. 아파 누운 임금에게 궁인을 물리치고 수정과를 먹였는데 그 후로 승하를 했기 때문이다.

나는 그녀를 생각하면 다산 선생의 아픔이 그려진다. 39세에 귀양 와서 18년을 보낸 후 풀려났으니 그 한이 어떠했을까. 그의 뛰어난 경륜과 추진력을 나라 발전에 온전히 활용했더라면 얼마나 달라졌겠는가.

그런데 서인들은 정적을 내몰고 죽이는 데만 몰두했으니 한심하기 짝이 없지 않은가.

일찍이 고려 말 정도전은 강진 땅에 귀양 와서 민심을 살펴 나중에 조선 건국에 지대한 공헌을 했다. 마찬가지로 다산 선생도 강진 땅에서 부패한 참상을 직접 목격하고 가슴 아파했다. 세금 체계가 무너져 군포를 제멋대로 걷고 죽은 사람에게 세금을 물리는 참상을 보았던 것이다.

선생이 쓴 '적성촌을 지나며'라는 시를 보면 인두세의 지나친 횡포를 견디다 못한 사내가 자기 양물을 낫으로 자르는 장면을 묘사하고 있다.

이런 것을 본 그를 빨리 풀어서 백성을 살피는 정책을 펴게 했다면 큰 공헌을 했을 것이 아닌가. 다산 선생을 생각하면 또 한편으로 하피첩이 생각난다. 부인 홍 씨가 시집올 때 혼수로 가져온 치마를 보내오자 그것을 잘라 책자를 만든 것이다. 거기에다 그렸던 매조도가 전해온다. 부인 홍 씨는 건강이 좋지 않았는데, 이역만리 적소에서 돌봐주지 못한 아픔에 얼마나 절망했을까.

그래도 자식들은 반듯하게 자랐던 것으로 보인다. 비록 죄인 아들의 신분 때문에 벼슬길에 나가지는 못했을지라도 훌륭한 농가월령가를 남기고 있지 않은가. 시기 따라 때때로 살펴보는 그 가사를 통해 그 시절을 반추해 본다. 후배 문인이 옛 추억을 더듬어보는 것처럼. (2020)

동기간(同氣間)

나는 혈육의 정을 표현한 말 중에서 유독 동기간(同氣間)이라는 말을 좋아한다. 그 말에서 바로 한 핏줄이라는 것이 연상되고 그 말속에 따뜻한 정이 흐르고 있어서다. 마치 검은 가마솥에서 막 퍼낸 밥 내음처럼 훈기와 향기가 스친다. 영양가라고는 하나도 있어 보이지 않는 멀건 국물에 그냥 말아 먹는 밥이지만 함께 모여 이마 맞대고 먹는 밥은 얼마나 달고 맛있었던가.

그리고 다소 눅눅한 무거운 솜이불을 함께 뒤집어쓰고 같이 잠자던 잠은 얼마나 아늑하고 편안했던가. 헤픈 꿈을 꾸다가 흘러내린 침이 이불깃에 묻어 그것이 채 마를 사이도 없이 다시 입술에 갖다 대고 잠을 청해도 싫지 않은 게 형제였다. 다른 것 때문이 아니다. 바로 동기간이기에 그러했다.

나는 그런 형제자매 중 스무 살을 갓 넘겨 세상을 떠나보낸 손위 누나가 있다. 몽매간도 잊지 못하고 잊을 수도 없는 동기간이다. 하루아침에 갑자기, 무슨 병고인지 숨을 거두었다. 숯불 다리미질을 하다가 그리됐는데 심장마비인지, 숯불로 인한 가스 중독 때문인지 알지 못한다. 손쓸 사이도 없이 허망하게 세상을 떠났다.

세상에 남겨진 부모님과 형제들은 망연자실할 수밖에 없었다. 바로 손아래 동생인 나는 쉽사리 그 충격에서 헤어나지 못했다. 한창 감수성이 절정에 이르던 열여덟 살 나이에다 글을 쓰고 있어서였다. 그 충격을 이기려고 아니, 그 충격을 잊지 않으려고 사진을 찍듯이 그 안타까움을 여러 편을 글로 썼다. 어림잡아 7, 8편이 되지 않을까 한다.

그런데 등단 이후 그간 천이백여 편의 글을 써왔는데도 내 생각에는 누나에 관한 느낌과 안타까움이 절반을 차지하고 있지 않은가 한다. 그만큼 내게는 절절하고 안타깝고 사무치는 마음이 커서인지도 모른다.

나는 누나의 죽음에 대해 글을 쓰면서 단 한 번도 가볍게 펜을 들어 본 적이 없다. 누나를 생각하면 슬픔이 먼저 밀려와 그 안타까움이 머릿속을 지배했다. 그래서 평상심을 유지하고 쓰기가 어려웠다. 해서 그런 누나의 이야기는 가슴에 바윗돌을 올려놓은 듯 무겁게 짓눌려 있다. 그런 만큼 작품을 읽어보면 슬픔의 농도가 임계선에 닿아 터트려지기 일보 직전에 놓여있다.

그것은 어떤 절실함의 반영이 아닐까. 적어도 내가 기억하지 않으면 영원히 잊히고 말 것이라는 강박관념. 그것이 작용한 게 아닌가 한다.

다른 형제들이야 피를 이어받은 자손들이 있어 죽은 후라도 기억해 주겠지만, 결혼도 못 하고 자식 없이 죽은 누나는 다르지 않은가. 남은 형제들이 죽고 나면 영원히 기억 속에서도 사라지지 않겠는가.

그걸 염려해 딴에는 누나가 세상을 뜨자, 네 살배기 조카에게 잊지 않도록 열심히 입력을 시켰다. 누워있던 고모 모습과 보았던 상여를 잊지 않도록 상기시켰다. 그 덕분에 40여 년이 지난 지금도 큰조카는 기억의 편린을 간직하고 있다. 퍽 다행한 일이다. 하지만, 고모 얼굴은 전혀 기억하지 못한다. 그러니 형제들이 죽고 나면 잊히고 말 것이다.

그런 생각을 자주 해오던 참에 최근에 나는 의미 있는 것을 하나 찾아냈다. 누나 사진이 단 한 장도 없었는데 찾아낸 것이다. 취업차 외국으로 떠난 아우가 맡기고 간 사진첩을 보았더니 누나의 사진이 있었던 것이다. 얼마나 반가운지 몰랐다.

사진은 열여덟 살쯤에 찍은 것으로, 영락없는 당시의 시골 처녀의 모습을 하고 있었다. 흰 저고리에 검정 무명치마, 머리는 뒤로 묶었는데 몸은 옆으로 살짝 틀고 앉은 모습이다. 앞섶에는 길게 늘어뜨린 옷고름이 매달렸다. 누나는 나비 브로치를 무척 좋아했는데 그때는 나비 브로치를 달고 있지 않았다. 그렇지만 누나가 죽어서 누워있을 때는 앞섶에 작은 노랑나비 브로치를 달고 떠났다.

'아! 누나.'

사진을 보자 내 입에서는 나도 모르게 신음 같기도 하고 탄성 같기도 한 한숨이 흘러나왔다. 얼마나 귀한 사진인가. 오직 딱 한 장 남아 있는 유일한 사진. 나는 간직하지 못했는데 막내 아우가 소중히 간직한 것이었다. 고마운 마음이 와락 들었다.

누나가 비명횡사를 한 당시 내 나이 열여덟 살이었으니 아우는 열두 살 때이다. 그런 아우에게도 누나는 특별했던가.

나는 사진을 찾은 즉시 이 사실을 네 살 터울의 여동생과 외국에 나가 있는 막내 아우에게 알렸다. 그러자 며칠 후 여동생한테서 전화가 왔다.

누나의 사진을 확대 복사해 놓았다는 것이었다. 그러면서 사진을 찾아주어서 감사하다는 말을 전했다.

외국에 머물고 있는 아우한테서는 "가슴이 아프네요." 하는 문자가 날아왔다. 이 이상 무슨 언술이 필요하겠는가. 동기이니 아프고 얼굴 매만지고 싶고, 보고 싶고 그리운 것이 아니겠는가.

나는 사진을 핸드폰으로 찍어 저장해 놓았다. 그리고는 한 번씩 꺼내어 바라본다. 저 손으로 나를 얼마나 정성 들여 뒷바라지해주었던가. 학교 길이 먼 동생을 위해 새벽밥을 지어 주고, 빨래해주며 맛난 반찬을 만들어 주었던가. 혼자서 되뇌어 본다.

누나는 영혼결혼식을 치러 얼굴도 모르는 매형의 고향에 함께 묻혔다. 그러니 고향 집이 헐리고 만 지금은 흔적도 없다. 부모님과 형님은 이미 타계하여 가슴에 묻은 채 떠났고 남은 동기의 가슴에만 남아있을 뿐이다. 그마저도 남은 형제들이 나중에 죽고 나면 영영 이별하고 말 것이다. 그런 안타까운 마음으로 핸드폰 속 누나의 사진을 보니 순박하게 웃고 있는 표정이 무거운 마음으로 다가온다. 많은 세월이 흐른 만큼 이제는 마음이 가벼워질 때도 되었건만 그렇지가 않다. 워낙에 당시 사별의 충격이 크게 각인되어서인지 모른다. (2020)

1등의 기억

때로 추억이 아름답기도 하지만 씁쓸하고 아쉽게 느껴질 때도 있다. 아마도 내가 한때 '00의 전성시대처럼' 화려한 이력을 가진 내력도 그중의 하나일 것이다.

나는 학창 시절에 공부를 잘하여 일등을 해본 기억이 없다. 아니, 필요성을 느끼고 목매달고 열심히 노력해 본 적이 없다. 대체로 초등학교 때는 공부에 맛을 들이지 못했으며 중학교를 진학하고서야 우열반이 편성되어 있다는 것을 알고 겨우 1년간 책을 좀 봐서 특별반에 끼었을 뿐이다.

그런데 그것은 오래가지 못했다. 몇 달 뒤에 장기근속 중이던 교장 선생님이 타 학교로 전근을 가신 바람에 굳건히 유지되어오던 우열반은 폐지가 되어 버렸다. 그 바람에 공부가 심드렁해졌다. 때맞춰 학교에서는 운동부(핸드볼)가 신설되어

덩치가 큰 나는 선발이 되었고 공부와는 담을 쌓게 되었다.

학교에서는 노란색 유니폼을 지급하여 거들먹거렸고 그 바람에 반거충이가 되어 고작 시험 때만 일주일 남짓 벼락치기 공부를 하는 정도였다. 그렇지만 성적은 크게 뒤지지 않았다. 우등상을 탈 정도는 아니었으나 반에서 10등 안에 늘 들었다. 그걸 생각하면 공부에 맛을 들이고 열심히 했더라면 상위권 성적은 능히 유지했을 터이다.

나는 공부에 취미가 없는 건 순전히 아버지를 닮은 탓으로 여긴다. 왜냐하면, 당신은 가정이 부유했음에도 공부를 하지 않았기 때문이다. 집안 할머니의 말씀에 의하면 당시 형편으로 일본 유학도 갈 만했는데 공부를 싫어했다고 한다. 그러기는 백부님도 마찬가지여서 학교에 다니기를 싫어해 두 분은 겨우 초등학교를 마치는데 그쳤다.

내가 공부를 열심히 하지 않는 것은 그런 저간의 사정을 일찍이 알아버린 데도 있다. 당신이 공부에 맛을 들이지 않았으니 자식에게 공부하라고 다그치실 명분도 없었던 것이다.

그런 중에도 나는 아버지로부터 미운 소리를 많이 들었다. 누가 상을 탔다고 하면 그 애를 들먹이며 고스까이(시종)나 하라고 악담을 하셨다. 그렇지만 나는 그런 훈계 따위는 귓등으로 흘려버렸다. 그러니 막상 졸업할 때는 머리에 든 게 없고 암담하기만 했다.

한데, 내가 군대를 다녀와서 잡은 직장에서는 놀랍게도 두 차례나 기적 같은 1등을 했다. 한 번은 광주와 전남이 분리되기 전, 도내 파출소 치안 행정 평가에서 1위를 한 것이고, 다른 한 번은 전국 다중범죄 진압훈련평가에서 1등을 한 것이다. 먼저 도내 파출소 평가는 만흥동에서 근무할 때였다. 마침 청사가 신축되어 깨끗한 환경에다 치안 수요도 적어서 유리한 점이 있었다. 서고 정비와 화단을 아름답게 가꾸고 미제사건을 없애고 대민친절에 힘썼더니 좋은 평가가 나왔다.

그리하여 소속된 전 직원이 영광되게도 본 청장 표창을 받게 되었다. 이것의 의미는 크다. 인사고과에 작용될 뿐 아니라, 징계를 받을 경우 한 단계를 낮추는 효과가 있는 것이었다.

다음으로 1위의 성적을 거둔 것은 전남기동대 훈련 교관으로 있으면서였다. 이때는 광주민주화운동이 일어나기 이태 전으로 시위는 그때도 산발적으로 일어나고 있었다. 전국 평가를 앞두고 나는 매일 한 시간씩 훈련하다가 임박해서는 훈련 강도를 대폭 끌어올렸다.

"앞에 봉!"

"횡대로 벌려."

"곡차 앞으로."

시간이 지남에 따라 중대경력은 한 치도 흐트러짐 없이 일사불란하게 움직였다. 평가는 한겨울에 이루어졌다. 이듬해 대학 개교를 대비한 것인데, 심사는 본청 경비과장이 내려왔다.

나는 평소대로 담대하게 지휘를 했다. 큰 평가 무대에서 떨릴 법도 한데 나는 의외로 참착했다. 이는 군 복무 시 헌병으로 복무하며 교통정리(TCP)를 해서인지 몰랐다. 늘 3성 장군인

군단장이 지나는 곳에서 교통정리를 하여 주눅이 들지 않았다.

"지금으로부터 전남기동대 다중범죄 진압훈련을 실시하겠습니다. 일동 차렷! 경비 과장님께 경례!"

"충성!"

우렁찬 목소리가 울려 퍼졌다. 시범 훈련은 차질 없이 진행되었다.

"1소대 설대 대형으로."

"2, 3소대 방패 막아."

연병장엔 희끗희끗한 눈발이 휘날리고 있었다.

시범 훈련이 끝나고 점검단장인 경비과장이 연단에 올랐다.

"여러분 대단히 수고했습니다. 서울시경에서부터 각도의 평가를 마치고 마지막에 전남에 내려왔는데, 가장 뛰어났습니다. 올라가면 그대로 보고를 할 것입니다. 대단히 수고하셨습니다."

표정이 매우 상기되어 있는 것으로 보아 사뭇 감동을 받은 것이 분명했다.

이후 기동대로 표창이 내려왔다. 1등 성적으로 각각 대통령상과 내무부 장관 상이었다.

나는 그 일을 생각하면 지금도 믿기지 않고 흥분이 된다. 우리 기동대가 전국 1등이라니. 꿈만 같았다. 학교 다니면서는 한 번도 경험해보지 못한 1등이 아니던가. 그런데 직장 경연 평가에서 연이어 두 차례나 1위를 차지한 것이다. 물론 혼자서 거둔 성과는 아니다. 하지만 그 중심에 내가 있었던 것만은 사실이다. 그래서 나는 이 두 가지를 잊을 수 없고, 두고두고 영광으로 기억될 것 같다. (2020)

모정(母情)의 바닷길

충무공 모친 변 씨 부인은 아들이 한양에 압송되었다는 소식을 듣고 격랑을 헤쳐 본가가 있는 아산으로 향한 것은 1597년 음력 3월 그믐이었다. 그때 나이 83세로 원거리 항해를 한다는 것은 무리였지만, 아들이 누명을 쓰고 검거되어 함거에 실려 압송이 된 이상, 은거지 고음천(熊川)에서 계속 머물 수는 없었다. 배에 오른 건 살고자 한 것이 아니라 오직 조금이라도 아들이 있는 곳에 가까이 가서 무사하기를 빌어주고 싶어서였다. 항해의 길은 험난했다. 거친 파도에 멀미와 탈진으로 처음부터 시달리게 되었다. 마침내 열흘 만에 고향 가까운 곳에 이르렀을 때 심한 격랑을 만났다. 이때 그만 숨을 거두고 말았다.

그간에 거쳐온 섬만 해도 얼마였던가. 여수를 출항하여 낭도 둔병도를 거쳐 고흥 발포, 금당도, 해남 어진, 진도 백파진, 그리고 목포 장산도, 영광 낙월도를 거쳐 왔다.

장군의 모친이 숨진 날은 음력 4월 11일. 장군이 옥에서 풀려나 백의종군 길에 올라 고향 가까이 내려오고 있을 즈음이었다. 그간 2월 6일, 한산도 진영에서 서울로 압송되어 선조로부터 극심한 고신을 두 차례나 당한 후 천신만고 끝에 가까스로 목숨을 부지한 직후였다.

죄명은 임금을 업신여기고 적을 뒤쫓아 물리치지 않았다는 것이었지만, 거기에는 모함이 섞이고 또 어명을 받들지 못한 상당한 이유가 있었다. 바로 왜군이 쳐들어온다는 일본 첩자 요시다의 말을 액면 그대로 받아들일 수 없는 데다. 부산에 진을 치고 있는 왜군을 피해 그 배후를 공략한다는 건 섶을 지고 불어 뛰어든 격이나 다름이 없었던 것이다. 나아가 싸우지 않는다고 구실을 붙였으나 지키고 있는 견내량을 비운다면 아군의 안위가 위기에 내몰릴 것은 불을 보듯 뻔한 일이었다. 그런데도 선조는 막무가내로 어명을 어겼다고 문제 삼았다.

분노는 대단하여 어느 신하도 감히 가로막고 나서지 못했다. 평소 든든한 우군이던 서애 대감도 고개를 흔들고 만 지경이었다. 이때 72세의 우의정 정탁 대감이 노구를 이끌고 나섰다. 목숨을 건 진언을 했다.

그것이 하도 긴 명문이라 중도에 자를 수가 없어 내용만 간추려 본다.

“성상께서는 이가를 어여삐 여기고 사랑했으나 미욱한 자가 마음을 헤아리지 못하고 크나큰 죄를 지었습니다. 이는 죽어 마땅할 일입니다. 그러나 전쟁 중에 그만한 사람도 찾기 어려우니 성상께서는 부디 한 번만 선처해 주시옵소서. 그러면 이가도 마침내 뉘우치고 잘못을 깨달을 것입니다. 이가는 이미 고신을 당하여 몸이 온전치 못하옵니다. 더 이상 벌을 가한다면 살아남지 못할 것입니다. 이는 성상의 뜻도 아닐 것이며 어여삐 여기시는 마음을 잘 압니다. 크나큰 은혜로서 미욱한 이가를 용서하신다면 반드시 분골쇄신하여 충성을 다할 것입니다."

그 신구차가 마음을 움직였던지 장군은 풀려나게 되었다. 그날이 음력 4월 1일. 옥에 갇힌 지 한 달 만이었다.

장군은 백의종군할 임지를 향해 걸었다. 그리하여 마침내 13일 만에 고향 아산에 도착했다. 그런데 어인 일인가. 거기서 모친의 부음을 전해 들을 줄이야. 하지만 아직도 죄인의 몸인데다. 도원수 권율 장군의 휘하에 들어가 백의종군의 길이 기다리고 있어 지체할 수가 없었다. 결국, 장군은 모친의 시신을 아산 백암리 해암에서 뵙고 부둥켜안고 통곡했다. 장례는 직접 치르지 못하고 전라좌수영의 군관이 마련해준 관에 모셔져 나중에 치러졌다.

장군은 모친에 대한 효심이 각별한 면이 있다. 그것은 아마도 가정사와도 깊은 관련이 있지 않은가 한다. 장군의 집안은 대대로 나라의 녹을 먹은 가문이었다. 그런데 조부가 기묘사화에 연루되어 처벌을 받은 바람에 기세가 급격하게 기울게 되었다. 그로 인해 장군은 서울 삼청동에서 어머니의 고향인 아산으로 낙향하게 되었다.

장군이 임지에서 어머니를 모신 것은 정읍 현감 때부터다. 당시는 형까지 작고하여 어머니와 조카들을 함께 모시고 돌보지 않으면 아니 되었다. 당시만 해도 근무지에 가족을 데려온 것은 남솔(濫率)이라 하여 금하고 있었는데, 장군은 어쩔 수가 없었던 것이다. 이는 장군이 전라 좌수사가 되어 여수에 내려와 있을 때도 마찬가지였다. 뱃길로 십 리가 넘는 고음천에 어머니를 모셨다.

나는 장군이 어머니를 모신 것이 장군으로서는 심리적으로 안정감을 얻었을 뿐 아니라 전장에 나아가 승전을 하는데 크게 보탬이 되었다고 생각한다. 모친은 노쇠하였으나 담대하여. 아들이 문안을 오면.

"나라 구하는 일이 급하니 어서 나아가 싸워라."라고 단호함을 보여주었던 것이다. 헌법 재판관을 지내면서 이순신 연구에 매진한 김종대 선생은 장군의 뛰어난 점을 세 가지로 요약하고 있다.

첫째는 완벽한 인간이라는 것이다. 사물의 본질에 대한 깊이 있는 자각과 수양을 바탕으로 대인격을 이룬 성자요 군자라는 것이다. 둘째는 모든 공직자의 사표라는 것이다. 개인적인 이익보다는 항상 나라와 백성의 이익을 생각했다는 것이다. 셋째는 성공한 지도자임을 든다. 최악의 여건 속에서도 구국이란 목표 달성에 성공했고 열세의 조선 수군을 강군으로 만들었다는 것이다.

전적으로 동감을 표한다. 그러나 복무 시에는 시련도 많았다. 세 번 파직과 두 번의 백의종군이 그걸 말해준다. 그렇지만 사람의 일이란 반드시 사필귀정인 것. 끝내 모함의 허물을 벗고 누구나 우러르는 민족의 사표가 되었다.

장군의 전투지역을 떠올리면서 모친 변 씨 부인의 마지막 바닷길을 떠올려본다. 무슨 생각을 하고 떠났을까. 당신의 안위는 생각도 할 겨를 없이 오직 아들의 무사 복귀만을 바라지 않았을까. 노구에 얹힌 시름의 무게가 마치 물 먹의 솜의 무게만큼이나 무겁게 느껴져서 오랜 세월이 흘렀지만, 마음을 천근만근 짓누른다. (2020)

건망증 겹치는 날

오늘 아침 건망증이 거푸 겹쳤다. 한 번은 내가 단독으로 일으키고 다른 한 번은 나와 상대방이 동시에, 그리고 마지막은 상대방이 일으킨 것을 목격한 것이었다. 건망증은 함께 있는 사람이 바른 정신이면 문제가 되지 않는다. 그러나 상대방과 동시에 똑같이 일으키면 문제는 발생한다.

건망증은 치매 전조와는 다르다. 그렇지만 천둥이 자주 치면 비가 오듯이 상관이 없다고 마냥 방관할 일은 아니다. 깜빡깜빡 잊는 자체가 문제이기 때문이다.

일전에 지인이 치매 테스트라며 카톡을 보내왔다. 한 그루의 나무가 엉성하게 그려진 것이었다. 주문인즉슨 그곳에 사람 얼굴이 숨어 있으니 5분 내로 열 개를 찾아내 보라는 것이다.

나는 그것을 쉽게 찾아냈다. 그렇지만 치매에 대한 안심은 되지 않았다. 그것을 찾아내는 데는 건강상태와는 무관하게 나는 다른 조건을 갖추고 있었기 때문이다. 그 조건이란 다른 것이 아니다. 바로 글쓰기와 수석에 빠져있는 것이다.

우선, 글을 쓰려면 남다른 관찰력이 요구된다. 그래서 당연히 사물에 대한 관찰을 많이 하게 된다. 그러니 일반인보다는 당연히 관찰력이 길러졌을 게 아닌가. 거기다 나는 수석 취미를 40년 넘게 하고 있다. 돌에 새겨진 문양을 살피고 주름을 살피며 물을 뿌려놓고 응시하며 감상을 해왔다. 그러면서 그 안에서 일어나는 변화를 즐겨왔다.

그러니 오죽 잘 살필 것인가. 거기다가 직장에서는 형사 생활을 오래 한 사람이 아닌가. 해서 나뭇가지에 숨겨진 사람 얼굴을 모두 찾아내고서도 나는 안심이 되지 않았다.

한데, 우려는 하룻밤을 지내고 나서 바로 현실이 되었다. 건강이 나빠진 나는 요즘 들어 아침 식사는 간단한 주스와 떡 두어 개, 감자를 몇 알 먹고 마는데, 떡과 감자를 먹고 있을 때였다.

"아저씨 왜 주스를 갈아놓고 안 드세요?"

집사람을 간병하는 간병인 아주머니가 묻는 게 아닌가.

"아, 네."

나는 아차 싶었다. 바로 직전에 먹으려고 갈아놓고서 깜빡 잊고 그대로 두고 있었던 것이다.

이만하면 상당한 건망증이 아닌가. 건망증 이야기가 나오니 생각나는 게 있다. 어떤 조류와 다람쥐의 건망증에 관한 것으로 조류 중에서 때까치는 특이한 특성이 있는 것으로 유명하다. 먹잇감을 잡아다가 나무 끝에 박아 놓는 습성이 있는 것이다. 녀석은 곤충은 물론 피라미나 개구리 뱀도 가리지 않는다.

매처럼 구부러진 부리로 사냥을 해서는 건조를 시킬 겸 꽂아 놓는다. 나중에 먹기 위해서다. 그런데 녀석은 건망증이 심하여 그 먹이를 다 찾아 먹지 못한다. 그 바람에 한겨울이 지나고 이듬해가 되도록 그런 먹이가 흔하게 걸려있다.

그러기는 다람쥐도 그에 뒤지지 않는다. 나중에 먹으려고 땅속에 감추어 두고서 잊어버린다. 그런 것이 새싹이 터서 나온다. 원숭이처럼 먹고 난 씨앗이 발아가 된 것이 아니라 순전히 건망증에 의한 것이다. 이런 의미에서 원숭이는 진정한 씨앗의 파종 꾼이라고 볼 수 있지만, 다람쥐의 경우는 망각의 결과인 것이다.

두 사람이 동시에 실수한 일은 아침을 먹고 들른 은행에서 일어났다. 적은 돈을 정기예금해 둔 것이 만기가 도래하여 갔더니 창구 여직원이 어떻게 할 것이냐고 물었다. 다시 1년을 앉히고 이자만 달라고 했다.

그래서 일을 마치고 새 통장을 발급받으면서 건넨 도장과 주민등록증을 받아들고 돌아섰다. 그런데 무언가 허전했다. '받은 이자는 어디 있지?' 하고 생각해 보니 받은 것 같지가 않았다. 주머니를 확인해도 돈이 없었다. 백여 미터를 걸어오다가 되짚어서 돌아갔다.

"이자를 안 받은 것 같네요."

하니, 그때야 창구 직원도,

"아차 깜빡했네요." 하면서 챙겨주는 것이었다. 화들짝 놀라

당황한 기색이 역력했다. 그러고 나서다. 아침 일찍 점심 식사 약속이 있어 외출복을 입은 채로 컴퓨터 앞에 다가앉았다. 두어 시간의 여유가 있어 써둔 작품을 퇴고하려던 참이었다. 그런데 점심을 약속한 분한테서 전화가 걸려왔다.

"왜 시간이 다 되었는데 나오지 않나요?"

"이에엣?"

무슨 일인가 싶어 길게 소리를 높여 되물었다. 그러고 나서 현재 시각을 확인하고서 말을 이었다.

"지금 10시 40분인데 벌써 나왔어요?"

"아니 11시 40분 아녀요?"

전화상이지만 놀라는 목소리가 느껴졌다.

"시각을 착각하셨군요. 하하하……."

내가 웃은 것은 다른 것 때문이 아니었다. 시간을 착각한 것이 우스워서가 아니라 오늘따라 일어난 일련의 일들이 공교롭게도 하나처럼 착각을 일으켜서였다. 지인은 식사 때면 늘 차를 가지고 내 집 앞까지 와서 동행하는데 이날도 일찍 집 앞까지 와서 전화한 것이었다.

"밖에 있지 말고 집으로 들어오세요. 같이 나가게."

했더니 그는 '아니 아니' 하면서 전화를 끊었다.

불과 몇 시간 사이에 벌어진 일이다. 오늘 일어난 일을 곰곰이 생각해 본다. 옛말에 화불단행(禍不單行)이라고 했는데 이 정도면 심한 건망증이 아닌가. 그렇지 않고서야 어찌 세 번이나 연달아서 그런 일을 겪을 것인가. 아무래도 오늘은 내게 있어 기념비적인 건망증 융단폭격 날이 아닌가 싶다. (2020)

그리운 미풍양속

흔히 하는 말로 '유행은 한 철이고 풍속은 변하지 않는다'라고 하지만 생각해 보면 풍속도 옛날에 비해 급속하게 변해가고 있지 않는가 한다. 아니 변하다 못해 숫제 사라진 것들도 많다. 5, 60년을 전후하여 생각해 볼 적에 종적을 감춰버린 풍속이 한두 가지가 아니다.

그런 것의 하나로는 전통혼례 풍속이 있다. 지금은 결혼식을 으레 예식장에서 치르지만, 옛날에는 그러질 않았다. 신부의 집 마당에서 치렀다. 그것도 조촐하게 혼례 상에 생화를 장식하여 목기러기와 산 닭을 놓고서 예식을 올렸다.

물론 그 이전에는 으스름한 저녁에 혼사를 치러서 결혼의 혼(婚) 자는 그 때문에 생겼다고 하지만 이후에는 낮에 치르게 되었고 혼례는 간소하나마 격식을 갖추었다. 거기에는 목기러기가 빠지지 않았다. 그것을 놓는 것은 암수가 평생을 함께하며 어느 쪽이 홀로 되면 남은 새끼들을 책임지면서 끝까지 기르는 것을 본받고자 한 것이며, 산 닭을 놓은 건 수탉은 가장의 책임을, 암탉은 다산의 의미로 그리했다고 한다. 이 밖에 폐백 시에 대추와 밤을 치마폭에 던져주는 건 다산 하라는 뜻을 담았단다.

옛날에는 장가를 들 때 일정한 통과의례를 치러야만 했다. 소위 '탈선'이라고 해서 마을 청년들이 골목을 지키고 있다가 신랑의 사람 됨됨이와 언변을 점검하는 것인데 통과가 쉽지 않았다. 더러는 현장에서 담배를 주고 빠져나오거나 부채를 빼앗기기도 했다. 그것을 빌미로 동상례(東床禮) 때 결혼한 신랑이 장인, 장모를 뵈러 오면 부채를 돌려준다는 구실로 신랑의 학식을 또 한 번 다루었다.

다음은 그때 있었던 이야기다. 마을 청년들이 빼앗긴 부채를 찾아가라며 술 한 동이 값 백 원을 요구했다. 신랑이 지체 없이 문자를 써서 답변했다. '四口方方(사구방방) 片月(편월) 三星(삼성) 士一 一口(사일일구) 無點止(무점지) 大口小口 三口八(대구소구 삼구팔) 丁口也(정구야)' 이것을 풀이하면 四口方方은 밭 전(田), 片月三星은 조각별이 세 개이니 심(心) 자가 되어 합치면 생각 사(思)가 된다.

거기에 사일일구(士一一口) 무점지(無點止)라 했으니 점 하나를 떼면 일(壹)자가 되고 대구소구 삼구팔을 순서대로 쓰면

원(圓) 자이며. 정구(丁口)는 가(可)가 되니 합하면 일원가(壹圓可). 따라서 부채값은 '일원이면 가하지 않으냐.'라고 한 것이었다. 말장난 같기는 하지만 얼마나 재치 있고 통쾌한가.

이를 보더라도 옛날에는 먹을 것이 비록 귀하고 일제강점기와 6·25전쟁을 거치며 궁핍한 시절을 보내긴 했지만 품위 있는 놀이를 즐길 줄 알았으니 그 시절이 부럽기도 하다.

문자 이야기는 또 다른 일화도 전해온다. 때는 조선 성종 때 미색이 뛰어나고 시문을 잘 짓는 기생이 개성에 살았다. 젊은 한량들이 그녀를 한번 안아 보려고 꿈꾸었다. 그러나 어지간히 콧대가 높지 않아서 문장을 내놓고 풀이하도록 해서 그것을 못 풀면 주안상을 놓고 마주 앉지도 않았다.

하루는 도도한 그녀가 방을 내붙였다. 무슨 뜻인지 알아맞히라는 것이었다. 물론 그리하면 하룻밤을 함께한다는 약조를 내걸었다. 다음은 그녀가 낸 문제. '點 一二口 牛頭不出(점일이구 우두불출)'

글줄이나 읽은 한량들이 나섰지만 풀지 못하고 나가떨어졌다. 그런데 허름한 차림의 한 중년이 나타나서 문제를 보고는 빙긋이 웃으며 치마폭을 내주라 하여 딱 한 자를 썼다.

'許' 그래서 그가 낙점되어 운우지정을 나누게 되었단다. 풀이하면 점일이구(點一 二口)는 (言) 자. 우두(牛頭) 불출(不出)이니 오(午)가 되어 이를 합하여 허(許)가 되어서 그렇게 풀었던 것이다. 한때의 낭만이 아닌가 한다. 이렇듯 옛날에는 나름의 멋이 있었다.

하나 지금 세상에선 어떠한가. 은근한 멋이 도무지 없다. 생각해 보면 지금처럼 말과 전화로 소통하고 살다 보니 직유는 넘쳐나고 편지나 문자로 전하는 은유의 멋은 없어진 것이 아닌가 한다.

이런 문자 놀이를 하던 당시는 비록 가난한 시절을 보내 배는 고팠지만, 그러나 정신적으로는 넉넉하고 풍요롭지 않았는가 한다.

새삼 옛날이 그리워지고 그 시절의 낭만이 아름답게 생각된다. (2016)

그리운 모습

나는 유독 땅거미 지던 때, 겨울철이면 서쪽 하늘에 유난히 모습을 드러내던 개밥바라기와 여름철 그즈음에 박꽃이 피던 정경을 잊지 못한다.

어렸을 적에 보면 중천에 떠있던 해가 차차로 기울어 서산에 넘어갈 즈음에 붉은 노을 깔린 함지(咸池)로 해가 풍덩 빠지고 나면 이내 땅거미가 져왔는데 그러면 어둠은 차츰 발목을 적시고 위로 올라와 흐릿하게 시야를 좁혀 놓았다.

그런 때 특히 겨울철이면 유독 개밥바라기별이 서쪽 하늘에서 반짝였다. 그 시기가 음력으로 3, 4일이면 초승달과 가까운 곳에서 '나 여기 있다.'라고 얼굴을 내밀었다.

이름이 '개밥바라기'인 것은 그 느낌과 무관치 않게, 사람이 먼저 밥을 먹고 나서 먹이를 주기 때문에, 목을 빼고 기다리는 동안 그만큼 시간이 흘러서 땅거미가 져 내린 뒤가 되어 그리 이름 붙여진 것이다.

그리고 여름밤이면 가까운 초가지붕에 박꽃이 피었다. 박넝쿨이 올려진 지붕마다 망사처럼 뻗어나간 줄기에서 하얀 암꽃과 수꽃이 피었다. 그것은 땅거미가 지는 시간에 맞추어 일제히 피어났다. 그중에서도 암꽃은 꽃이 피기 시작하면서부터 꽃받침 아래 방울 같은 작은 열매를 매달았다.

그리하여 그것은 시간이 지남에 따라 차차로 자라서 한 달이 지나고 두 달이 지나면 보름달만큼이나 커졌다. 이때면 농가에서는 행여 떨어질까 봐 아래에다 똬리를 받히고 나무못을 박아 고정시켜 주었다.

나는 그 광경을 잊지 못한다. 저녁을 먹고 나서 마당에다 멍석을 펴놓고 주변에다 모깃불을 피우고 나서 허청의 지붕을 바라보면 영글어 가는 박 덩어리가 눈에 들어왔다. 그래선지 나는 초가지붕에 열리던 박을 잊지 못한다.

어려서 보면 박은 버릴 것이 없었다. 박은 켜서 바가지로 쓰고 박속은 나물을 무쳐 먹는데, 풍미가 있었다. 살짝 데친 다음 양념 된장에 버무려서 먹으면 훌륭한 반찬이 되었다. 줄기는 거두어 퇴비로 썼다.

고향이 그리워질 때 가끔 초가지붕에 매달린 박을 생각한다. 그리고 다문다문 피어나던 박꽃을 생각한다.

그러면서 일찍 세상을 뜬 누나 생각을 해본다. 수줍음이 많은 모습 때문일까. 누나는 웃는 게 부끄러워 밤에만 피어난 박꽃처럼 늘 수줍어했는데, 많이도 닮았다는 생각이 들어 선지 모른다.

오늘도 나는 하얀 박꽃을 생각하다가 그 속에서 누나의 그리운 얼굴을 떠올린다. 유년의 강을 건너 아련한 기억 속에 남아 있는 얼굴을…. (2020)

혼례풍속의 변천(變遷)

보름 전 집안의 손자가 결혼하게 되어 광주에 다녀왔다. 가서 보니 4층의 대형 예식장은 하객으로 가득했다. 코로나 19가 아직은 수그러들지 않았으나 가정마다 인륜지대사인 혼례는 미룰 수는 없어선지 입구며 홀 안이 여간 혼잡하지 않았다.

그런 중에 치러진 예식은 사뭇 낯설었다. 주례자가 없고 대신에 사회자가 성혼 낭독 등 행사 전반을 이끌었다. 다만 나중에 신부의 할아버지가 나와 인사말 겸 당부를 하는 것으로 마무리 지었다.

다른 절차는 예전과 같이 진행되었다. 신부의 아버지는 딸의 손을 잡고 나와 신랑에게 인계하고, 신랑 신부의 어머니가 같이 나와 화촉을 밝혔다. 주례가 없는 것은 고정관념을 깨뜨리는 것이었다. 어디 전에는 상상이나 한 일인가.

그런 중에도 바뀌지 않는 것으로 예컨대, 부모님 앞에 나아가 큰절을 올리는 것은 낳아주고 길러준 은혜를 기린 것이며, 축가를 불러주고 약간의 짓궂은 언사와 행동이 추가된 것은 나름으로 추억을 쌓게 하는 일로 읽혔다.

나는 일련의 진행 과정을 지켜보면서 그중에서도 특히 사회자가 신랑더러 큰 소리로 복창하도록 하고 팔 굽혀 펴기를 수회 시킨 것은 신랑으로 하여금 오래 기억하도록 하고 하객에게는 이만큼 건강하다는 건강 상태를 증명해 보이는 이벤트로 여겨졌다.

옛날에도 그러지 않았던가. 마을로 가마 타고 장가들러 오면 동구에 진을 친 마을 청년들이 온갖 시험을 하였다.

"하행차인가 여쭈어라."

하여 어느 댁 규수한테 장가 들러간다고 하면 통행세를 받는다는 구실로 언변과 문장 실력을 테스트했다. 이에 대비하기 위해 사랑방을 들르면 모범 답안을 외우는 일을 볼 수 있었다.

첫날밤에 노래를 시키고 발목을 묶어 다림질을 한 것도 추억을 쌓음과 동시에 건강 확인과 첫날밤의 긴장을 풀게 하는 다목적 노림이 있었다.

나는 옛날 혼례식을 떠올리면 결혼한 신부가 시댁에 가져온 혼수품을 마을 분들에게 공개하던 일이 생각난다. 고리짝과 보따리를 풀어 무엇을 해왔나 구경하는 것이 당시의 풍습이었다. 어려서 나도 누나를 따라 구경한 적이 있다.

중매를 선 사람이 이불보를 풀고 고리짝을 열어 횃대보와

상보, 베갯잇을 공개하고 나서 가족과 가까운 친척에게는 옷가지를, 먼 인척에게는 내의나 버선을 전해주었다. 그리고 구경 온 동네 분들에게는 인사치레로 부담 없는 손수건이나 덧버선 등이 전해졌다.

이후의 신행길에서 돌아올 때는 석작에 담아온 이바지 떡을 두루두루 나누었다. 아무튼, 그걸 보노라니 동네 누나들이 저녁이면 한군데 모여서 수틀에 고개를 박고 수를 놓던 일이 이해가 되었다. 미리 혼수준비를 하고 있었던 것이다.

나는 이날 결혼식을 보면서 옛날을 형님이 장가들던 날을 떠올렸다. 바로 오늘 장가를 든 신랑의 할아버지가 60여 년 전 치르던 혼례식 광경이었다.

나는 그날 이색적인 체험을 했다. 초등학교 5학년이던 나는 형님이 장가를 들게 되자 아버지를 졸라 집안 할아버지와 동행한 상객(上客) 나들이에 합류했다. 매사에 호기심이 많아 아버지를 따라나선 것이었다.

그날은 초겨울. 택시라고는 구경도 할 수 없던 시절에 읍내에 두서너 대밖에 없던 트럭을 타고 신붓집으로 향했다. 그 고을을 가는 데는 '곰재'라는 이름이 붙어있듯이 제법 큰 고개가 하나 있었다. 그런데 차가 시원찮아 그 고개를 단번에 오르지 못하는 것이었다. 시동을 걸어 겨우 조금 오르면 하염없이 미끄러져 후진을 하고 말았다.

그 바람에 차에서 내려 밀어 올리지 않으면 아니 되었다. 난감한 일도 그런 난감한 일이 없었다. 그러다 보니 갖춰 입은 옷가지는 조심한다 해도 신발은 이미 황토가 묻어 엉망이 되었다. 어린 나도 힘을 보태느라 새로 사신은 운동화가 흙투성이가 되었다.

그래도 어찌어찌하여 마을에 도착하니 고을 풍습은 도처마다 유사한지 탈선이라는 신랑 다림질이 이뤄졌다. 역시 그곳에서도 준비한 담배를 통행세(?)로 내고 통과를 하였다. 마침내 마당에서 혼례식이 진행되고 아버지와 친척 할아버지는 사랑채로 안내되었다. 우선 낯선 곳에서 나는 아버지를 놓칠세라 다른 것은 구경도 못 하고 이끌려서 방으로 들어갔다.

상객은 신부 할아버지가 맞아들였다. 그분은 고을 유학자로서 문중의 어른일 뿐 아니라 학문이 높은 분이었다. 방 한쪽에는 서책이 가득했다.

무엇보다도 벽에 처진 가리개가 어린 눈에도 여간 품위 있게 보이지 않았다. 나는 하룻밤을 지내면서 난생처음으로 산해진미를 맛보았다. 내 앞에 맛난 음식을 거절하지 않고 먹었던 것이다.

나는 당시 어른들이 하신 말씀은 전혀 생각이 나지 않고 그저 난생처음으로 먹어본, 맛난 음식 생각만 난다. 그중에서도 잊히지 않는 것은 문어를 오려서 모양을 낸 것과 코끝을 자극한 유과들이 생각난다.

혼례식은 오후 느지막이 끝난 것 같았다. 지금 생각하면 시간을 그렇게 일부러 맞춘 것이 아닌가 한다. 결혼은 본래 밤에

했던 전래 대로 오후에 이루어지기 때문이다. 그 흔적은 한자 혼인할 '婚' 자에도 남아있다. 여자가 어두울 '昏' 자와 결합되어 있는 것이다.

손자 결혼식을 보면서 새삼스럽게 변천하는 혼례문화를 돌아보았다. 예로부터 가장 변하지 않는 것이 장법(葬法)이며 그다음이 결혼의 풍습이라고 했는데, 세월이 가니 변화는 어쩔 수 없는 것인가.

다른 것은 몰라도 어디 전에는 주례가 없는 결혼을 상상이나 했던가. 작수성례(酌水成禮)라 하여 다급할 때는 물 한 대접 떠놓고 예식을 가름하기는 했으나 그것은 어디까지나 예외적인 경우였다.

그런데 지금은 주례가 없는 것이 대세를 이루고 있다니 금석지감이 든다. 하나 결혼은 두 남녀가 각기 다른 환경에서 자라 한 가정을 이루는 이성지합(二姓之合)의 행위인 만큼 다음의 말은 백번 새겨들어야 하지 않을까.

즉, 부모님 공경과 내 몸처럼 사랑하라는 말. 그리고 검은 머리 파뿌리 되도록 살라고 한 말이다. 비록 상투적인 표현이기는 하나 그 안에 당부와 가르침이 온전히 들어있어서다. (2020)

2부

의미 있는 나들이

빈 들의 체취

추수가 끝난 들판은 어머니의 품만 같다. 현상적으로는 비어 있어 언뜻 보면 허전해 보이지만 알고 보면 그렇지도 않다. 품 안에 자식을 키워서 떠나보낸 어머니 품처럼 드높은 가을 햇살 아래서 결실을 맺어가던 체온이 아직도 남아서 따뜻하다.

늦가을을 황금빛으로 물들어가던 들판은 얼마나 풍성했던가. 그것이 거둬들여져 지금은 비어있지만, 가꿔진 작물을 떠나보낸 자리는 머물러 있던 체취가 여전하다. 그런 들판에서 벼가 무르익고 고구마와 배추, 무와 토란이 살이 쪄 갈무리되었다.

그래선지 들판에 서면 작물들이 다투어 크던 열기가 아직도 잔영으로 남아 눈에 어른거린다. 해서 들녘은 비어있지만 허전한 전경이 아니다. 오히려 보람으로 안겨 오는 흐뭇함이 있다. 마치 어릴 때 봉두난발한 머리를 바리캉으로 박박 깎아서 시원하던 때처럼 숙제를 마친 뿌듯함이 있다.

추수가 끝난 들판의 정경은 고요하다. 바람이 불되 어디 한 곳, 거치지 않고 그냥 지나간다. 벼나 작물이 있을 때는 벼 이삭을 흔들고 다른 것들의 이파리를 매만지던 바람이 얼음을 지치듯 지체하지 않고 미끄러져 지나간다.

그걸 보면서 나는 묵언(默言)을 생각한다. 그러면서 어머니의 말 없는 소망을 읽는다. 너른 품으로 감싸 안았다가 내어준 마음을 읽는다. 이 말 없음의 묵언은 그저 입다 물고 조용하게 있는 침묵과는 다르다. 침묵은 할 말이 있으나 참는 것이지만 묵언은 그렇지 않다. 흐뭇하게 지켜보는 마음이며 빌어주는 비손의 마음이다.

그러기에 묵언은 백 마디 천 마디의 말보다 무게감을 갖는다. 나는 일찍이 비어있는 것이 그 어떤 것보다 큰 울림을 준 걸 본 적이 있다. 내가 등단을 하고 나서 이듬해인 1990년 전남 문학회가 개최한 문학기행에 따라나선 때였다.

장성 필암서원을 가기 전에 먼저 박수량(朴守良, 1491~1554)의 묘를 들렀는데, 가서 보니 묘비석이 글자가 하나도 쓰여 있지 않았다. 그냥 맨 바탕의 백비(白碑)였다. 그것도 흰 차돌이어서 놀라고 말았다. 세상에 이런 비가 있다니.

현장 안내를 맡은 이가 해설을 해주었다. 이 비는 고인의 유언에 따라 그렇게 소박하게 세워지게 되었단다. 고인은 당대

형조판서와 호조판서를 지낸 분인데 항상 자신을 낮추고 살았다고 한다.

그는 후손에게 이르기를,

"내가 초야(草野) 충신에 외람되게 판서의 반열에 올랐으니 영광이 분에 넘쳤다. 내가 죽거든 시호를 칭하거나 묘비를 세우지 마라."

그 말을 듣고 감동했다. 한데 이어지는 이야기는 그게 다가 아니었다. 38년이란 오랜 공직에 있었음에도 얼마나 청렴하게 살았는지 숨을 거둘 때는 치상을 할 돈이 없었단다. 대사헌 윤춘년이 명종 임금에게 아뢰어 가까스로 상을 치를 수 있었다고 한다. 백비는 이때 임금이 그의 훌륭한 인품을 생각해서 배려한 것이라고 했다.

이쯤 되면 천만 가지 수사를 동원하여 쓴 그 어떤 화려한 비문보다 못하다고 할 수 있을까. 그야말로 천금 같은 묵언의 말을 후세에 전하고 있지 않은가 한다. 그것을 보면서 옛 여인이 머리에 가체 얹듯 큰 비석에다 미사여구로 빼곡하게 써놓은 것과는 크게 비교가 됨을 느끼게 된다.

그 백비를 떠올리면서 무엇보다도 많이 느끼는 것은 요즘 고위공직자와 국회의원들이 말을 함부로 가볍게 한다는 것이다. 특히 정치인들이 남발하는 말들은 차고 넘친다.

그게 어디 믿을 만한 것들인가. 자고로 사람을 볼 때는 오직 내뱉은 말보다는 발길을 보고 평가하라 했듯이 그리할 일이다.

성찰하고 반성해야 할 부분이다. 한데 박수량 선생은 어떠했던가. 백비로서 모든 것을 보여주고 증언하고 있는 것이 아닌가. 추수가 막 끝난 빈 들판의 여운처럼 그 백비는 따스하게 무언의 메시지를 전하고 있는 게 아닌가.

한 자 한 획의 표시도 없이 비워둠으로써 얼마나 채워주는 충만이 있는가. 들판의 온기처럼 얼마나 흐뭇하게 하는가.

수확을 마친 들녘의 빈 모습이 내 눈에는 하나도 허전하게 보이지 않는다. 내줄 것은 다 내주고 묵언하는 모습이 내 눈에는 충만으로 가득 차 보인다. (2020)

보성 고을 전설

내가 사는 여수는 사람이 사는 역사가 선사시대까지 거슬러 올라간다. 이는 돌산 송도 패총에서 빗살무늬토기가 발견됨으로써 증명이 되었다. 그 유물은 현재 광주국립박물관에 보관되어 있다. 이에 비해 내가 태어난 고장 보성은 사람이 살아온 역사가 이보다 훨씬 뒤진 청동기시대에 머물고 있다. 출토된 유물이 청동기시대 돌칼과 고인돌이 있을 뿐이다.

하지만 실제 사람이 거주한 것은 훨씬 거슬러 오를 것으로 짐작된다. 여수 돌산 송도는 섬인데도 불구하고 고대인이 살았던 흔적이 보이는 것을 보면 너른 산야가 있는 보성이 생존 조건이 나았을 것이기 때문이다. 단지 아직은 연대를 끌어올릴 수 있는 유물이 나오지 않았을 뿐이다.

보성은 소백산맥에서 갈라져 나온 산맥이 팔자(八字) 형국을 이룬 곳에 위치한다. 총면적 663km^{2}에 2읍 10면. 인구는 4만 7천여 명이 모여 산다. 옛날에는 복홀(伏忽)로 불리었다가 신라 말부터 보배 보(寶)에 재성(城)을 쓴 보성(寶城)으로 바뀌었다. 동으로는 순천시에 연해 있고, 서쪽으로는 장흥군과 접해있다. 그리고 북으로는 화순군, 남으로는 득량만과 고흥군에 접해있다.

보성은 예로부터 3경(三景) 3보향(三寶鄕)으로 일컫는다. 삼경은 산과 호수, 바다를 이르며, 그중에 산으로는 임금제(帝가 들어간 제암산(帝巖山), 존제산(尊帝山), 제석산(帝釋山)을 말한다. 호수경은 보성 댐과 주암댐, 바다경은 리아시스 해안선이 무려 31km나 펼쳐져서 절경을 이른 것을 이른다.

한편 삼보향은 의향(義鄕), 예향(藝鄕), 다향(茶鄕). 의향은 임진왜란과 정유재란 시, 수많은 의병 활동과 군량미 확보, 그리고 독립신문을 창간한 서재필 박사를 비롯한 대종교를 중광한 나철 선생의 활동과 김구 선생의 은거. 예향은 박유전 선생을 비조로 하는 서편제와 제자 정응민 선생이 완성한 보성소리다. 그다음으로 다향으로 불리는 것은 봇재 주변의 산자락에 펼쳐진 차밭을 이른다.

이밖에도 보성은 8대째 어이 져오는 보성옹기가 있고, '사기장골' 지명이 말해주듯이 옛 도자기 가마터가 여러 곳 있다. 뿐만 아니라 보성은 전남의 유서 깊은 삼갑(三岬)의 하나인 봉갑사(鳳岬寺)가 있는 곳이기도 하다. 영광의 불갑사는 마라난타 스님이 최초로 불교를 전하면서 세워진 절이며 영암의 도갑사는 도선국사의 수행처, 보성 봉갑사는 백제 시대 아도

화상이 세웠다.

예로부터 보성 고을에 전해오는 전설이 많다. 그중에 문덕에는 다음과 같은 재미난 이야기가 전해온다. 옛날 관노(官奴)가 용문교 근처를 지나는데 낚시꾼의 구덕에 자라가 담겨 있었다. 이를 본 관노는 이를 불쌍히 여겨 거금을 치르고 살려주었다. 그런데 자라는 바로 가지를 않고 자기를 따라오라는 것이었다. 그러면서 앞장서 가며 막대기로 내(川)를 두드리니 길이 열리고 용궁이 나타났다. 자라는 용궁에 도착하자 예쁜 처녀로 변신했다. 그 처녀는 용왕께 살려준 자초지종을 이야기했다. 그 말을 들은 용왕은 데려가 아내를 삼아도 좋다고 말했다.

그리하여 두 사람은 행복하게 살고 있는데 고을 원님이 그 부인을 탐내 관노더러 연못에 가서 고기를 잡아 오라 했다. 거기에는 음모가 도사리고 있었다. 큰 이무기가 사는 못인데 그곳은 한번 물속에 들어가면 누구도 살아 돌아올 수 없는 곳이었다. 그것을 안 여인은 남편에게 구슬을 하나 주면서 그것을 들고 물에 들어가라고 했다. 시키는 대로 하여 고기를 잡아다가 원님 앞에 가져갔다.

이를 이상하게 여긴 원님은 그의 몸을 뒤져서 몸에 지닌 구슬을 빼앗고는 기어이 죽여 없앨 요량으로 다시 못에 들어가 고기를 잡아 오라 했다. 구슬을 빼앗긴 관노는 대책이 없었다. 그대로 이무기에게 잡혀 먹히고 말았다. 여인이 외쳤다. '나긋아, 나긋아' 하니 그 이무기가 죽었다. 부인은 이무기의 배를 갈라 시신을 거두어서 장례를 치렀다. 그러자 뇌성벽력이 치더니 폭우가 쏟아졌고 그 연못은 큰 방죽으로 변했다. 그 후부터 사람들은 그곳을 '주름방죽'이라고 불렀다. 사람이 죽어서 죽음 방죽인지, 비가 주록 주룩 내려서 그리 붙여진 것인지는 알 수 없다.

또 하나. 미력면 도개리 정자마을에는 조선 연산군 시대의 이야기 하나가 전해온다. 시절이 하 수상하던 때 한양에 사는 이장곤이라는 선비가 몸을 피해 마을 앞 냇가에 당도했다. 그가 물을 청하자 처녀가 바가지에 버들잎을 띄워 건넸다.

"천천히 마시라고 그런 것입니다."

그 지혜에 감복한 이장곤은 유기그릇을 만들어 파는 그 집의 데릴사위가 되어 그릇을 팔며 살았다. 세월이 3년쯤 흘렀을 때 연산군은 쫓겨나고 새 임금이 들어섰다. 그는 은인자중하고 살던 옛 동료의 부름을 받고 다시 한양으로 올라가게 되었다. 다른 벗들은 당시의 궁핍을 이겨내지 못하여 벼슬길에 나섰다가 나중에 처형이 되었지만, 그는 출사를 포기하고 숨어 지낸 바람에 목숨을 건진 후 벼슬을 하게 된 것이었다. 당시 벼슬길에 나간 어느 벗은 옥수레에 실려서 형장으로 가면서 "소인기(少忍飢)하라. 소인기(少忍飢)하라." 외쳤다고 한다. 이 말은 바로 젊어서 배고픔을 참지 못한 것을 후회하는 말이었다.

이렇듯 보성 고을 곳곳에는 설화가 깃들어 사람이 살아온 자취를 전하고 있다. 채록(採錄)한다면 산속의 무덤만큼이나 많이 나올 것이다. 전설을 거슬러 오르면 아마도 청동기시대, 그 너머 선사시대도 뛰어넘지 않을까. (2019)

보성의 명물 메타세쿼이아 길

계절이 여름으로 치달리면 수목들은 짙어진 녹음을 뽐내지만, 사람들은 그 품세의 늠름함에 취하기보다는 그 가지들이 늘어뜨린 그늘을 우선 찾게 된다. 근자에 들어서 이상 기온 탓인지 유월 초만 되어도 한낮 기온이 성하(盛夏)를 방불케 한다. 잰걸음으로 조금만 빨리 걸어도 등에서는 금세 땀이 난다.

이른 점심을 먹고 운동 삼아 걸을 요량으로 밖을 나섰더니 십여 분도 채 지나지 않아 앉을자리부터 돌아봐 졌다. 그래서 아파트 뒤에 조성된 메타세쿼이아 나무 아래 벤치에 앉아서 한식경을 보냈다. 나무를 보자니 자연스레 여러 가지 생각이 스쳤다.

이 나무는 시에서 심어놓은 것이다. 거주하는 아파트를 경계로 울타리 밖에는 시유지 자투리땅이 조금 있는데, 그곳에는 정자가 서 있고 그 중심으로 느티나무 여섯 주와 열한 주의 메타세쿼이아가 좁은 길을 따라 죽 늘어서 있다.

수령은 삼십 년이 넘었다. 그런 만치 밑동은 장정의 팔로 한 아름이 되고 수고(樹高) 또한 커서 30m가 넘는다. 이것이 멀찍이서 보면 마치 이등변 삼각형 모양을 하고 있어서 여간 멋스러워 보이지 않는다. 그 품안에 안기니 햇빛이 차단되어 서늘한 기운마저 돈다.

나는 앉자마자 양팔을 벤치에 걸치고서 눈을 사려 감았다. 그런데 이때 문득 어떤 사람이 떠오르는 게 아닌가. 그 사람은 바로 안병식(安秉植) 주무관. 한데 왜 그가 생각난 것일까. 하나 그것은 어렵지 않게 금방 유추할 수 있는 일이었다. 바로 내가 여기서 메타세쿼이아를 보았고 그 나무 그늘에 놓인 벤치에 앉은 게 단서였던 것이다.

내 고향 보성 국도 18번의 미력면 용정리와 복래 유정리 간에는 약 12Km에 걸쳐 명품 가로수 길이 조성되어 있다. 수종은 메타세쿼이아로 이 나무들이 열병식 하듯이 늘어서 장관을 이루고 있다. 그런지라 누구나 이곳을 지나면 탄성을 자아낸다. 노변에 촘촘하게 들어선 가로수길이 20분을 달려도 끝이 보이지 않는 것이다. 애초에는 간격을 두고 심었으나 그것들은 몸피가 늘어나서 빽빽하게 보일 정도다. 식수한 지 30년이 넘다 보니 그런 장관을 이루었는데 한 번이라도 이곳을 지난 본 사람은 반드시 다시 찾아오게 된다. 그야말로 명품길이 찾는 이의 마음을 정화시켜주는 것이다.

식수가 된 나무 숫자는 2,600여 주. 한데 이 가로수 길을 탄생시킨 사람이 있다. 바로 익산지방국토관리청 안병식 국도관리 점용 허가 담당자가 적극적으로 나서서 도와주었던 것이다. 때는 1990년경. 푸른 숲 가꾸기 일환으로 보성군에서 신선한 아이디어를 담은 숲길 계획서를 올렸던 것이다. 그것이 건설교통부를 경유하여 익산국토관리청으로 내려왔다. 추진 여부의 판단은 오직 실무자가 하는 일이었다. 안 주무관은 그 계획서를 받아 들자 그것이 향후에 명품길이 될 것을 확신했다.

고향에 그런 명품길이 조성된다면 얼마나 바람직한 일인가. 명소가 될 것이 아니겠는가. 단지 우려되는 건 교통 혼잡이나 민원소지가 있는지가 관건이었지만 그는 긍정적으로 판단하기로 마음먹었다. 이미 군에서 충분히 검토해서 상신을 했을 것이기에 주저하지 않았다. 그의 판단으로 사업은 무리 없이 추진되었다. 거기에는 안 주무관의 뜨거운 고향 사랑이 자리 잡고 있었음은 두말할 나위도 없다.

하지만 그 공이나 내막을 아는 사람은 드물다. 고향을 사랑한다고 자처한 나도 최근까지 모르고 있었다. 그런데는 무엇보다도 워낙에 성격이 과묵한 데다 남 앞에 나서는 것을 좋아하지 않는 성미 때문이기도 하다.

이 국도는 어떤 도로인가. 18번 도로명이 붙은 이 길은 진도에서 구례 화엄사까지 이어지는 도로이다. 거리는 274Km. 그런데 그 어간에 이 명품 가로수길이 조성되어 있는 것이다. 우리나라 도로는 원칙이 적용되어 있다고 한다. 즉 가로는 홀수 번호, 세로는 짝수 번호 부여가 그것이다. 이것을 안다면 내가 거주하는 순천과 여수 간의 도로가 세로로 나 있으니 홀수 번호가 부여된 것을 미뤄 짐작할 수 있다.

메타세쿼이아는 곧게 자라는 것으로 유명하지만 빼어난 경관을 보여주는데도 한몫한다. 봄에는 파릇파릇 움터오는 여린 잎이 정겹고 아름다우며 여름에는 무성한 잎사귀의 풍성함이 자랑거리다. 그리고 가을에는 그 잎사귀가 일매지게 갈색으로 물들어 이국적인 풍경을 보여준다. 뿐인가. 한겨울, 초솔한 몸에 눈이라도 내리면 그 정경은 가경을 이룬다. 이렇듯 메타세쿼이아는 사시사철 지루할 틈이 없이 계절의 변화를 몸으로 보여준다.

나는 고향의 메타세쿼이아를 거주하는 아파트에서 늘 가늠해 본다. 지금쯤은 이곳의 나무들이 하늘을 온통 덮고 있으니 고향의 그 명품 가로수도 숲의 터널을 이루고 있을 것이다. 이맘때 여행객들이 찾는다면 환호를 하지 않을까.

보성은 녹차가 있어 누구나 싱싱한 푸름을 연상하는데 거기에 더하여 이 메타세쿼이아 길이 조성되어 있으니 더욱더 푸른 고장으로 알려지지 않을까 한다. 그것을 생각하면 안 선생의 뜨거운 고향 사랑이 여간 고맙고, 감사한 일이 아니다.

엊그제는 매월 보내오는 보성 소식지에 바로 이 미력면 메타세쿼이아 길이 표지 그림으로 실렸다. 한 번쯤 와서 드라이브를 해보라는 초대장으로 보여서 반갑고 흐뭇했다. 나는 이 사진을 보면서도 이 길이 탄생하게 된 배경을 생각하며 그의 따뜻한 마음을 다시금 되새겼다. (2021)

나의 역사 연표 읽는 법

나의 역사 연표 읽는 법은 두 개의 키워드가 있다. 하나는 거점별로 주요 인물의 출생연대를 고정해 놓은 방법이고, 다른 하나는 간지(干支)로 연대를 확인하는 것이다. 먼저 간지 확인은 10간 중 갑(甲)에 4를 부여하여 갑 4로 읽는다. 그러면 자연히 순차적으로 다음의 을은 5, 병은 6이 되는데 이것은 바로 중요 연대의 끝 숫자가 된다.

그리고 다른 방법은 마음속에 굳건히 지주를 하나 세우는 것이다. 그것은 조부님과 아버지, 그리고 나의 출생연도이다. 조부님은 1887년생, 아버지는 1914년생, 나는 1946년생인데 이를 연대순으로 놓고 다른 주요 인물과 사건을 살피는 것이다.

그러면서 간지로 부여한 숫자로 구체적인 연대를 짚는데 그리하면 더욱 생생하게 실감이 난다.

한국사는 조선 후기와 해방 공간의 역사가 복잡하다. 그중에서도 망조가 든 조선 후기는 고종과 흥선대원군, 그리고 민비의 갈등이 첨예하게 점철되어 있다. 나이 어린 고종을 왕위에 밀어 올린 대원군이 10년 섭정 후 청국으로 끌려가고 환국하여 수개월, 다시 실권을 잡은 후 또다시 물러났다가 임오군란으로 재등장했다. 그러한 과정에서 왕비와 끊임없는 암투로 결국 나라를 패망의 나락으로 내몰았다.

그렇게 부침을 거듭하며 펼쳐진 고비고비를 간지로 짚어보는 것이다. 나의 이러한 기억법 활용은 조금은 특별하지만 어디서 따로 배운 것은 아니다. 순전히 개인학습을 한 것이다. 그러므로 이것은 누구에게 모범으로 권장할 것도 못 되고 '그렇게 외우는 사람도 있나.' 하고 여기면 될 것이다.

그러면 먼저 지간으로 연대를 알아보는 법을 보자. 어느 시기, 한때 유행한 말에 '묻지 마라 갑자생(甲子生)'이 있다. 이것은 물론 그 간지가 첫 번째로 들어있기도 하지만 알려진 유래가 있다. 우선 여기에 (甲)이 등장했으니 부여한 숫자는 당연히 4인데, 1924년에 태어난 이 갑자생은 유독 고난을 많이 겪었다. 이들이 스무살이던 1944에는 태평양전쟁이 터져서 일제에 의해 '묻지 마' 징집을 당했었다.

그 통에 끌려간 3분의 1은 전사를 했고, 살아남은 사람도 또다시 6년 후, 6.25전쟁이 일어나 고난을 치른 것이다. 그래서 이 갑자생을 지지리 복도 없고 고생을 한 출생자라 일컫는 것이다.

다음으로, 을(乙)이 들어가는 을사년은 어떤가. 끝수가 5자가 들어간 국난의 해는 1895년. 이 해는 바로 명성황후가 일본 미우라 공사가 이끈 불량배에 의해 시해를 당했다. 나는 이 사건을 떠올리면 조부님이 태어난 1887년이 생각난다. 조부님이 태어나서 8년이 지난 후, 이 해는 단재 신채호 선생 출생(1888년) 7년 후이기도 하다. 이렇게 연관 지어서 생각하면 그 해에 일어난 동학혁명과 그전에 일어난 갑오개혁(1894년)도 함께 자연스레 떠오른다.

이 해는 김구 선생이 21세에 명성황후 시해 사건에 비분한 나머지 이듬해에 일본 중위 스치다를 때려죽인 시기이기도 하다. 다음 해 보성 안치마을을 찾아와 김두호라는 가명을 쓰고 숨어들기도 했다.

그런 김구 선생은 1876년생, 나의 조부보다 11세가 위다. 나로서는 이렇게 할아버지의 출생연도를 대입하면 기억이 생생해진다. 그렇게 비교해 보면 근대 인물이지만 실제로는 얼마나 오랫적 인물인가를 알게 된다.

다음은 문학인을 보자. 근대문학은 20세기에 들어서 꽃을 피웠으니 이때는 아버지 출생연도(1914년)를 대입한다. 이렇게 하면 시인 이상은 1900년생. 그보다 두 살이 아래인 김소월은 1902년이고 박목월, 박두진은 아버지보다 두 살이 아래인 1916년생, 윤동주는 세 살 아래인 1917년생으로 잊지 않고 기억하게 된다.

조선은 1800년, 정조 임금이 승하하자 급격하게 무너져 내렸다. 순조가 왕위에 오르자 노론 벽파는 장용영을 해체하고 세도정치를 시작했다. 그리고 현종이 후사 없이 세상을 뜨자

힘없는 전계대원군(은언군)의 서자 철종을 왕에 앉히고, 국사를 농단했다. 그리고 철종이 후사가 없이 죽자 이번에는 조대비의 지원으로 대원군은 자기 아들을 왕위에 밀어 올렸다.

이후에 벌어진 나라 꼴이 말이 아니게 만들었다. 이런 와중에 엎친 데 덮친 격으로 외부의 통상압력과 일본의 내정간섭은 극에 달하여 나라는 추락했다.

메이지 유신에 성공한 일본은 약체가 되어버린 조선을 호시탐탐 노렸다. 그런 끝에 청국과 러시아를 물리친 일본은 운요호사건을 빌미로 병자수호조약(강화도조약, 1876년)을 체결하고 영향력을 확대해갔다. 그러고 나서 마침내 청국과 러시아를 물리치고 굴욕적인 을사늑약을 체결하였다. 그 과정에서 조선은 잠시 대한제국으로 간판을 바꿔 달았지만, 허울뿐인 정권이었다.

일제는 1909년 안중근 의사가 하얼빈역에서 이토 히로부미를 척살한 것을 기화로 이듬해 한일합방이라는 경술국치(庚戌國恥. 1910)의 치욕을 안겼다. 이 과정에서 고종은 옥쇄를 끝내 내놓지 않았으나 매국노 이완용, 송병준 등은 멋대로 국서에 수결하여 자발적으로 나라를 헌납했다. 이어서 작위를 수여받고 은사금 잔치를 벌인 것은 두말할 것도 없다.

그 과정에서 겪은 백성의 고통은 어떠했던가. 백성들의 생활은 도탄에 빠지고 남부여대하여 국경선을 넘었다. 1920년 벌인 청산리 전투, 봉오동 전투에서는 한때 승전의 기치를 올리기도 했으나 곧바로 일제의 무자비한 폭압으로 수많은 동포가 도륙을 당하였다.

고종이 승하하자 일어난 기미년 3·1 만세운동, 동학군 토벌 이후 다시 국토는 피로 물들고, 그 와중에 러시아 동포는 스탈린의 중앙아시아 강제 이주 정책으로 20여만 명이 끌려갔고 이동 중 수천 명이 얼어 죽었다. 실로 고난의 연속이었다.

그런 쓰라린 역사를 생각하면서 반성의 기록 한 줄이 없을 수가 없다. 500여 년간 지탱해온 나라를 과연 누가 말아먹었는가.

정권을 잡은 노론 벽파를 탓하지 않을 수 없다. 그들은 무엇을 했던가. 나라 안위와 백성 돌보기는 안중에도 없고, 자기 정파를 챙기고 타 정파에 대해서는 가혹하게 굴었다. 그야말로 반대파와 힘없는 백성에게는 취모멱자(吹毛覓疵), 털을 후후 불어서 비위와 약점을 찾고 캐는 데만 몰두했다.

그리하여 혹세무민한다며 천주교도를 살육하고 귀양 보내 내쳤다. 그러면서 자기끼리는 벼슬과 재물을 나누고 노론벽파당의 철옹성을 쌓았다.

그들은 정권 유지에 도움이 된다고 생각하면 허수아비 임금을 세우는데도 개의치 않았다. 오히려 능력이 부족한 왕을 선호하여 주색에 빠져들게 하고 제멋대로 허울 좋은 명분론으로 포장을 하였다. 그 일례로 북벌론을 주야장천 주장했으나, 막상 효종이 군사를 일으키려 할 때는 발목을 잡은 그들이었다.

그 마지막 노론벽파당수가 이완용이었다는 것을 기억하면 누가, 어느 당파가 나라를 말아먹었는지는 불을 보듯 뻔하다. 나는 나대로, 키워드를 만들어 역사를 읽으며 굽이굽이 일어난 큰 사건들에 가슴 아파하며 주요 인물과 사건의 연표를 기억해 보곤 한다. (2020)

어휘의 맛

"자네는 왜 사람을 소 둠벙 보듯 쳐다보는가?"

이것은 말을 다듬어 쓰는 아나운서나 무슨 작가가 한 말이 아니다. 평범한 장삼이사, 어느 필부가 그냥 내뱉은 말이다. 길을 걷다가 우연히 그 말을 듣고서 나는 대번에 '히야' 하고 신음을 내고 말았다. 글이라면 목로주점 외상장부에나 이름을 적을 것 같은 사람이 귀가 번쩍 띄는 말을 해서였다.

나는 그 말을 듣는 순간, 그 정황을 금방 거니챘다. 그 말속에는 모든 상황이 함축되어 있었기 때문이다. 독자를 위해 그 정황을 되돌려 본다. 앞에서 사람이 다가오는데 보니 아는 사람이다. 당연히 무슨 표정, 말 한마디라도 건네겠지 했는데 그가 무심하게 멀뚱히 쳐다보고 지나치려고 했다. 마치 소가 둠벙에 비친 제 모습을 쳐다보듯이, 비유가 얼마나 절묘한가. 어지간한 시인의 시구나 문장가 보다 더 뛰어난 표현이 아닌가.

나는 그 말을 듣는 순간, 이것은 절묘한 속담, 예컨대 '난쟁이 골마리 추켜 올리듯'이나 '난쟁이 월천꾼 참여하듯'이라는 말에 버금가는 기막힌 언술이라고 생각했다. 무척이나 맛깔스러워서였다.

말과 글은 그 정황에 잘 들어맞아야만 감칠맛이 난다. 그래서 유명한 톰 소여의 모험을 쓴 소설가 마크 트웨인도 '정확한 단어와 거의 정확한 단어의 차이는 번갯불과 반딧불의 차이와 같다'라고 했던 것이다.

사람이 선명하게 식별하는 색깔은 오방색 즉, 빨강, 파랑, 검정, 노랑, 흰색이다. 거기에다 무지개색의 주황과 초록, 보라 정도가 익숙할 뿐이다. 하지만 분광도계로 측정하면 색의 종류는 수백수천 가지로 나눠진다. 그것이 얼마나 다양한 가는 몇 가지 단편적인 예로도 유추할 수 있다. 가령, 빨간색도 뻘겋다를 비롯해 시뻘겋다. 불그죽죽, 불그레 등으로 나뉘고, 노란색도 누렇다. 샛노랗다. 누르스름하다. 등으로 갈린다. 파란색, 검은색, 흰색도 마찬가지다.

색채는 사물의 빛깔뿐만 아니라 사람의 감정표현도 비유적으로 나타낸다. 예컨대 '시커먼 속이 드러났다', '불합격이라는 소식을 들으니 하늘이 노랬다' 등이다.

나는 이런 어휘의 풍부를 생각하면 일제강점기 우리말을 지키기 위해 노력한 분들의 공덕을 잊을 수 없다. 1947년에 편찬한 〈표준 조선말 사전〉을 가지고 있는데, 이 사전의 서문에 보면 눈물겨운 사연이 적혀있다. 한글학자 이윤재 선생의 사위인 김병제 선생이 쓴 글로 한글 말살 정책을 펴던 시기인 1933년부터 사전 편찬 준비를 해왔다는 것이다.

그런데 1942년 10월 한글학회 사건이 터져 함경남도 홍원에서 잡혀 갖은 고문으로 1943년 12월 8일 함흥감옥 쪽방에서 생을 마쳤다는 것이다. 그러니까 이 사전은 당신이 타계한 4년 후에 사위이자 제자가 편찬한 것이다. 얼마나 눈물겨운 시련이 많았는가를 알 수 있다.

그만큼 귀하게 보존된 것이다. 특정한 어휘로 사람의 성격과 행위를 나타내는 말도 많다. 구나방, 낮도깨비, 왕신, 트레바리, 하리장이 등으로 모두 못되고 비뚤어진 사람을 이르지만, 여기에는 미묘한 차이가 있다. 즉, 갈가위는 제 욕심만 챙기는 사람이고, 도치기와 부라퀴는 좀 더 심하게 악착같은 면이 있는 사람이다.

외형으로도 고삭부리는 병치레로 바짝 여윈 사람, 괴덕쟁이는 실없이 구는 사람, 옹춘마니는 마음이 좁고 온화하지 못한 사람이며, 흔들 삐죽이는 걸핏하면 심술을 잘 부리는 사람을 나타낸다.

그리고 버릇을 이을 때 쓰는 누치는 술을 잘 먹는 사람, 덕금머니는 일하면서 잘 조는 사람이다. 한편, 정짜는 물건을 꼭 사가는 사람이고 용꼬뚜리는 줄담배를 피우는 사람, 대접붙이는 술을 좋아하는 사람이며, 모도리는 빈틈없이 야무진 사람, 깍두기는 어느 곳에도 끼지 못한 사람, 나지라기는 지위나

등급이 낮은 사람, 바시기는 이해력이 부족한 사람이다.

행위를 맛깔나게 나타낼 때 쓰는 말도 따로 있다. 채옹질은 비좁은 곳에 무엇을 차곡차곡 쟁이는 것이며, 곁매질은 싸우는데 한쪽 편을 드는 것이다. 곤댓짓은 우쭐대며 상하로 고갯짓을 하는 것이고, 몸태질은 화가 나 몸을 뉘어 뒹구는 것이다. 드레질은 저울에 물건을 재는 것이며, 해루질은 밤바다에 물이 빠지면 횃불을 들고나가 어패류를 잡은 행위이다.

이러하니 어휘는 정확하게 그 정황과 행동을 살펴 써야 할 일이다. 특히 글을 쓰는 측을 살려서 어휘를 잘 골라 쓸 필요가 있다. 죽은 사람을 가리킬 때도 임금이 세상을 뜨면 훙거(薨去)나 붕어(崩御)라 함이 맞다. 그리고 왕의 무덤은 능(陵), 왕의 친필은 어필, 왕이 마시는 술은 향온주(香醞酒), 왕이 내린 술은 어주(御酒)이다. 한편, 스님이 돌아가신 것은 열반이며, 또한 스님이 마시는 술은 곡차(穀茶), 반야탕(般若湯), 현수(玄水)이다.

뿐인가. 거룻배의 노를 꽂은 볼록한 것은 놋좆이고 쟁기에서 방향을 틀기 위해 들어 올리는 손잡이는 쟁기좆이다. 썩은 물이 흐르는 것도 그냥 오폐수라고 할 것도 아니다. 외양간에서 나오는 물은 쇠지랑이 물이며, 시체가 썩어 흐르는 것은 추깃물이고, 부엌에서 나가는 물은 개숫물이다. 들풀도 마냥 잡초일 수 없고 제마다 이름이 있으며 들국화만 해도 쑥부쟁이, 구절초, 거미취, 갯국화 등으로 제각각의 이름이 있다.

어디에서 혼불의 작가 최명희가 냇물이 '졸졸졸', '콸콸콸'

흐른다는 상투적 표현을 피하기 위해 냇가에 나가서 몇 시간을 보낸 끝에 '소살소살'이라는 의성어를 찾아냈다는 글을 읽었다. 그런가 하면 벽초 홍명희는 해방 이전에 조선일보에 '임꺽정'이란 소설을 연재했는데, 하루도 빼놓은 법이 없었지만, 어느 날은 이틀이나 글을 싣지 못했다고 한다. 그것은 다른 것이 아니었다. '희희낙락'이라는 말이 떠오르는 자리에 좀 더 정확한 표현을 넣기 위해서 고심을 거듭하다 그랬다는 것이다.

그리하여 마침내 '희영수'라는 말을 찾아내고는 작품 쓰기를 이어갔다는 것이다. 이 희영수의 뜻은 바로 '남과 함께 실없이 말하거나 행동하는 짓.'을 이른다. 작가의 어휘 선택의 치열성을 엿보게 하는 일화이다.

나는 예전에 친구들과 산악회를 조직하여 다니던 때에 어느 유명 등산가가 등산로를 소개하면서 '길이 희미해졌다'라는 표현을 해 놓은 걸 보고 '우련하다'라는 말이 있는데 그것을 쓰지 않는 것을 매우 애석해했다. 아마도 몰라서 그랬던 것 같다.

나는 글을 쓰면서 끝없이 좋은 어휘 찾기에 골몰한다. 보다 맛깔스러운 표현을 하고자 하는 마음에서다. 그러다가 최근에는 해필(奚必)이라는 말을 하나 찾아냈다. 글 쓰는 이들이 흔히 하필(何必)의 방언으로 여기는 말이다. 하지만 이것은 엄연히 표준어인 것이다.

우연히 길을 가면서 느닷없는 은유적인 말을 주워듣고서 이런저런 것이 떠올라 '말맛이 글맛이 아닌가' 하는 생각에 내친 김에 소회의 일단을 피력해 본다. (2020)

보성 덤벙분청사기

보기에는 투박하나 그 안에 찻물이 담기면 타닌성분이 가셔서 미감이 살아나고 은은한 빛깔을 내는 다기(茶器). 우리나라에서보다는 일본으로 건너가 최고의 대우를 받는 찻그릇이 보성 덤벙분청사기이다.

이 덤벙분청사기는 조선 초기 1470년에서 1500년경까지 약 30년간 반짝 생산되다가 홀연히 자취를 감추었다. 궁중 관청인 예빈사(禮賓寺)에 공납하던 것인데, 갑자기 맥이 끊겼다. 그 이유는 알 길이 없다. 그릇 바닥에 예빈(禮賓)이라는 글자가 선명한데, 사라진 건 수요처가 없어졌거나 이 가마에 무슨 변고가 일어나지 않았는가 싶다.

그렇게 사라진 덤벙분청사기, 한데 이것이 최근 크게 조명을 받고 있다. 문헌상에서 임진왜란이 일어나기 전, 관백에 오른 도요토미 히데요시(豊臣秀吉)가 이 그릇을 아낀 것으로 나타난 것이다. 이도다완(井戶茶碗)으로 불리며 일본의 국보로 지정되어 보호되고 있음이 밝혀진 것이다.

성정은 사악한 자이지만 사물을 보고 느끼는 미의식은 뛰어났던 것일까. 이 덤벙분청사기의 재료는 맥반석 성분이 많이 들어있는 것이 특징이다. 맥반석은 대체로 게르마늄 외에 십여 종의 무기물과 미네랄이 들어있는데 이것이 수질 개선과 중금속 제거, 혈액순환 개선, 냄새탈취에 효과가 있다.

그것을 일찍이 알고 태토(胎土)로 사용한 것이 놀랍다. 이 가마터는 2006년, 보성군에서 학술대회를 개최함으로써 조명받기 시작했다. 그 이전에 득량 도촌에서 다수의 다기 파편이 발견되고 있었지만 아무도 눈여겨보지 않았다. 그런데 이것이 일본에서 국보로 지정되어 보성 호조고비끼(三 好粉引)로 명명된 것이 알려진 것이다. 명확하게 지명이 명기된 것은 얼마나 의의가 있는 것인가.

이것을 만든 가마터는 도촌리 서편 천장판 암자 밑에 있다. 예로부터 이곳은 구들장 주산지로 유명한 곳이기도 하다. 구들장이 맥반석이어서 아무리 피곤해도 불을 지핀 방에서 잠을 자고 나면 몸이 가뿐 해진다는 사실이 널리 입소문을 탄 것이다.

일대가 맥반석 천지인만큼 덤벙분청사기의 주재료는 당연히 맥반석이다. 한데 보성 분청사기는 여느 자기 제조법과는 다르다. 청자와 분청사기, 흑유자기들은 중국에서 유입된 기법으로 단 한 번 구워내는데, 이것은 세 번씩이나 반복한다. 그래서 제작 기간도 훨씬 길고 그만큼 까다롭다.

그렇게까지 한 이유가 궁금하다. 무엇을 얻고자 했을까. 만들 때 기법을 바꾼 것은 남다른 결단과 결심이 필요하다. 그래서 그것은 혁신이다. 그렇다면 그것은 이전과는 다른, 그 어디서도 찾아볼 수 없는 새로운 것을 추구한 것이 아닐까.

이 덤벙분청사기 모양이나 빛깔은 보기에 지극히 수수하다. 부담스러운 느낌이란 전혀 들지 않는다. 평범한 촌부의 밥그릇, 그저 막사발로 보일 뿐이다. 그런데 그것을 세 번씩이나 구워내다니…….

범인의 눈으로는 특이점을 찾아내기 어려운데, 그것이 오직 무던하고 수수하기 짝이 없다는 생각만이 들 뿐이다. 그것이 사물을 보는 고수와 범인의 차이일까. 알고 보니 그렇게 만든 것은 찻잎을 넣었을 때 차차로 물빛의 변화와 맛의 풍미가 달리진 것을 알 수 있는데 그 수수함이 품어내는 최고의 미를 진작 간파했을까.

그렇다면 그 안목은 어느 경지를 뛰어넘은 것이며 얼마나 순진무구함의 순일의 극치인가. 그야말로 천의무봉(天衣無縫)의 순수의 추구!. 얼마나 놀라운 일인가. 이곳에서 발견된 도편을 보면 일색으로 한 가지가 아니다. 제작기법이 제각기 다른 삼감과 인화, 조화와 박지분청, 귀얄과 덤벙 기법이 두루 발견되었다.

얼마나 다양함을 시도했는지 짐작하게 한다. 그것을 생각할 때 지척에 존재하는 천연암자도 예사로이 여겨지지 않는다. 그게 가마터가 자리 잡기 전부터 있었는지 그 이후에 생겼는지는 알 수 없으나, 도공들은 마음이 심란하거나 좋은 작품이 만들어지지 않을 때, 잠시 들러 기도하며 좋은 작품을 나와주길 간구하지 않았을까.

여기서 구워진 덤벙분청사기는 오늘날 온전한 형태의 것을 찾아보기 어렵다. 한시적으로 잠시 잠깐 제작된 데다 세월이 많이 흐른 탓이다. 그중에 다행히 온전한 것이 보성녹차박물관에 전시되어 있어 구경할 수가 있다.

보성 덤벙분청사기는 보성 도자의 역사와 전통을 보여주고 있다. 그 맥이 오랫동안 끊어졌는데 다행히 지금은 십수 년 전부터 송기진 도예가가 옛 기법을 되살려 그릇을 굽고 있어 천만다행한 일이 아닐 수 없다.

아픈 도자의 역사다. 슬픈 내력과 사연이 많은데, 남녘에서도 1597년 정유재란 시, 여수 율촌 출신 도공 김강(金岡) 선생이 수십 명의 도공과 함께 일본으로 끌려갔다. 그 14대 후손 미나토 장인이 수년 전 여수를 찾은 적이 있다. 하나, 뿌리를 찾지 못하고 그냥 돌아갔다.

율촌 가장에서 당시의 가마터로 짐작되는 것은 이후에 발견이 되었다. 당시의 상황을 보면, 노량해전 퇴각 시, 시베시마 다오시게(1538~1618)와 시미즈 요시히로(1535~1619) 두 장수는 도공을 포로로 잡아 가라스에 정착시켰다. 그리하여 아리타 등 3대 도요 명소를 있게 하였다. 오늘날의 일본 자기는 실로 여기에서부터 출발한 것이다.

보성의 덤벙분청사기는 최근 들어 재도약을 준비 중이다. 그 수수하고 소박한 형태가 사랑을 받고 있다. 거기다가 다기에 차를 따랐을 때 특유의 떫은 타닌성분이 중화된 것을 알게 된 것이다.

나는 이 역사적 도요의 유적지가 잘 관리되기를 바란다. 이 도요지 터는 예로부터 풍파를 많이 겪었다. 지방 편제가 개편되기 전인 1914년만 해도 이곳은 면 소재지였고 100호 남짓 사람이 살았으나 6·25 때 모두 소실되고 말았다. 지방 폭도 7명이 일시에 불을 질렀기 때문이었다. 천하에 이런 만행이 어디 있을 것인가.

그만큼 이 지역은 아픈 현대사까지도 안고 있는 곳으로 영욕과 흥망성쇠가 압축된 지역이다. 나는 문득 덤벙 분청사기를 생각해 본다. 선인들은 어떻게 그곳의 토질이 맥반석인 것을 알았는지, 그 혜안이 실로 놀랍고, 오늘날에 와서 다시 명품의 다완으로 거듭나고 있는 것이 신비하고도 여간 흥미롭지 않다. (2021)

한자(漢字) 풀이 이야기

사전에서 '모질'이란 어휘를 찾아보다가 이것의 자형(字形)이 희한하게 생긴 것을 알게 되었다. '耄耋'로 되어 있는데 두 자가 다 늙을 노(老) 변에 하나는 털 모((毛)와 하나는 이를지(至)가 붙어있는 것이다. 이것만 보고서도 늙은이의 머리털이 빠진 것을 일러, 늙음을 상징하고 있음을 알게 한다. 사전풀이 또한 '나이 들어 기력이 줄고 늙음'이라고 풀이되어 있다.

이것을 보면서 이 글자는 한자문화권에서 나중에 만들어 넣은 글자가 아닐까 생각된다. 왜냐하면, 우리나라에서도 만들어 쓴 한자가 있는데 그 생각을 떠오르게 만들기 때문이다. 나중 만들어 쓴 글자로 대표적인 것이 '邱'와 乭이 있다. 믿거나 말거나 하는 말이지만 전해오는 말에 의하면 우리나라에서 '대구'라는 지명을 쓰고 있는 것을 안 중국에서 강력하게 이의를 제기했다고 한다.

丘는 공자님의 자로서 소국에서 대학자의 이름을 지역명에 붙일 수는 없다고 항의하여 불가피하게 그 언덕 구(丘))에다 귀 이 변(耳)을 붙였다는 것이다. 그래서 오늘날의 대구는 大邱가 되었다는 말이 있다. 그리고 돌자는 우리나라에 쇠돌이 개돌이 등 돌자 이름이 많았는데 한자에는 없는지라 돌 석(石)에다 ㄹ과 비슷한 새 을(乙)을 붙였다는 것이다.

어려서 목숨 수(壽) 자는 쓰기가 어려웠다. 워낙에 비슷한 획이 많아서였다. 이를 잊지 말라며 어른들은 가르쳤다. '목숨 수 자는 士一工一口寸이니라.' 파 자를 해서 가르친 것이다. 나의 아호는 聽石(청석)이다. 여기 청 자를 파 자를 하면 귀 耳 변에 임금 王이 들어있고 열 十에 눈 目, 한 一과 마음 心이 합해졌다. 바로 임금의 귀로서 열 가지를 눈으로 보고 한 가지 마음으로 들으라는 뜻이다. 그야말로 진중하게 청취함을 이른다.

얼마나 의미가 깊은지 모른다. 한편, 쓰는 것도 그렇게 기억하면 잊혀지지 않는다. 한자 중에는 획수가 많기로 유명한 것이 있다. 바로 답답할 울(鬱) 자가 그것이다. 이에 대해서 다음의 이야기가 전해온다.

이 글자를 보면 두 나무와 저녁 석과 비슷한 것이 들어있고 넉 사(四)와 비슷한 획에다 어릴 양(良)에서 점이 떨어져 나간 그르칠 간(艮)과, 마디 촌(寸) 자가 들어있는데 이것을 두고 다음과 같이 풀이한 것이다. 산속에서 숯을 구워 파는 사촌 형제가 있었는데 동생이 형을 시기한 나머지 죽였다.

이것은 다른 데서 나온 말이 아니다. 함께 숯을 팔러 나간 동생은 왔는데 형이 돌아오지 않자 그의 부인이 물었다. 그런데 동생은 모른다고 했던 것이다.

부인은 필경 사연이 있을 것으로 생각하고 용하다 이름난 새 점을 보는 노파를 찾아갔다. 자초지종을 이야기한 후 복채를 건넸다. 그러자 새가 통 안에서 '鬱' 자를 부리로 뽑아내었다. 노파가 풀이를 했다.

"사촌지간의 동생이 숲속에서 양심이 불량하여 사람을 죽였군요."

이렇듯 한자는 압축 글자로서 중의적이고 다의적인 뜻을 지니는 경우가 많다. 더구나 주역의 문장처럼 상징적으로 기술된 경우는 해석을 함에 있어서 글자대로만 색독을 하다 보면 본뜻을 놓치고 엉뚱한 뜻풀이가 되어 버리는 수가 있다.

난중일기. 정유년(1597년) 6월 6일, 일기에는 그런 예화가 있다. '입가과부이타가(入家寡婦移他家)'란 말이 나오는데, 이것의 해설로 '많은 번역서들이 집에 들어갔는데, 그 집 과부는 다른 집으로 옮겨갔다.'라로 적고 있다.

이는 다른 상황이 아니다. 이순신 장군은 서울로 끌려가 고신을 당하고 풀려나온 후 초계에 당도하여 권율 휘하에서 백의종군하고 있었다. 이날 막사를 고쳐 짓는데 밤이 어두워져서 숙소까지 갈 수가 없었다. 당시는 통금이 엄격하여 가자면 위반을 할 소지가 있었다. 해서 급한 대로 하룻밤을 자려고 여

염집을 들어갔다. 한데 그 집이 과부였다. 그것을 두고 과부가 집을 내주고 다른 집으로 옮겨갔다고 한 것이다. 하나 이는 말이 안 된다.

어찌 직책도 없이 백의종군하는 사람에게 방을 주겠는가. 이는 마땅히 다르게 풀이해야 한다. 즉 "집에 들어갔더니 과붓집이어서 다른 곳으로 옮겨버렸다."라고 해야 옳다. 이는 임진왜란이 일어나고 194년 후에 정조 임금이 유득공들을 시켜 편찬한 '이충무공전서'에도 바로 잡아놓고 있는 것이다.

즉, "주가 내과부가 즉이타가(主家 乃寡婦家 卽移他家)"

집주인이 과붓집이어서 곧바로 다른 집으로 옮겨버렸다고 한 것이다. 지극히 옳은 풀이 이다.

이렇듯 한문은 뜻글자인 만큼 해석함으로써 전후 사정을 살피고 자의(字義)를 염두에 두고서 뜻이 오도되지 않도록 함이 기본인 것을 새삼 생각하게 된다. (2018)

어떤 말의 출처(出處)

언어학자이며 수필가인 서정범 교수는 한평생 우리말의 원류를 찾는데 몰두했다. 그런 끝에 일본말의 뿌리가 우리말에서 비롯되었음을 처음으로 밝혀냈다. 그뿐만 아니라 사장된 아름다운 순수 우리말도 다수 찾아냈다.

그중에는 '미르'라는 말이 있다. 예전에는 은하를 그리 일컬은 것을 새로이 밝혀낸 것이다. 그것은 남도 어느 섬 지방으로 무속인을 찾아 나섰다가 우연히 알아내게 되었다고 한다. 선생은 일찍이 우리말의 원형을 무속인이 지키고 있는 걸 알고는 그것을 모으려고 방방곡곡을 누볐다고 한다. 그렇게 발품을 팔아 만난 무속인이 2천 명이 넘는단다.

그때 만난 무속인 중에 글재주가 있는 사람을 나중에 등단시키기도 했다고 한다. 교수님은 새로운 우리말을 찾아내어

이를 수필로 발표하고 그중 한 작품은 대표작이 된 것도 있다. 바로 '미리내'라는 작품으로 여기에는 '은하'라는 주인공이 등장하는데, 두말할 것도 없이 '미리내'가 바로 용이 사는 곳이며 그게 '은하수'라는 점에 착안한 것이다.

나는 선생으로부터 등단 추천을 받으면서 당신의 역저인 '우리말의 원류'라는 책을 선물 받았다. 읽어 보니 언어학자로서 걸어온 발자취가 실로 대단했다. 깊은 감동이 밀려왔다.

며칠 전이다. 지인과 함께 후배 문인이 경영하는 카페를 찾았다가 상호가 처음 들어본 말이어서 고개를 갸웃했다. '혜윰'인데 처음에는 무슨 영어인가 했다. 집에 돌아와 우리말 큰 사전을 찾아보니 우리말 '생각'의 고어(古語)였다. 그러나 더 이상은 설명이 없어서 어원은 알 길이 없었다.

그런데 우리가 많이 쓰는 '수구렁' 또는 '수렁'은 한자 말 '水濘(수녕)'에서 나온 말이 아닌가 한다. 물 수(水) 자 진창 녕(濘)자가 바로 수렁을 의미하기 때문이다.

나무에 뿌리가 있듯이 말에도 어원이 있게 마련이다. 일전에 옛 직장 동료들과 식사하는 자리에서 한 분이 느닷없이 '왜 이것을 총각김치라고 할까.' 하고 중얼거렸다. 이미 손을 뻗어 젓가락으로 총각무 쪽을 짚고 있는 거로 보아 그걸 보는 순간 궁금해졌던가 보았다.

특별히 묻는 것도 아니고, 또한 여러 사람이 웅성거리는 곳이라 따로 설명할 자리가 아니라는 생각에 입을 떼지 않았지만, 하나 그것은 엄연히 출처가 존재한다. 내용인즉슨 이러하다. 옛날에는 사내들이 모두 머리카락을 쓸어 올려 뿔처럼 양쪽에 묶었다. 한데 무 쪽도 김치를 담글 때 뿌리와 줄기를 그렇게 가지런히 해 놓은 것에서 유래하게 된 것이다.

'뜬금없다'라는 말도 그냥 하늘에서 뚝 떨어진 말이 아니다. '느닷없다', '연득없다'는 말과 함께 쓰이는 이 말은 그러나 처음 생겨난 당시에는 '막막함과 당황스러움', '어쩔 도리가 없음'을 이를 때 쓰였던 것이다.

옛날에는 시장마다 말감고(斗監考)라는 사람이 있어 그가 그날의 곡물 가격을 정했다. 그 가격을 '뜬금'이라고 했다. 뜬구름처럼 드러나서였다. 그 뜬금이 시장 질서를 유지시켰다. 그런데 가끔은 뜬금이 없을 때가 있었는데 그럴 때는 이만저만 혼란을 일으키는 게 아니어서 많은 사람을 당황하게 만들었다.

말이 만들어지는 형태를 보면 모양과 행위와 성격이 감겨 있음을 알 수 있다. 특히 사람을 지칭할 때 그런 걸 볼 수 있다. 사람의 모양을 일컫은 것으로는 고삭부리, 솔봉이, 허위장대 등이 있다. 행위로 봐서는 검정새치, 덕금머리, 하리장이 등이 있다. 이 밖에 성격 면으로는 갈가위, 구나방, 딱정대 등을 들 수 있다.

나는 살아오면서 속담으로 만들어져 널리 쓰이고 있는 말을 알고 있다. 하나는 들어서 안 일이고 하나는 나와 직접 관련이 있어서 확신하는 것이다. 이것은 둘 다 고향에서 만들어졌다.

1930년대, 고향 득량만(灣) 간척사업이 이루어지기 이전, 먼저 발전소가 들어서서 통수시설이 갖추어졌다. 이때 민물과 바닷물이 합수하는 지점에 물고기들이 많이 몰려들었다. 그중에서는 특히 새우가 많았다. 한데 하루는 고래 한 마리가 새우를 잡아먹다가 정신이 팔려서 미쳐 빠져나가지를 못하고 갯벌 위에 갇히고 말았다.

사람들이 가서 보니 이미 죽어있는데 등 쪽의 숨구멍에는 잡아먹은 새우들이 토사물처럼 널려있었다. 이를 보고 한 사람이 '새우 때문에 고래 등이 터졌네.' 하고 외쳤다. 바로 그것이 세월이 흐르면서 '고래 싸움에 새우 등 터진다.'로 굳어진 것이다.

두 번째 속담은 다소 엉겁결에 튀어나온 말이 퍼져나간 경우이다. 때는 5·16 군사혁명 직후였다. 당시 방학 때 국경일이 끼면 학교로 나가는 것이 아니라 거주지 면사무소로 나가 행사에 참여했다.

한 번은 광복절 행사에 참여했는데 면장이 연단에 올라 연설문을 낭독하기 시작했다. 그런데 하필 그때 돌풍이 일어나 읽고 있던 연설문이 휙 하니 날아가 버렸다. 그러자 당황한 면장은 어쩔 줄 몰라라 했고 무거운 침묵이 한동안 흘렀다.

말문이 막혀서 모습이 무슨 장승도 아니고 마치 꿀 먹은 벙어리나 다름이 없었다. 이때 그 광경을 보다 못한 내가 툭 한마디 내던졌다. "알아야 면장을 하지." 즉흥적으로 혼자 내뱉은 말이었다. 한데 이 말을 옆에 있던 학생과 주민 몇몇이 들은 모양이었다. 손으로 입을 가리고 '풋풋' 하며 웃었다.

그날 상황은 그것으로 끝났다. 한데 방학이 끝나고 학교를 가니 그 말은 다른 말로 변용이 되어서 한창 유행을 하고 있었다. 학생이나 선생님이나 누구를 가릴 것 없이 어느 누가 잘못하면 '알아야 면장을 하지' 아니면 '아나 면장' 하고 비아냥댔다.

생각하면 내가 본의 아니게 이 말을 하는 바람에 인품 좋은 면장님을 불편하게 해 드린 것이었다. 그에 대해서 나는 일말의 미안함을 느낀다. 말의 출처에 대해 더듬어 보다가 이야기를 여기까지 진전시키기에 이르렀다. 그걸 생각하면 새삼 말의 전파력을 두고 '발 없는 말이 천 리를 간다.'라는 것처럼 신속하게 퍼지는 속성이 있음을 알게 되는 동시에 말조심을 해야 한다는 성찰을 해보게 된다.

이 세상은 한 세대 사람만이 살고 가지 않는다. 계속 이어지고 세대 속에서 새로운 말도 생겨날 것이다. 얼마 전에 TV 채널을 돌리다가 다소 생소한 '순실스럽다'는 말을 듣게 되었다. 국정농단의 핵심으로 지목되어 재판 중인 사람을 증언하는 자리에서 나온 것이었다.

그리 말한 사람은 한때 그녀의 부하 직원으로 있던 사람인 만큼 최 모 여인을 잘 아는 사람이어서 평소에 그가 사람을 부리면서 늘 일회용 이쑤시개로 여기고, 갑질을 해댔다. 내칠 때는 금전과 연관 지어 매장하는 것을 보면서 만들어 낸 말로 사용한 것으로 생각이 되지만, 어쩌면 하나의 어휘로 자리 잡을지는 모르겠다.

아무튼, 이즈음에 드는 생각인데, 사람 사는 세상에는 필요에 의해 생겨나는 새로운 말도 있어야겠지만 기왕에 써왔던 묻혀있는 고운 말도 다시 찾아내어 쓰는 작업도 있어야 하지 않을까 한다. 언어의 풍부는 감성을 풍요롭게 하는데 그치지 않고 한 시대의 현상도 나타내 주는 문화의 반영이기도 한 때문이다. (2017)

여력의 활용

아침에 일어나 물 한 컵을 들고 시선을 창밖으로 돌리노라면 마주하는 전방 직선거리에 보이는 것이 있다. 길 건너 슬레이트 지붕에 올려진 폐타이어다. 그것은 가린 것이 없이 시야가 훤히 트여서 바로 한눈에 들어온다. 물론 하늘색 본채 건물이 먼저 시선을 압도하지만 부조화로 올려져 있어서인지 모른다.

그곳에 올려진 폐타이어는 모두 두 개다. 물론 내부의 휠은 제거되어 있다. 이것들은 일정한 간격으로 놓여있다. 보기 좋으라고 해 둔 것이 아니고 나름의 쓸모를 생각해서 놓아둔 것이다. 바람이 불 때 슬레이트 지붕이 들뜨지 않도록 방비를 해 둔 것이다.

나는 그것을 보면서는 이따금 이런저런 생각을 해본다. 지금은 수명이 다하여 지붕 위에나 올려져 있지만, 한때는 전성기를 누린 때도 있지 않았을까. 애환과 희비의 고빗길, 그 무수한 굽이굽이 삶의 터널을 지나면서 어느 차 주인의 발이 되어 함께 보냈으리라.

그런 타이어는 주인을 받드느라 몸의 거죽은 다 닳았고, 그러한 봉사로 세상을 휘젓고 다녀서 후회는 없을 성싶다. 타이어는 수명을 다하고도 쓸모는 여전하다. 지붕 위에서 누름돌 역할을 하는 것뿐만 아니라 방파제나 선박에 놓여 충돌 방지용으로 봉사하고 산사태가 나면 기꺼이 불려가 토사 유출을 막는 데 쓰이기 때문이다. 그야말로 제 사명을 다하고도 높은 활용도를 보인다.

내가 사는 아파트 단지 앞 도로변에는 노점상들이 한 줄로 즐비하게 늘어앉아서 장사를 한다. 젊은이와 늙은이, 외지상인과 주변의 토박이들이 절반씩 섞여 장사를 한다.

파는 품목은 옷가지나 지갑, 버클 등 공산품도 있지만, 대부분은 식품류인 농산물이다. 이곳에서 장사하는 할머니들은 상부상조의 정신이 대단하다. 서로 감싸주고 지켜주며 잠깐 자리를 비우면 대신 물건을 팔아주기도 한다.

이 할머니들의 우애는 점심때 빛이 난다. 물건을 지키고 파느라 자리를 뜨지 못하고 한데서 식사를 하는데 제각기 싸 온 음식을 모아놓고 공동 식사를 하는 것이다. 그러면서 후식을 내놓고 커피 심부름을 하며 설거지도 서두르면서 서로 떠미는 법이 없다. 그렇게 앉아서 판 것이 얼마나 남을까 마는 노인들은 노상 자리를 고수하고 장사를 하고 있다.

나는 오가면서 그런 모습을 볼 때마다 최선을 다하며 사는 모습이 여간 존경스럽게 보이지 않는다. 마지막 움직일 수 있는 순간까지 일손을 놓지 않겠다는, 공짜 인생을 살지 않겠다는 의지가 드러나 보이기 때문이다.

생각하면 죽는 순간까지 생산 활동, 경제 활동을 스스로 해결한다는 의지가 얼마나 숭고한 것인가. 나이 먹었다고 아낙군수로 살지 않고 일거리를 찾아서 사는 모습이 얼마나 떳떳해 보이는가.

어떤 이는 간 크게도 나랏돈을 도적질하고 사기나 칠 생각을 하고 사는데 그런 사람과는 달리 몸을 움직여 푼돈을 벌겠다는 생각이 얼마나 건전한 사고방식인가. 그런 마음에 감동하여 나는 식재료는 거지반 마트 대신에 이 할머니들을 찾아서 구입을 한다.

그 세월이 십수 년을 넘으니 이제는 허물없이 지내는 사이가 되었다. 목례는 기본이고 더러는 새로운 것을 가지고 나왔다며 사가기를 권유받기도 한다. 그러면 그건 손이 많이 가서 "해줄 사람이 없어서 살 수가 없네요." 하고 손사래를 치기도 하는데, 그 바람에 이들 할머니는 내가 한 번도 나의 신상을 말한 적은 없지마는 불가피 내가 주부 노릇을 하는 사정을 꿰뚫고 있다.

요즘은 겨울도 깊어서 날씨가 매우 추워졌다. 어제는 내가 그곳을 지나가니 한 할머니가 "이것 남은 것만 어서 떨이하고 빨리 집에 가고 싶다."라고 해서 시래기를 사 가지고 돌아왔다. "아저씨 고맙소." 몇 발짝을 떼는데 덜미 뒤로 들려오는 소리가 포근하고 정겨웠다.

오늘도 나는 아침에 일어나 물 한 컵을 따라 들고서 창밖의 건물 위에 올려진 폐타이어를 바라본다. 제 수명을 다하고도 쓸모가 있어서 소용되는 폐타이어가 어김없이 한눈에 들어온다. 여력의 활용이 아름답게 느껴진다.

오늘따라 그 영상 위로 굽은 허리로 늙어서도 생업을 꾸리는 노변 할머니들의 모습이 겹친다. 추워지는 날씨에 건강이 염려되어서인지도 모른다. (2017)

의미 있는 나들이

사람이 하루하루를 살지만, 덧없이 보내는 날이 있고 나름대로 의미가 있는 날이 있다. 내가 소장하고 있는 용(龍) 형상의 뿌리 목각을 기증하기로 하고 떠난 날은 후자가 아닐까 싶다.

보람된 발걸음이기도 하지만 의외의 소득도 많았다. 글을 쓰는 사람에게 있어 글감을 얻은 것은 얼마나 행운인가.

두 마리 토끼를 잡는 격이 되었던 것이다. 이날 그러하기로 마음먹고 떠나던 날, 나는 두 사람에게 연락을 취했다. 한 분은 차를 태워다 줄 사람이고 다른 한 분은 글을 쓰는 문인이다. 그중 운전하게 된 임 회장은 문화예술에 조예가 깊을 뿐만 아니라 개인 박물관을 차릴 정도로 생활 유물도 많이 모아 놓은 사람이다.

내가 애장한 뿌리 목각을 기증할 생각을 한 것은, 고향의 다른 면사무소에 전시공간이 마련되었기 때문이다. 그 소식은 건물을 신축할 때부터 관여하고 힘써온 마광(麻狂) 이찬식(李贊植) 선생이 알려주었다. 그곳에다 자신이 수집한 서화와 삼베 짜는 도구들을 벌써 전시해 놓았다는 것이었다.

그 이야기를 듣고 가만있을 수가 없었다. 그렇다면 나도 무언가 하나를 보태야 하지 않을까. 궁리 끝에 낙점한 것이 목각이었다. 이 용 형상을 한 목각은 거의 다듬지 않는 자연 상태로 완전한 물형이다. 용이 입을 벌리고 힘차게 날아오르는 형상을 하고 있는데, 거기에 주먹 크기의 옥구슬을 물려놓으니, 마치 한 마리의 용이 여의주를 물고서 비상하는 모습이다.

나는 이것을 한동안 가지고 있으면서 개인이 소장할 것은 아니라고 생각해 왔다. 무척이나 신비스러운 데다 나를 압도했기 때문이다. 해서 어디 적당한 곳이 있으면 기증을 해야겠다고 마음먹었다. 그러던 참에 기증을 할 적당한 장소가 물색된 것이다.

특히 그곳에는 마광 선생이 향토색 짙은 삼(麻) 제품과 그에 딸린 일체의 도구를 전시해 놓고 관리하고 있으니 믿음이 갔다.

그것을 가져가 전달하니 우선 마광 선생이 감격하고 면장님이 고마움을 표했다. 나는 전시장을 둘러보며 눈이 휘둥그레졌다. 넓은 공간에 수많은 서화로 채워놓고 다실까지 꾸며서 아늑한 공간을 마련해 놓고 있었다.

우리 일행은 앞서 마광 선생의 집을 방문했다. 거기서 소장한 책들을 일별하고 베틀과 삼베 실타래, 삼베 종이를 구경했다. 대단한 열정이라는 느낌이 들었다. 개인에 관한 모든 자료를 다 수집해 놓고 있었는데, 그간 모아둔 명함철만도 10권이 넘는다고 했다. 압도당하는 기분이었다. 하나 작가의 눈에는 그것만이 보이는 건 아니었다. 나는 그곳 복내에 머무는 동안 또 다른 두 가지가 시선을 끌었다. 그곳이 고향의 일원이기는 하지만 처음 들러보는 곳이기도 해서 그랬는지 모른다.

먼저 하나는 마광 선생의 대밭에 서 있는 고목 회화나무였다. 200살이 넘었다는데 때가 아직 일러서 이파리는 나지 않았는데, 나뭇가지는 하늘 높이 뻗어 있었다. 그런 나무 꼭대기에는 까치집이 하나도 아니고 두 개나 매달려 있었다. 회화나무는 높게 자라지 않는다는데 신기했다.

그걸 보니 문득 '삼대밭 쑥은 붙잡지 않아도 곧게 자란다는 다음 한시가 생각났다. '봉생마중(逢生麻中) 부부이직(不扶而直.' 그렇다면 그 회화나무는 대나무가 키 높은 줄 모르고 자라니 덩달아서 그리 자란 것일까.

다음으로 보게 된 것은 죽곡정사(竹谷精舍)의 와룡매(臥龍梅)이다. 면사무소에서 얼마 떨어져 있지 않은 곳에 있는 건물은 작지만 여간 고풍스러운 느낌이 들지 않았다. 이것은 1860년경에 지어진 가옥인데 한학자 회봉 안규용 선생이 1920년에 서당으로 중건했다고 한다. 당대 문하생 200여 명을 길러냈다고 하니 꽤나 유서가 깊은 곳이다.

거기에는 심은 지 200년이 넘었다는 은행나무가 초입에서 반기고 있었다. 그런데 정작 반가우면서도 놀라운 것은 백 살이 훌쩍 넘어 보이는 고매(古梅)였다. 담장 옆에서 용트림을 하고 있는데 한눈에 보아도 범상치 않은 와룡매였다.

이 매화나무는 다른 곳에 있던 것을 옮겨 심었다고 한다. 그것이 회봉 선생의 '이식야매(移植野梅)'라는 시에 담겨있다.

'舁來多謝洞中人(여래다사동중인) / 最愛天姿氷玉眞(최애천자빙옥진)'

'메고 와준 동네 사람들 매우 감사하고 / 얼음과 옥같은 참모습 가장 사랑스럽네.'

그렇다면 다른 곳에서 가르치다 이곳에 자리 잡은 것이 1920년경이라면, 그때 옮겨 심었다고 볼 때, 이미 100여 살을 훌쩍 넘긴 것이 아닐까.

그 생각을 하니 마음이 경건해졌다. 거기다 줄기의 뻗음이 범상치 않았다. 알려지기로는 와룡매는 본래 임진왜란 때 왜인 다떼(伊達)가 전리품으로 일본으로 가져갔으며 우리나라에는 최근에야 그 후계목이 들어왔다고 한다.

한데 그에 대해서는 의문이 있다. 왜냐하면, 현재 김해 건설공고에는 일제강점기에 일인 선생이 심었다는 와룡매가 있기 때문이다. 하지만 나는 그걸 직접 본 적은 없다.

그런데, 100살이 훌쩍 넘은 와룡매가 뜻밖에도 그곳에 있으니 놀라지 않을 수가 없었다. 그렇다면 와룡매는 일반에 알려진 것과는 달리 그간 씨가 말라버린 것이 아니라 계속 이 땅에 남아서 자라고 있었다는 말이 아닌가. 얼마나 고마운 일인가.

나는 뜻밖의 장소에서 전설 속의 와룡매를 보니 감격스러웠다. 그것은 바로 시련 많은 이 땅에서 맥이 끊어지지 않고 계속 이어와 주었다는 증거 아닌가.

그런 면에서 이날 나의 나들잇길은 고향 사랑의 마음을 전하는 자리가 됨과 동시에 의미 있는 것을 보고 듣는 자리가 아니었나 하는 생각이 든다. (2021)

가공되지 않는 이야기

연초에 매서운 한파가 남녘까지 몰아쳤다. 추위라면 수도권에서나 겪는 일인 줄 알았는데 난데없이 기습하니 여기저기에서 크고 작은 사고가 일어나고 있다. 수도관 동파사고는 물론이고, 평소 물이 절버덕거리는 곳은 온통 빙판이다. 그 바람에 조심스레 외출하면서 전에는 장식으로나 여겼던 털모자의 내피를 꺼내어 귀마개까지 하고 나서는 특이한 체험을 해본다. 이런 일은 일찍이 남녘에서는 해보지 않은 일이다.

바로 그런 일을 얼마 전에 경험해서인지, 나는 지금 어떤 것을 보며 마음이 무척 따뜻해지는 것을 느낀다. 다른 것이 아니고 신문에 보도된 사진인데, 한 신사가 허술한 입성의 노숙인에게 자기가 입은 방한 점퍼와 장갑을 벗어주고 있는 광경 때문이다. 이날은 마침 대통령이 서울역에서 신년 가자 회견을 하던 날로, 그 장면이 기자의 앵글에 극적으로 잡힌 것이다.

취재를 마친 기자가 광장으로 나오는데 사람들이 웅성거리는 말소리가 들렸다. "사람이 잠바를 벗어주네." "장갑도 줬어." "히야 5만 원도 주네." 하는 것이었다. 그 말을 들은 기자는 반사적으로 망원렌즈를 조준했다. 수십 컷을 찍었다. 피사체가 있는 곳은 상당히 거리가 떨어진 곳이었고, 이날은 '소낙눈'까지 퍼붓고 있었다. 기자는 찍은 사진 중에 비교적 구도가 잘 잡힌 사진 한 장을 골라 조간신문 1면에 실었다.

그 피사체는 중앙에 두 사람이 머리를 맞대듯 서 있으면서 무언가 행동이 진행되는 모습이었다. 그 상황은 사진 하단에다 간단히 자막으로 처리했다.

나는 그 신문을 구독하고 있지만 정작 그날은 다른 대형 기사가 많아 눈여겨보지 못했다. 그러다가 나흘 후 그 사진을 찍은 기자가 후일담으로 써놓은 박스 기사를 읽고서 저간의 사정을 파악하게 되었다.

사진 촬영은 극적으로 이루어졌다고 한다. 드러난, 그날의 상황이다. 기자가 회견장 취재를 마치고 서울역 광장으로 나오니 먼 곳에 예사롭지 않은 장면이 보였다. '옷을 벗어준다.'라는 말을 들은 건 거의 동시였다. 기자는 앵글을 맞춰 사진을 찍고 바삐 그쪽으로 다가갔다. 하지만 거리가 먼 탓에 주인공은 금방 시야에서 사라져 버렸다.

노숙인에게 다가가 물었다.

"이거, 잠바, 장갑 돈 다 저분이 주신 거예요?"

"네."

간단한 대답이 돌아왔다. 기자는 그 순간에도, 그 장면은 극적인 것인데 사진을 사용하려면 동의를 받아야 한다고 생각이 들어 찾으려고 두리번거렸다. 하나 찾을 수가 없었다. 하지만 그 주인공을 찾지 않은 건 잘했다고 생각한다. 그대로 묻어놓은 것이, 더 얼마나 아름다운 것인가.

기자가 노숙인을 만나 파악한 내용이다. 그 장면은 관찰자의 전지적 시점으로 돌려서 서술해 본다. 노숙인은 허술한 옷차림으로 광장에서 구걸하며 떨고 있다가 지나가는 한 신사를 보았다.

"아저씨 너무 추운데, 커피 한 잔 사 주세요?"

그러자 지나던 신사는 순간 당황하는 모습을 보이더니 한두 걸음을 떼다 말고 돌아섰다. 그러더니 대뜸 입고 있던 잠바를 벗어 노숙인에게 입혀주는 게 아닌가. 거기다 장갑까지 끼워주었다. 그러고 나서도 '커피 한 잔 사달라는 말이 마음에 걸렸던지 지갑을 꺼내 오만 원을 손에 쥐여주는 것이었다.

그것은 눈 깜짝할 사이에 벌어진 일이었다. 그런 일을 보고서 노숙인은 무얼 느꼈을까. 비참한 현실이지만 그래도 아직은 살만하다고 느끼지 않았을까. 아니, 정신이 들지 않았을지 모른다. 어디 그런 일이 현실에서 일어나기가 쉬운 일인가. 일어날 법이나 한 일인가. 그 마음속을 들어가 보지 않아 알 수는 없지만, 일단은 멍한 상태가 되었을 것 같다. 그런 나머지 미처 고맙다는 말 말도 건네지 못했을 것 같다.

그 일은 정말 한순간에 이루어졌고 옷가지를 건네준 신사는 내리는 눈 속으로 이내 사라졌다. 그렇지만 그 순간을 겪은 노숙인은 그때는 당장 고마운 뜻을 표하지 못했지만 입혀준 옷을 입고 다니면서 늘 따뜻한 마음을 간직하고 지내지 않을까. 그리고 한편으로 옷을 벗어준 신사도 얇은 옷을 입고 귀가하면서 한기를 느꼈겠지만, 마음만은 내내 훈훈하지 않았을까.

그러니까 가자는 그 장면을 내리는 폭설 때문에 잠시 에스컬레이터 속에 멈춰 섰다가 피사체를 담았던 것이다. 사진 기자들은 늘 '다음에 찍지 뭐.' 하고 미루는 것이 좋은 것을 놓치는 일이 많다고 한다. 그런 걸 경험한지라 순간포착에 길들어 있는데 이날도 그걸 보고 순간적으로 찍었던 것이다. 사진은 나중에 확인하니 모두 27장이었다. 짧은 순간에 보여준 대단한 순발력이고 투철한 직업의식을 가진 장인이라고 하지 않을 수 없다.

나는 이 사진이야말로 근래에 만나보기 어려운 시사성이 큰 명장면이 아닌가 생각한다. 코로나 19 국면에 거리 두기로 따뜻한 마음 나누기가 소원해진 지금 이 장면은 얼마나 큰 울림을 주는 것인가.

따뜻한 장면을 보여준 이야기는 종종 작품 속에 등장한다. 그 대표적인 것이 김소운 선생이 쓴 '외투'일 것이다. 추운 북쪽으로 떠나는 청마를 위해 자기가 입고 있는 외투를 벗어서 건네주는데 코끝을 찡하게 만든다. 그리고 다른 하나는 휴가 나온 오빠가 귀대할 때 여비 하라며 건네준, 데려다 건사한 작은 아버지 댁의 여동생도 생각난다. 수중에 돈이 있을리 없는 그 동생은 나중 동백 씨를 주워 갚겠노라고 이웃집에서 돈을 꿔다가 오빠 손에 쥐여준다. 얼마나 아름답고 흐뭇한 광경인지 모른다.

그런데 이날 신사 또한 건네준 옷가지와 손에 쥐여준 돈이 얼마나 감동을 주는 것인가. 아름다운 모습을 넘어 거룩한 성자를 보는 듯하다. 나는 이날 기자가 찍은 사진에 대해 동의를 얻기 위해 찾으려다 만 것은 백번 잘했다고 생각한다.

이는 그 신사가 바라는 바가 아닐 것이기 때문이다. 본래 미담은 가려져 있을 때 더 아름다운 법이 아닌가. 이 막바지 겨울, 모진 한파가 몰아치는 때에 전해온 낭보는 얼마나 흐뭇한 것인가. 그래서인지 들리는 말에 의하면 그 사진이 보도되자 신문사로 수많은 사람의 뜨거운 반응이 쇄도했다고 한다.

나 또한 그런 마음이기는 마찬가지다. 소낙비처럼 내리는 눈 속에서 이루어진 극적인 한 장면. 추위에 떠는 배고픈 노숙인에게 소리 소문 없이 조용히 베풀어 주고 유유히 떠난 영상이, 마치 실루엣처럼 어리며 은은한 종소리처럼 오래도록 머릿속을 울려주었다. (2021)

빛을 발한 직관력(直觀力)

최근에 전 경찰의 명예와 자긍심을 높여준 내용 하나가 보도되었다. 목포경찰서장을 지낸 이준규 총경으로 1980년 5월 18일 당시 총기 사용을 금지하여 살상을 막아낸 분이다. 그 일로 그는 보안대에 끌려가 3개월여 갇혀 있으면서 혹독한 고문을 당했다. 그 바람에 결국 후유증을 이겨내지 못하고 5년 후 사망하고 말았다.

나중에 무혐의 결정을 받아 풀려나기는 했지만, 그때는 이미 몸이 만신창이가 된 뒤였다. 그런 분에게 경찰청에서는 최근 심사를 통해 경무관으로 일 계급 특진을 시킴과 동시에 서울 국립현충원에 유해를 모셨다고 한다. 국민의 생명을 지킨 경찰관으로서 후배 경찰로 하여금 사표로 삼기 위해서다. 늦었지만 잘한 일이 아닌가 한다.

시위대가 무기를 들고 경찰서로 몰려왔을 때 얼마나 고심을 했을까. 그러나 이 서장은 신군부의 강경 진압 지시에 따르기보다는 국민의 생명을 지키기로 결심했다. 참으로 잘한 일이다. 강경 진압을 하면 몇 사람은 제압하겠지만, 불상사는 불가피한 일이 아닌가.

우리 역사를 돌아볼 때, 그런 선택의 기로에서 결정적으로 나라의 운명을 바꿔놓은 일이 있다. 그 대표적인 것 중의 하나가 고려 고종 때의 태자가 원나라에 들어가 쿠빌라이를 만나던 때이다. 그동안 결사 항쟁을 외치며 고슴도치처럼 강화도에서 원나라에 맞서던 무신정권이 더는 버티지를 못하고 화의를 청하려 태자를 몽골에 들여보냈다.

그즈음 칸 몽케는 남송을 정벌하기 위해 사천에 머물고 있었다. 태자 일행은 지체하지 않고 그곳으로 향했다. 한데 그때 난감한 일이 벌어졌다. 진중에 있던 몽케가 갑자기 사망한 것이었다. 그 소식을 들은 태자는 잠시 누구를 만나야 할까 고민에 빠졌다. 왕위 승계 순위 1위인 자는 태자인 아리크 부카, 2위는 쿠빌라이였다.

그렇지만 고려의 태자는 망설임 없이 몽케의 동생 쿠빌라이를 선택했다. 세력은 태자에 비해 다소 열세였지만 형을 도와 국정을 운영한 경험이 그를 택하였다. 그 결정은 결과적으로 성공했다. 고려를 계속 지탱하게 만들고 원과의 화친을 원만하게 하는 계기가 되었다. 지지한 쿠빌라이가 조카 아리크 부카 세력을 물리치고 다음 칸이 되었던 것이다.

전해오는 말에 의하면 쿠빌라이는 고려 태자가 자기를 찾아 오자 크게 고무되어 끝내 칸이 되었다고 한다. 그는 집권하는 동안 나중에 왕이 된 원종과의 유대는 물론, 고려를 더는 침략하지 않았다. 그러면서 나라를 보존하도록 해주었다.

이는 당시 원나라가 서역의 티베트와 버마, 중앙아시아 국가를 비롯해 송나라와 금나라를 물리쳐 대제국을 세우고서도 국경을 맞댄 작은 나라 고려를 합병하지 않은 것으로도 알 수 있다. 이때 문화교류도 활발하여 고려 풍습이 '고려양(高麗樣)'이라는 이름으로 크게 유행했다.

돌이켜 생각하면 중대한 기로에서 현명한 선택이 때에 따라서는 나라가 망하고 흥하는 고비가 되는 것을 알게 한다. 이런 걸 생각하면 아찔하게 느껴지는 때가 있다. 그 이전이나 이후에도 수많은 외침이 있었고, 수나라에 이은 당나라 침공, 거란 침략과 몽골 침략, 금나라와 청나라 침략, 그리고 일제의 침략까지, 993회의 숱한 전쟁에 시달리면서도 나라를 통째로 빼앗긴 적은 일제 침략이 유일하다.

역사적으로 원나라가 가장 강력한 영토를 소유하던 때에 고려를 지켜낸 것을 생각하면 절체절명의 순간에 뛰어난 판단력을 발휘한 것은 크나큰 행운이 아닐 수 없다. 원나라에 의해서 얼마나 많은 나라가 사라졌는가.

그런 직관력을 생각할 때, 나는 한 나라 안에서 또 한 사람이 부하 직원에게 국민을 향해 총을 쏘지 못하게 하고, 자신은 가혹한 고문을 당한 일을 잊을 수가 없다. 고문 후유증으로 끝내 생을 마감하고 말았지만, 한순간 판단은 지극히 현명했지 않았나 생각한다.

그분은 바로 안병하 경무관. 역시 1980년 5·18이 일어나던 때 전남경찰국장으로 있었다. 그는 당시 치안감 승진을 앞두고 있었다. 그런 터에 시위가 격화되자 신군부로부터 "군인보다 경찰이 앞장서라."라는 지시를 받았다. 그러나 그는 이를 단호히 거부했다.

예하 기동대와 경찰서에 지침을 내리기를 "도망가는 도주자는 뒤쫓지 말고, 시민 안전 유지에 만전을 기하라."라고 했다. 과격 진압으로 인한 불상사를 막기 위해서였다.

그러한 그를 신군부는 가만두지 않았다. 시민에게 총부리를 겨눌 수 없다는 거부에 즉시 체포하여 보안대로 끌고 갔다. 거기서 가혹한 고문이 이루어졌다. 새까만 후배 군인들(그는 육사 8기생이었다)에 당한 것이었다. 그는 나중 전역하여 경찰로 들어온 분이었다. 그는 군에 있을 때 6·25를 맞아 최일선에서 작전에 참여하여 무공을 세워 화랑무공훈장을 두 번이나 받았다.

그런 그를 신군부 세력은 취조실로 끌고 가 만신창이를 만들어 놓았다. 그는 5·18이 일어나기 1년 전에 전남 치안 책임자로 부임했다. 5·18을 맞아 광주의 치안 상태는 첫 총성이 울린 5월 19일 4시 50분을 기점으로 최악으로 치달았다. 11

공수여단 63대대 소속 장교가 쏜 M16 소총에 고교생 김영찬 군이 맞은 게 발단이 되었다.

그 이후로 사망자 154명, 행방불명자 65명, 부상자 1,628명이 발생했다. 이런 상황에서 만약에 경찰청장이 시위를 막는 경찰에게 그들을 향해 총을 쏘라고 지시를 했다면 어떻게 되었을까. 몇 갑절의 사상자가 발생했을 것이다. 그로 인해 씻을 수 없는 불명예를 안았을 것이다.

이를 생각하면 한순간의 결정이 얼마나 위민정신으로 빛나는가를 알 수 있다. 비록 본인은 총기 사용 지시 거부로 불명에 퇴직을 당하고 고문 후유증으로 몇 년 후 유명을 달리했지만 얼마나 현명한 판단을 한 것인가. 이준규 서장도 마찬가지다.

전남경찰에서는 2017년에 전남경찰청 1층 로비에 당신을 추모하여 '올해의 경찰 영웅'이라고 명명한 흉상을 세웠다. 그 위민과 국민 보호의 정신을 기리기 위해서였다.

이는 매우 잘한 일이 아닌가 한다. 후배들로 하여금 어떻게 사는 것이 바른길이며 공직생활을 어떻게 해야만 하는가를 배우고 깨닫게 하는 모델이 되기 때문이다. 나는 역사의 고비를 짚어보며 '한순간 직관력 발휘'가 얼마나 필요하고 중요한가를 가슴 깊이 새겨보게 된다. (2021)

존재와 영향력

사람은 세상에 존재하는 한 크건 작건 간에 영향력을 미친다. 상대적으로 크기와 너비가 다를 뿐, 미치는 영향이 없을 수가 없다. 어느 자리에서나 존재감도 과시하지만 영향력을 준다.

요즘 나는 학교에서 수업 중인 중학생들을 생각할 때면 내가 그런 영향을 미치고 있음을 느낀다. 바로 내가 쓴 작품이 중학교 2학년 1학기 국어 교과서에 실려 있는데, 시기적으로 여름방학 직전인 이맘때 그 단원을 배울 테니 말이다.

내용은 퇴고(推敲)에 관한 것이다. 좀 더 구체적으로 말하면 글을 쓰고 나서 이후에 점검하고 다듬는 일이 중요함을 강조한 것이다. 제목이 '문을 밀까, 두드릴까'인데 당나라 시인 가도(賈島)의 한자어를 우리말로 풀어쓴 것이다. 구성은 퇴고의 유래를 설명하고 나의 퇴고 버릇, 다른 이들의 퇴고 사례, 퇴고가 왜 중요한지를 형상화시킨 예화로 제시한 것이다. 아울러 나의 실수담과 반성을 담았다.

이는 나만 안고 있는 고민거리가 아니어서 교과서를 만든 출판사에서도 그 점을 눈여겨본 것 같다. 글쓰기 교본으로 『수필쓰기의 핵심』에 담았는데 마침 교과 과정이 대폭 바뀜에 따라 편집을 준비하는 과정에서 관계자의 눈에 띈 것이다.

나는 채택이 됐다는 통지를 받고 깜짝 놀랐다. 어느 면을 보고 선택한 것일까. 하지만 이내 거니 챘다. 퇴고의 중요성과 필요성에 대해서는 많이 알려진 것이지만 적어도 다음 두 가지는 간과하지 않았는가 한다.

그 첫째는 고쳐 쓰기의 중요성이다. 나는 그것을 노인과 씨뿌리기 경쟁을 통해 입체적 효과를 거두고자 했다. 연습을 많이 한 젊은이가 이기는 것을 통해서 퇴고를 많이 한 것이 흉이 아님을 강조한 것이다. 그리고 퇴고라 하면 흔히 보태거나 뺄 것이 있는지, 오탈자를 점검하는 선에서 그치지만, 나아가 문맥의 중요성을 강조한 점도 신선도를 높인 거로 생각한다.

문맥은 너무나 당연하니까 언급하지 않고 넘어가지만 실은 이것처럼 중요한 것이 어디 있는가. 글이 일목요연하게 보이느냐 않느냐는 문맥의 자연스러움 여부에 달려 있는 것이다. 해서 글을 쓰는 입장에서 평소 늘 생각한 것을 언급해 놓았다. 나는 편집자가 그것을 눈여겨보지 않았을까 생각한다.

나는 교과서에 실린 글을 보면서 존재 의미와 영향력을 새삼 떠올린다. 내가 있음으로 해서 그 글이 탄생했기 때문이다. 그리고 그것의 영향력을 생각할 때 더욱 실감을 하게 된다. 전국 중학교 2학년 숫자는 어디에 나와 있지 않지만, 전체 중학생 수가 138만 명인 것을 감안하면 학년별 3 등분하여 대략 46만 명 정도로 추산된다. 거기에다 교과서를 펴내고 있는 곳을 네댓 곳으로 추산하여 나눠보면 대략 10만 명 남짓이 된다.

그중에서 내 글은 비교적 대형 출판사에 해당하는 곳에서 펴낸 책인 만큼 평균치를 훨씬 상회할 것이다. 그렇다면 그 많은 숫자만큼 보급되어 배우고 있을 것이 아닌가.

글쓴이는 퇴고에서 무엇을 강조하고 있는가?
그것을 가로 안에 차례로 적어보자.

이런 물음에 골똘히 머리를 싸매고 써볼 것이 아닌가. 학습 보조 자료 책자에는 내 얼굴 사진까지 올라 있다. 그러니 엄청난 영향력이 아닌가.

우리나라에서 가장 영향력 많은 사람은 당연히 대통령이다. 그다음으로 삼부요인과 각부 장관, 경찰청장, 검찰총장에 이어 시도지사와 교육감, 국회의원, 시장, 군수 등등이 될 것이다. 적어도 이들은 국민과 시·구민, 10만 명 이상에게 실생활에 영향을 미친다.

그런데 생각해 보면 교과서도 미치는 영향이 그에 못지않다. 그러니 아낙군수로 방에만 틀어박혀 글이나 쓰고 있는 작가의 입장에서는 대단히 고무적인 일이 아닐 수 없다.

나는 처음에는 내 글이 교과서에 실린 게 얼마나 대단한 행운인가를 실감하지 못했다. 그런데 이것이 저작권 대상에 오르고 푼돈이나마 저작권료를 안겨주는 것을 통해서 실감을 하고 있다. 그만큼 글이 활용이 되고 있는 것이다.

그래서 그럴까. 자연스레 관심이 그쪽으로 미치고 있어서인지 이런 사연도 만나게 된다. 어느 시인은 죽음을 맞이하며 자기 시가 교과서에 오른 적이 있는 것을 더없는 영광이라고 했단다. 그리고 다른 작가 역시 자기 문학 인생을 정리하면서 교과서에 실린 일을 잊지 못한다고 했단다. 그것을 보면서 그 가치와 인식을 새롭게 해보게 된다.

나는 나의 글이 학생들에게 부담을 주기보다는 친근감과 함께 성적을 올리는데 도움이 되었으면 좋겠다. 문제집을 보면 헷갈리는 문제도 더러 출제되어 있는데, 분별력을 위해서는 어쩔 수 없다고 치더라도 실제 치르는 시험은 좀 쉽게 냈으면 한다.

왜냐하면, 대부분 학생이 글쓰기를 어렵게 생각하고 부담을 느끼는데, 좀 더 흥미를 느끼게 했으면 싶어서다. 그래야 우선 글쓰기에 다가설 것이 아닌가. 아무튼, 학생들이 이즈음 배우고 있을 단원을 생각하면서 격려를 해주고 싶다. 그런 한편으로 그 글이 학생들에게 크게 영향력을 미치고 있다는 사실에 크나큰 자부심을 느낀다. (2020)

눈으로 보는 것과 마음으로 보는 것

전에 일본인의 성향을 두고 '축소 지향적'이라고 말한 사람이 있었다. 아마도 세밀한 측면이 있음을 본 것이 아닌가 한다. 나도 어떤 일면을 보고 느낀 적이 있다. 유리를 두고서 창유리는 '글라스', 유리잔은 '구라스'라고 구분한다는 말을 들었던 것이다.

그럼에도 불구하고 나는 그들을 대단하다고 생각하지 않는다. 그들의 언어는 어떤 소리를 흉내 내는 데 불과 2, 30개에 지나지 않지만, 우리말은 표현에 낼 수 있는 것이 수백수천 개에 이른다. 그러니 우리말보다 족탈불급인 것이다. 그러니 억지스럽게 유리를 그리 구분해 부른들 대단한 것도 아니고 언어 표현의 갈증에서 온 표출의 한 현상이 아닌가 한다.

중국인이 모국어로 쓰는 한자(漢字)도 보면 그런 측면이 없지 않다. 예컨대 무엇을 보는 것도 '看' '見' '示'로 구분하고, 또 '視'와 '觀'으로 나눈 것을 보는데, 말하자면 전자는 무엇이 직관적으로 보이는 것을 보는 것이며 후자는 마음이 그것에 가 닿아야만 보이는 것을 보는 걸 구분해 놓은 것이다.

나는 이걸 보면서 그냥 눈에 보이는 것과 마음으로 보아서 드러나는 것'을 생각해 보는 때가 있다.

사람은 일상생활을 하며 무수히 많은 것을 보고 산다. 우선은 눈에 들어오는 건축물과 어떤 조형물을 보게 되고, 걸어 다니며 길을 살핀다. 하나 그것은 입체적 공간적 정보제공에 그치고, 지나치고 나면 눈 속 영상에 맺혀 오래 남지 않는다. 다만 특정 사람을 만나거나 특이한 현상을 볼 때만이 일어나는 변화를 기억한다.

그렇지만 무엇을 주시하며 살필 때는 상황이 달라진다. 비록 크지 않고 미세한 것을 보더라도 그것을 관찰할 때는 그게 오래 기억된다. 그 원인은 무엇일까? 나는 그것을 '마음의 눈의 작용'이라고 생각한다. 그러니까 마음이 없거나 생각이 가 닿지 않으면 보아도 보이지 않고 들어도 들리지 않음이다. 그것을 육안(肉眼)과 대비해 심안(心眼)이라는 할 수 있지 않을까. 그리고 그것은 보다 더 정확하고 진실한 것이 아닐까.

예전 내가 고향에서 살 때다. 이웃 마을에 농사를 짓는 장님이 있었다. 그 장님 농부는 선천적으로 앞을 보지 못한 사람인데도, 농사를 무리 없이 지었다. 낫을 들고 들에 나가 풀을 베어, 지게에 지고서도 좁다란 논둑길을 잘도 걸어 다녔다.

하루는 그게 하도 신기하여 가까이서 지켜본 적이 있다. 그때 보니 지게 작대기로 앞을 더듬더니 인기척을 듣고는 대뜸, "논에 물을 댔으면 어여 가지 않고 왜 서 있어." 하는 것이었다. 그 말에 나는 기절초풍해 쓰러질 뻔하였다. 너무 놀라웠던 것이다. 그걸 보니 감각기능이라는 것이 꼭 시각을 통해서만 작동하는 것이 아님이 느껴졌다.

나는 애석 생활을 하며 '聽石(청석)'이라는 아호를 얻었다. 돌의 소리를 듣는다는 뜻으로 아주 고상한 말이다. 나는 의미가 좋아서 아끼며 즐겨 사용한다.

나는 이름에 값하기 위하여 수석 감상을 할 때는 돌의 소리를 들으려고 애쓴다. 그런 노력 때문인지, 아니면 흘려보낸 연륜 때문인지 지금은 어느 경지에 이르고 있다. 수석을 앞에 두고 있으면 마음이 차분해지는 건 말할 것도 없고 무수한 생각이 연속으로 일어난다. 아무 때나 그런 건 아니고 정관의 자세로 편안한 마음일 때만 가능하다. 수석은 물 씻김이 좋은 것과 피면의 파임이 생각을 붙든다. 그 과정이 이루어지기까지의 변화와 시간이 물아일체가 되게 만들어, 맑은 피면은 피면대로 골은 골대로 많은 생각을 일으키며 사념을 끝 간 데 없이 이끈다.

어떻게 하여 이렇게까지 되었을까? 피면이 닳아서 이 정도 될 때까지 수 억 년이 걸렸을 텐데 그 인고의 세월이 어떠했을까. 때로는 비 맞고 설한에 젖으며 사나운 풍랑에 뒤척이기도 했을 것이다. 그러면서 파인 골은 그런 살갗이 찢어지고 터지며 아무는 과정에서 낭자한 피를 흘리는 과정을 거쳤을 것이다.

그 세월은 실로 수사로서는 표현해 내기 불가할 것이다. 수석의 연대는 지구와 함께 태어나 적어도 45억 년의 나이를 잡수신 어른이다. 그토록 오랜 세월을 보내며 닳고 닳아서 노인의 뱃가죽 같은 주름살을 새기고 있으니 경건해지지 않을 수가 없다.

나는 수석을 바라보면 오만 가지 생각이 일어난다. 지켜봐 온 지구의 역사, 한반도에서 일어난 크고 작은 일들, 그리고 피면이 닳고 닳을 때까지 견디어온 인고의 세월이 오롯이 느껴진다.

그러한 것이 수석 앞에 서면 현현하여 말을 걸어오며 들려주는 것이다. 이때는 그냥 건성으로 들리지 않고 모양과 흔적 하나하나가 크나큰 감동으로 다가온다.

나는 그렇게 수석을 보면서 눈으로 보는 것뿐만 아니라 마음으로 느끼며 미감을 감지한다. 실로 농사짓는 장님이 실제로 직접 보기보다는 감(感)으로 느끼며 알듯이 '示'가 아닌 '視', '見'이 아닌 '觀'을 하면서 경외의 마음으로 감탄하며 경배를 하는 것이다. (2021)

색(色)의 경계에 관하여

색(色)은 빛이나 얼굴의 예쁨을 말하기도 하지만 주로 색정(色情)을 이르는 말로 많이 쓰인다. 도화색처럼 발그레한 것이 성욕을 자극하기 때문에 그런지 모른다.

최근에 어느 광역자치단체장이 갑작스레 목숨을 끊었다. 여자 문제 때문이라는 말이 들린다. 그렇다면 성 문제로 구설수에 올랐다는 말일까. 그리했느냐 하지 않았느냐를 따지기 전에 추문에 휘말렸다는 생각을 금할 수가 없다.

우선 안타까운 생각부터 든다. 왜 신상 관리를 잘못했던 것일까. 그 생각을 해보는 것은 살아온 삶의 전반이 먹칠을 당했다는 생각이 들어서다. 그가 어떤 사람인가. 일생을 소셜 디자이너로 사회계획을 추진하고 변화와 혁신을 주도하며 수도에서 내리 3선을 한 인물이 아니던가. 그런 분이 비극적 선택을 했다는 말에 아연실색하지 않을 수 없다.

그는 서민 시장으로서 환경보존과 재생, 어려운 사람들의 삶을 보살펴서 평판도 나쁘지 않았던 사람이다. 그래서 극단적인 선택에 대해 안타까운 마음이 크다.

그는 광역단체장 중 가장 청렴하고 가난한 사람이었다. 본래 재산이 없었던 것이 아니었다. 시민단체 운동을 하면서 전 재산 대부분을 시민단체에 내놓았다. 그런 삶을 살아서 비록 소유한 재산은 거의 없었지만 결코 가난한 사람은 아니다. 평생 기부를 하여 사회단체와 인물을 키워왔기 때문이다.

그가 극단적인 선택을 한 정확한 이유는 알 수 없다. 다만 과거 부속실에 근무한 직원이 고소장을 냈다는 말이 들려오는 것으로 보아 여자 문제가 얽힌 게 아닌가 유추할 뿐이다.

여기서 그게 사실이라면 좀 의문이 생긴다. 바로 본인이 과거에 세상을 떠들썩하게 만들었던 부천 성고문 사건 피해자를 변호하지 않았던가. 그렇다면 더욱 경각심을 가지고 살았어야 하지 않았는가.

내가 이리 말하는 것은 그간의 삶이 너무나 안타까워서 하는 말이다. 쌓아온 업적도 많고 더구나 대선주자로도 거론이 되고 있는 인물이 아닌가.

흔히 남녀관계는 누구도 장담하지 못한다고 한다. 그것은 이성이 지배하는 것이 아니고 다분히 분위기와 감성에 따라 흔들리기 때문이다. 그래서 옛 어른들은 수신제가 못지않게 남녀유별과 남녀칠세부동석을 가르쳤다. 그 중심에서 '부리'

가 있다. 소위 3부리라는 것으로 그것은 입부리, 발부리, 그것부리를 이른다. 그것을 늘 경계시켰다. 화를 불러오고 멸문으로 가는 지름길이라고 여긴 때문이었다.

그것을 지키기가 얼마나 어려운 것인가는 조선 명종 때 사람 지속선사(知足禪師)가 잘 보여준다. 그는 불심이 깊어서 생불(生佛)로 불리었던 사람이었으나 여색 앞에 무너지고 말았다. 10년째 묵언하며 면벽 수행한 것이 기생 황진이를 만나 허사가 되어버렸다.

지조 있는 그가 그러한 판에 범인이야 두말해서 무엇하겠는가. 하나, 그런 가운데서도 흔들림이 없던 사람이 있다.

바로 송도삼절의 한 사람인 서경덕 선생이다. 하루는 학덕이 높은 그를 으슥한 밤에 황진이가 찾아갔다. 도중에 하필 비가 와서 옷이 흠뻑 젖고 말았다. 잠자리에 들려고 할 때 화담이 말했다.

"옷을 벗으시오."

그 말에 옳다구나 했다. 자신의 미색에 반한 것이라고 생각했다. 그런데 웬걸 그다음 말이 생뚱맞은 것이었다. 젖은 옷을 입고 자면 고뿔에 걸린다는 것이었다. 흔들림 없는 그의 마음을 읽고서 그녀는 이성 간의 정분이 아닌, 바로 스승과 제자의 연을 맺었단다.

또 하나는 선종에서 전해오는 파자소암(婆子燒庵) 공안 이야기다. 불가에는 이런 시가 전해온단다.

檢盡三千條三貫(**검진삼천조간**)

更無情罪可斷(**갱무정죄가단**)

삼천조항의 법규를 다 뒤져도

정과 죄를 판단할 길이 없구나

이것은 다음의 이야기에서 연유되었다. 옛날 한 노파가 암자의 스님에게 20년 넘게 밥 공양을 해주었다. 그러던 어느 날 그녀는 딸에게 심부름을 시키면서 다음과 같이 일렀다.

"식사를 마치면 스님을 껴안고 '이럴 때는 어떠십니까?'라고 물어보아라. 그리고는 그 대답을 와서 말하거라."

딸은 시키는 대로 했다. 스님이 말했다.

"고목(枯木)이 의한암(倚寒菴)하니 삼동(三冬)에 무난기(無暖氣)로다."

즉, 마른나무가 찬 가지에 기댔으니 삼동에서 따사로운 느낌이 없구나.

그 말을 전하자 여인은 자기에게 마음을 주지 않을 것을 알고서 암자를 불 질러버렸다.

그렇게 단호하고 그런 경지의 사람이 아니라고 하더라고 평상심을 잃지 않으면 선을 넘지 않고 지킬 수 있는 것이 아닌가. 의지의 문제가 아닌가 말이다. 전에 '청춘을 불사르고'라는 수상집을 펴낸 일엽 스님의 글에서 본 내용이다. 거기에 보면 여자의 그것을 독사의 아가리라고 생각하라는 대목이 나온다. 나는 그걸 읽고서 적잖게 충격을 받았다. 미색을 경계하라는 말을 무지막지한 말로 이르고 있었던 것이다. 백 마디 말보다도 강력한 경구로 받아들여졌다.

하지만 나는 현직에 있을 때 현실로서 그걸 보았다. 당시 윤락촌을 관장하고 있었는데 그것이 훤히 보였다. 밤에 홍등가 아래서 보면 화려한 화장에 모두가 미인으로 보이던 얼굴이 단속해놓고 아침에 대하면 푸르뎅뎅한 몰골이 그렇게도 흉하게 보일 수가 없었던 것이다.

그런 얼굴을 보면서 어젯밤 그녀들을 품고 갔을 사내들의 꼬락서니를 떠올리니 한심해 보였다. 아마도 환한 대낮이었다면 발걸음 하지 않았을 것이다.

아무튼, 차제에 깨우침이 있어야 할 것 같다. 이제는 부속실 여직원을 마음대로 할 수 있는 개인 소유물도 아니고 소중한 한 사람의 인격체라는 생각을 바르게 해야 하지 않을까 한다. 구속된 충남 전 지사가 그렇고 수사 중인 부산시장이 그런 일로 곤욕을 치르고 있어서다.

생각하면 그동안 쌓아온 업적도 있는데 하루아침에 물거품이 돼버렸으니 무슨 꼴인가. 이제는 모든 것을 다 잃어버린 것이 아닌가. 그 점을 생각할 때 지도자가 되려는 사람, 아니 필부라 할지라도 자기를 돌아보고 성찰하며 상대방 인격을 존중하고 부단히 수양해야 하지 않을까 한다. (2020)

물까치의 조상(弔喪)

세상을 살다 보면 신기한 현상을 만나거나 마주하기도 하고 이야기를 듣기도 한다. 오늘 어느 TV 방송에서는 한 시청자가 보냈다는 화면 하나가 소개되었다. 제비들이 마치 검은 조복을 입은 듯이 도로에 내려앉아 있었다는 것이다. 가장자리에는 죽은 제비가 있었는데, 마치 문상하듯이 죽 늘어선 사진이었다.

그 장소가 도로인지라 모여든 제비들은 차량이 다가오면 잠시 날아올라 피했다가 떠나가면 다시 돌아와 앉아 있는 것이었다. 그 광경이 가슴을 뭉클하게 했다. 나는 그것을 보고서 전에 본 어떤 광경이 다소 우연이 아닐까 했던 생각에 확신을 가지고 고쳐먹게 되었다. 다른 것이 아니고 산책을 하다가 물까치들이 한꺼번에 모여서 앉아 웅성대고 있는 걸 보았던 것이다. 몇 해 전이었다. 그날은 날씨도 잔뜩 흐려서 가벼운 기분도 아니었다.

한데, 주택가를 벗어나 밭 가운데 들어서니 예사로워 보이지 않은 행동이 보였다. 밭고랑에 물까치들이 몰려들어 있었던 것이다. 거기에는 죽은 물까치가 한 마리가 있었다. 그것을 중심으로 물까치들이 죽은 녀석을 에워싸듯 하고 있었다. 누가 보나, 동료를 조상(弔喪)하는 듯이 보였다. '아무렴 새가 문상을 할까.' 고개를 흔들었지만 행동들이 범상해 보이지 않았다. 한데 그런 녀석 중에는 가만히 있지 않고 주변의 교회 종탑에 올라서서 심하게 꼬리를 치면서 깍깍 깍깍 울어댔다.

그 생김새와 행동을 보자니 목에 흰 띠를 두르고 장례식에 참석한 문상객으로 보였다. 예전에는 심심찮게 목격이 되었는데 근자에는 자취를 감추었던 녀석들이었다. 그런 녀석들이 어디 있다가 한꺼번에 몰려나왔는지 알 수 없었다.

나는 신기하여 그 전경을 발걸음을 멈춰 서서 지켜보았다. 그런데 그것들은 두서없이 행동하는 것이 아니었다. 우짖는 것도 어떤 질서가 있었다. 한정 없이 우짖는 것이 아니고 한 마리씩 교대하면서 죽은 동료 앞에 다가서서 종종걸음을 치면서 우는 것이었다. 새가 조상을 다 하다니. 그걸 보노라니 바라보는 나까지도 절로 마음이 경건해졌다. 한낱 미물이 죽음의 의미를 어찌 알고서 슬퍼한단 말인가. 처연한 목소리는 가뜩이나 슬픔이 묻어나고 있었다.

지켜보자니 그런 물까치들은 한 마리씩 교대로 종탑 위로 날아오르고 있었다. 그러면서 그 위에서 격렬하게 울며 꽁지를 흔들어 댔다. 그러다가 다른 녀석이 날아오르면 자기는 땅으로 급강하하여 죽은 동료 곁에서 서성대었다. 그 광경이 마치 릴레이 선수가 바통을 이어받아 달리기하는 것 같아 눈을 떼지 못하게 하였다.

그 행동이 애도와 장송의 표시라면 사람의 행동과 조금도 다르지 않았다. 아니 어떤 면에서는 사람보다 더하면 더했지 못해 보이지 않았다. 실로 경이로우면서도 놀라운 광경이었다.

언제가 텔레비전을 통해서 목격한 광경이다. 너른 벌판에서 어미 코끼리들이 죽은 새끼를 두고 떠나보내는 의식을 치르고 있었다. 사자한테 공격당한 새끼가 죽자 어른 코끼리들이 몰려와 코로 이리저리 몸을 뒤집어 보는 등 확인을 하다가 끝내 절명한 것을 알고는 떠나는 것이었다. 그러면서도 자꾸만 뒤를 돌아보았다.

그런 모습이 무척이나 애잔하여 콧등을 시큰하게 만들었다. 그러나 그것은 헤어진 지 30년이 넘어도 주인을 알아본다는 지능 높은 짐승이니까 그렇다고 치더라도 한갓 미물인 물까치가 그런 행동을 보이는 건 감동을 주기에 충분했다.

그런 건 아마도 현재의 세태의 인간들이 보이는 행동과 견주어서 느낌을 많이 준 탓에 그런지 몰랐다. 부모님을 유기하고 방치한다는 이야기는 어제오늘 새삼스럽게 듣는 이야기가 아니다. 이미 오래전부터 제주도에는 유기된 노인들이 이따금 발견되고 있단다.

구경 가자며 제주도로 함께 와서는 노인을 공원 벤치에 앉혀 두고 잠시 어디를 다녀오겠다고 하면서 사라진다는 것이다. 서울의 어느 산동네에서는 자식들이 발길을 끊은 바람에 노인이 배를 곯다 죽어서 석 달 만에 발견된 일도 있었다.

이런 마당에 함께한 이웃이 죽었다고 애달파서 자리를 뜨지 못하고 시신을 지키는 것을 보니 뭉클한 감동이 밀려왔다. 그러면서 사람에게만 인의와 충효가 있을 것인가 하고 돌아봐졌다.

우리는 미물 한테도 얼마든지 배울 점을 찾아볼 수 있다. 군집을 이루고 사는 개미는 제 역할을 분명히 하며 새끼와 늙고 병든 어른 개미를 따로 돌보는 것도 볼 수 있다. 울음소리가 아름답지 못한 까마귀도 어미가 병이 들면 자신이 먹었던 것을 토하여 입속에 넣어준다고 하지 않던가.

최근 들어서 인륜 도덕이 자꾸만 땅에 떨어지고 공동체가 와해되는 세상을 살고 있어서 그런지 이날 물까치의 조상하는 모습은 많은 생각을 하게 하였다. 그중에서도 감동이 이는 것은 어찌, 죽으면 그것이 끝인 줄을 알아서 함께하지 못함을 자기식대로 표출해내는 점이었다. 신선한 충격이 한동안 밀려왔다. (2017)

3부

또 다른 백아와 종자기

귀인(貴人)

요즘 나는 인연과 귀인(貴人)을 많이 생각한다. 그러면서 이 둘은 어떤 공통점이 있을까 하고 생각을 해본다. 그것은 우선 '만남'이라는 합목적성에서 크로스가 이루어지지 않는가 한다.

그렇다면 그 목적성은 어떻게 합일이 되는 것일까. 그것을 생각하면서 나는 무엇보다도 '귀인'이라는 말에 초점을 맞춰 본다. 귀인은 일상생활에서 평범하게 사용되는 말은 아니다. 사주나 관상을 주로 보는 철학관에서 주로 쓰는 말이다. 그 뜻은 바로 존귀한 사람으로 자기에게 이로움을 주는 사람이 나타남을 이른다.

막내 아우가 지금으로부터 5년 전 산 설고 물선 중앙아시아의 한 나라, 카자흐스탄으로 들어갔다. 혈혈단신, 수중에 몇 달 치의 숙식비만 지참했을 뿐이었다. 그리고 가져간 것도 의

료용품과 약쑥, 그리고 침과 홍채 검사용 기구를 가져갔을 뿐이었다.

그런 아우는 처음엔 현지 고려인의 집에서 의술을 펼쳤다. 그런데 환자들이 몰려들자 집주인이 수작을 꾸몄다. 자격증이 없는 것을 빙자하여 한갓 고용원으로 묶어 두려고 했다.

그것을 안 아우는 미련 없이 집주인과 결별하고 이틀 밤낮을 기차를 타고 수도로 건너와 버렸다. 그리고는 면허증의 절실함을 깨닫고 학교부터 등록절차를 밟았다. 국내에서 대학을 마친지라 편입하는 절차를 밟았다. 적을 둔 대학은 아스타나의과대학교. 알음알음 찾아오는 손님을 맞는 한편으로 주경야독하는 고단한 과정을 거쳤다.

학업 중에는 이중의 고통을 겪었다. 러시아어로 시험을 치른 만큼 어학 공부가 큰 걸림돌이 되었다. 아우는 피땀 흘린 노력으로 이를 극복했다. 한데 큰 장애물이 나타났다. 외국인에게는 의사시험을 보는 제도가 없었던 것이다. 외국에서 온 의사 대부분은 국내에서 받은 자격증을 가지고 무허가로 영업을 하는 상태였다.

여기서 아우는 전직 고위직 인사의 도움을 받았다. 외국인에게 시험을 치르고 자격증을 내주는 제도를 만든 것이다.

다음은 시험의 관문이 있었다. 이는 어쩔 수 없이 혼자서 넘어서야 하는 고비였다. 아우는 이 고비도 무사히 넘겼다. 나중에 이야기를 들으니 러시아어로 된 수험서 한 권을 통째로 다 외워버렸다고 했다.

그런 과정을 거쳐서 지금 아우는 '한국병원'이라는 간판을 내걸고 의술을 펼치고 있다. 그러면서 외국인에게도 시험을 치를 수 있게 면허제도를 만들어 준 분들과 끈끈한 유대를 이어가고 있다고 한다. 실로 소중하고 귀한 인연이 아닐 수 없다.

이러한 인연과 관련하여 나는 최근에 만나게 된 한 귀인을 많이 생각한다. 알게 된 것은 실로 우연한 결과지만 어떤 필연성도 있었지 않은가 한다. 소씨(蘇氏)라는 희소한 성만큼이나 극적이기 때문이다.

수도권에 거주하며 자유업에 종사하는 젊은 사람인데 필력이 대단하다. 말을 들으니 수필 공부를 하고 싶어서 카페를 찾게 되었다는 것이다.

"어떻게 제 카페를 알게 되셨습니까?"

"인터넷상에서 수필 교실을 검색하다가 우연히 알아냈습니다."

반갑기도 하면서 신통했다. 글쓰기에 도움을 주려고 개방을 해놓기는 했으나 널리 알려진 방이 아니기 때문이다.

몇 달이 지나 내가 사는 고장에 찾아왔다. 꼭 만나고 싶었다는 것이다. 집에 들러 이야기를 나누는데, 이역만리에서 거주하는 아우의 화상통화가 걸려왔다. 내가 몇 차례 소개를 한 적이 있어서 중간에 전화를 끊고서 소 선생을 인사시켰다.

그리고 난 후다. 소 선생도 이틀을 머물다가 떠나고 아우에게서 전화가 걸려왔다.

"형님, 소 선생이란 분, 진실한 분입니다. 좋은 분을 만났네요."

그러면서 다시 물었다.

"신체 특징은 어떻던가요?"

"손이 부드럽고 따뜻하며 작더라고."

"바로 귀인상입니다."

아우는 역학에도 조예가 깊은 역술인이기도 하다. 서울에서 유명 역술인으로 역학원을 운영하는 백우(白羽) 선생의 수제자이다. 그런 아우가 그렇게 말하니 기분이 좋았다.

나는 바로 그 사실을 소 선생에게 알렸다.

"제가 진실되게 살려고 노력하는 건 맞습니다."

"암튼 좋은 말을 들이니 기분이 좋네요."

최근의 동향이다. 나는 그와 매일 통화를 한다. 내가 카페에 올려놓은 작품이 1,300편이 되는데 그것을 모두 읽고 공부를 하겠다는 자세가 너무도 감동적이다.

그는 아마도 내 작품의 전반적인 경향은 물론, 성격이나 가정환경까지도 훤히 꿰뚫어 보고 있을 것이다. 특히 내가 놀라는 것은 어느 인물에 관해 물어보는 경우다. 질문을 받고 깜짝 깜짝 놀라는 때가 있다. 어디서 잠시 잠깐 언급한 것을 기억하여 나의 성격과 가정환경을 짚어내는데 말문이 막힌다.

어느 작품에서 형님과는 13살의 터울이 나고, 또 다른 작품에서는 막냇동생과 6년 차이가 난 것을 기억하여 자기도 형님과 19살의 터울이 난다는 것이다. 얼마나 놀라운 일인가.

그는 당연히 내가 집사람 간병 생활을 오래도록 하고 있는 사정도 파악하고 있다. 나는 부족한 것이 너무 많은데 작품을 읽으며 존경을 한다고 하니 몸 둘 바를 모르겠다.

그는 이번에 카페를 보니 전에는 적극적으로 참여했던 사람들이 근자에 빠진 것 같다며 활성화를 위해 회원들과 식사를 하라고 식비까지 보내왔다. 그것으로 즉각 식사 자리를 마련했더니 반응이 달라졌다. 고맙기 그지없다.

너무 부담스러워하는 내게 그는 말했다. 자기가 좋아서 하는 일이고, 존경하는 분이 잘되기를 바라서 하는 일이니 부담을 갖지 말라는 것이다. 어찌 감동하지 않을 수가 있겠는가.

정말 내게는 귀인이 나타났다는 생각이 든다. 내가 언제 이런 호의를 받아본 적이 있었던가. 그동안 살면서 복 없는 사람이라고 자신을 한탄하기도 했는데 이제는 생각을 바꿔야 할 것 같다.

나는 한 가지 소망이 있다. 인연을 잘 이어가기 위해 노력하는 것이다. 그렇게 사는 데 장애가 없기를 바란다. 그래야만 오래도록 좋은 관계가 유지될 것이 아닌가. 나이가 23년 차가 되니 내 사후에도 그만큼의 세월 동안 기억해 줄 것이 아닌가.

아무튼, 요즘 나는 귀인을 만나고 이어지는 인연을 통해서 달뜬 나날을 보내고 있다. (2020)

어떤 현상의 반영으로 나타난 행동

행동은 어떤 조건반사적인 측면이 있다. 그것이 행동으로 옮겨질 때는 즉시 행하여지기도 하지만 다소 시차를 두고 행하여지기도 한다. 그것이 나타나기까지, 하나의 동기는 어떤 사건과 연결이 되는 게 대부분이다.

예전에 형님은 장이 서는 날을 따라서 떠도는 도붓장수부터 장사를 시작했다. 그런 형님이 어느 날 물품을 도둑맞았다. 신발이었다. 장사를 위해 쌓아 둔 세 둥치 중에 비교적 값이 나가는 것이 사라졌다. 각종 장화와 운동화, 꽃신들이었다. 나머지 두 둥치는 고무신으로 그대로 있었다.

그 일을 겪으며 형님은 얼마나 황당해하고 절망했을까. 열일곱 살의 내가 보아도 어안이 벙벙했다. 나는 그 현장을 보면서 사라진 물건이 되돌아오지 못할 것이라고 확신했다. 보기에 그것은 우연이 아니고 계획적이며 누군가가 해코지를 했다는 강한 의심이 들었기 때문이다.

그렇지만 형님은 도난당한 물건을 찾기 위해 지서에 신고했다. 되찾을 수 있을까 하는 일말의 기대를 한 모양이었다. 나는 가로막지 않았다. 찾을 수 있다는 기대감이라도 가져야만, 처참한 마음이 다소라도 진정될 것 같아 보여서였다. 그렇지만 나는 그들이 찾아줄 것이라고 기대하지 않았다.

신을 목적이라면 언제라도 신고서 나타날 것이다. 하지만 해코지를 한 것이라면 양심상으로도 눈에 띄게 조치하지 않을 것이다. 자기의 죄악과 비양심이 드러나는데 어찌 내놓겠는가.

그것은 하룻밤 사이에 증발해 버린 것이었다. 상인들이 공동으로 물품을 보관한 창고이고 그곳에는 형님 물건만 있는 것이 아니었다. 한데 귀신같이 형님 물건만 없어져 버렸다. 그것도 기막히게 어떤 포장의 물건이 값나간 줄을 훤히 꿰고서 가져간 것이었다. 그러므로 그것은 사정을 아는 자가 저지른 소행이 분명했다.

그즈음 형님은 근검절약과 타고난 친화력으로 시장을 넓혀 갔다. 처음에는 오일장 중 보성과 득량, 그리고 예당 장에서 장사를 하다가 차츰 벌교와 조성 장까지 시장을 넓혔다. 그리고 장사를 하지 않는 날은 꼭두새벽에 부산으로 가서 물건을 받아왔다. 단 몇 푼이라도 이문이 남는 제품을 골랐다. 당시 주로 사 온 것에는 왕자표와 신라표, 말표가 주종을 이루었다.

그렇게 열심히 뛰어 형님은 몇 년 만에 시장 내의 점포를 장만했다. 길거리 장사로 나선 지 4, 5년 만이었다. 형님의 물건 진열방법은 독특했다. 종류의 크기에 따라 대·중·소로 나누고 손님에게 문수를 물어서 금방 찾아냈다.

시장에서는 경쟁 관계인 터줏대감이 있었다. 그는 가끔 자기 아내에게 가게를 맡기고 형님 가게를 기웃거리며 염탐했다. 어떤 제품을 파는지, 가격을 얼마나 받는지 알아보는 것 같았다.

그 무렵 풍문이 들려왔다. 그가 부쩍 불평을 많이 한다는 것이었다. 경쟁 가게가 생겨서 매출이 줄어들었다며 형님을 원망한다는 것이었다.

그래서 나는 도난을 당하자 대번에 그를 의심했다. 그런데 신고를 받은 지서에서는 그를 조사하지 않았다. 아예 조사하지도 않을 뿐만 아니라, 얼마 가지 않아서 그만둬 버렸다. 매우 성의 없는 행동을 보였다.

내가 그를 의심한 이유가 있다. 당시 상인들은 장사가 끝나면 한 장소에다 물건을 보관해 두고 각자 자기 물건에 표시를 해둔다. 그러면 마부가 달구지에 싣고서 다음 날 장으로 물건을 이동시켜준다. 그러니 상호 간 물건을 뻔히 아는 것이다.

사달은 고향인 득량 장에서 일어났다. 전날 예당 장을 보고 나서 마부가 창고에 실어다 놓았다는데 거기서 사라져 버린 것이다.

어린 내 생각에도 동종 업종의 장사를 하는 사람이 의심이 가는데, 전혀 불러서 조사도 하지 않아 원망스러웠다. 그렇게 하고도 봉급을 타 먹고 사는가 싶기도 했다.

그런 일이 있고 나서 현상의 반영이다. 7, 8년 후로, 군대를 제대하고 내가 경찰관이 되었다. 4개월여의 교육을 받고 지서에 배치가 되었다. 배치를 받자마자 나는 수첩 하나를 준비했다. 옛날 그 일을 떠올리며 내가 신고를 받은 사건에 대해서는 끝까지 추적하여 해결을 해보겠다는 결심을 한 것이었다.

그런 어느 날 하루는 지서에서 소내 근무를 하는데, 신고가 들어왔다. 충청도 말씨를 쓰는 남성으로 대천에서 백합조개 양식을 하는데, 종업원이 다방 마담과 눈이 맞아 관리선을 훔쳐 타고 달아났다는 것이었다. 그 사람이 거문도에서 살림을 차리고 있다는 말을 들었다면서 잡아주기를 간청했다.

찾는 배는 제3 진양호. 명함을 받으면서 수첩에 적바림을 해두었다. 그 이후 나는 다른 업무를 처리하면서 인근의 배들을 샅샅이 살피기 시작했다. 그것은 사실상 무모한 일에 가까웠다. 거문도에서 본 사람이 있다고는 해도 이곳은 섬이 한두 개가 아니다. 비교적 큰 유인도만도 본도인 거문리, 그리고 서도와 동도, 상당히 떨어져 있는 초도와 손죽도까지 있다.

먼저 비치한 기본대장을 뒤졌으나 동명의 배는 없었다. 1,000여 척을 차례로 탐방하다 보니 지쳐갈 즈음이었다. 한데 하루는 업무 수행차 해안을 걸어가는데 언뜻 비슷한 선명이 보였다. 그것만으로도 반가웠다. 그런데 선명은 '제3 진양호'가 아닌, 그냥 '진양호'였다. 한데 느낌이 이상했다. 글씨가 옷깃에 잘못 달린 배지처럼 어울리지 않았다. 좀 더 머리 앞쪽으로 당

겨서 써져야 하는데 다소 쳐져 보이는 기분이 들었다. 약간 의심을 품고서,

"선적부를 제시해 주세요!"

했다. 돌아온 대답이 분실해서 가지고 있지 않다고 했다. 그러면서 묻지도 않은 말로 재발급을 신청해놓았다고 했다. 일단 상당히 의심이 가서 집을 안내해 줄 것을 요구했다. 정상적으로 가정을 꾸미고 사는지 여부를 확인하고 싶어서였다.

방문을 여니 고리짝 위에 결혼사진이 보였다. 얼굴을 대조하니 두 사람의 얼굴이 맞는데, 어쩐지 좀 이상했다. 얼굴과 몸통이 조화가 맞지 않았다. 뱃사람 특유의 건강미 넘치는 얼굴에 비해 몸매가 지나치게 날씬했다. 양해를 구하고 가지고 나와서 사진관에 문의를 했다. 그랬더니 의외의 답변이 돌아왔다. 다른 사람 사진에 얼굴만 합성하여 조작한 거라는 것이었다.

그래서 어떤 확신을 가지고 다시 배를 확인해 보았다. 그랬더니 처음에는 잘 보이지 않던 선명 일부가 페인트로 지워진 자국이 희미하게 보였다.

그리하여 마침내 범인을 특정하고 초임이지만 실로 엄청난 월척에 가까운 특수절도범을 검거하게 되었다. 그것은 그야말로 어떤 일을 가슴에 담고 있다가 쾌거를 이루게 된 것이었다. 나는 지금도 도둑을 떠올리면 가슴에 남아있는 그 두 사건이 잊히지 않는다. (2020)

자가용 폐차

그동안 멀거나 험한 곳을 가리지 않고 발이 되어 준 자동차 매그너스를 폐차했다. 폐차를 맡긴 조카가 혹여 다른 사람이 사갈 사람이 있을지 모른다고는 했지만 없애버리기로 한 것이다. 막상 결정했지만, 마음이 여간 무겁지 않다. 키를 건네주고 몰고 나가는 차의 꽁무니를 바라보니 회한이 스친다. 아니 그러하겠는가. 나와 함께한 세월이 몇 년인가. 짧지 않은 15년이다. 그러니 크고 작은 애환이 없겠는가.

차는 좀 오래되긴 했지만, 그러나 운행하는 데는 크게 불편하지 않았다. 주행거리도 십만 Km에 불과하다. 많이 타지 않고 세워둔 날이 많았다. 그런 만큼 차의 기능은 별반 이상이 없는데 다만 기름을 많이 먹어서 경제성 면에서 효율이 떨어지고 차체가 주인의 운전 미숙으로 여기저기 멍이 좀 들었을 뿐이다. 그간 나는 이 차를 타면서 두 번에 걸쳐 도색과 한차례 뒤 범퍼를 교체했다.

이 차는 정년 하던 해에 구입했다. 선택의 조건은 우선 뒤 트렁크가 커서였다. 몸이 아픈 아내가 타려면 휠체어도 함께 실어야 하기 때문이다. 그간 일주일에 두 번씩 병원에 다니면서 유용하게 부려먹었다.

이 차는 두 번째로 산 차였다. 1980년 운전면허를 취득하면서 구입한 첫 번째 차는 세피아였는데 20년 남짓 소유했다. 주로 출퇴근용으로 사용했고, 먼 곳을 가본 기억으로는 아들이 논산훈련소 출소하는 날 면회를 갔었다. 그리고 몸이 아픈 아내를 태우고 지리산 성삼재에 오르고 고향 방문과 부모님 산소를 다녔다. 나는 길눈이 어두운 편이다. 거기다가 운전 또한 능숙하지 못하다. 면허증을 받은 지는 40년이 가깝지만 부끄럽게도 지금도 후진 주차를 못 한다. 차량의 외부 흠집은 대부분 나의 서툰 운전 솜씨와 관계가 있다. 주차 시에 앞으로만 대다 보니 벌어진 현상이다.

한 번은 이런 일도 있었다. 시내에서 식사를 하려고 공용주차장에 차를 세웠다. 그런데 처음에는 차들이 없었는데 나중에 보니 내 차의 양옆으로 고급 차가 바투 세워져 있었다. 그래도 후진하여 빠져나오는 것은 별문제가 없는데 이날 따라 뒤쪽에 공간이 없었다. 누군가 이중주차를 해둔 탓이었다.

긴장하며 차를 빼내는 순간 그만 옆 차의 범퍼를 쓱 긁고 말았다. 그 때문에 욕을 먹고 차 수리를 해주지 않으면 아니 되었다. 한 번은 이런 일도 있었다. 해거름 녘에 어디를 다녀오는데 언뜻 바퀴가 턱에 걸리는 느낌이 들었다.

그리했어도 잘 보이지가 않아서 그냥 집으로 돌아왔다. 한데 어떤 차가 뒤를 따라왔는지 주차를 하고 나오니 말을 걸었다.

"죄송합니다. 제가 사과를 하려고 했는데 그냥 가시더군요."

그러고 보니 내 차의 후미가 충격을 받아 찌그러져 있었다. 이렇듯 무딘 운동신경으로 그동안 차를 두 대나 바꿔가며 운전을 했던 것이다. 생각해 보면 형편없는 운전 실력으로 자질구레한 사고가 없지는 않았지만 큰 인명사고를 내지 않는 건 참으로 다행이다. 생각하면 고마운 생각뿐이다.

내 승용차는 그동안 주인을 잘못 만나 고생을 많이 했다. 관리를 잘못하고 운전을 잘못하니 다치는 곳이 많고, 그만큼 관리 소홀로 고장이 잦았던 것이다.

그동안 기록해 둔 차량의 정비일지를 보니 적잖이 돈도 들어갔다. 엔진오일과 배터리 교체는 물론이고 배기통 수리, 타이어 교체, 라이닝 벨트 교체, 플러그 교체 등 수리를 했다.

나는 몇 년 전부터는 스스로 야간 운전을 포기했다. 운전도 서투른 데다 주차하기가 어려우니 볼일이 있으면 아예 택시를 이용한 것이다. 거기다가 최근에는 배터리가 자주 소모되어 방전 예방에 신경을 쓰다 보니 피곤하기도 했다.

차를 없애기로 한 것은 또 다른 이유도 있다. 아픈 아내 때문에 병원에 갈 것을 생각해서 한사코 가지고 있었는데 최근에는 장애인 콜택시 제도가 실시되어 굳이 소유할 필요가 없어진 것이다.

차를 가지고 있다 보니 일 년이면 자동차세와 보험료도 만만치 않다. 이 돈을 가지면 얼마든지 급할 때 택시를 이용해도 되는 것이다.

그러한 결론 끝에 차를 없애기로 했지만, 그러나 막상 없애려고 떠나보내니 마음이 여간 착잡하지 않다. 마치 시집보낸 딸을 보면서 그동안 못 해준 것만 후회가 되듯이 주인을 잘못 만나 온몸에 상처만 입고 시달린 것이 못내 미안하다.

이 차를 어찌 잊을까. 차량 번호 매그너스 전남 32라-72X6. 하나 이제는 그 어디서도 다시는 만나볼 수는 없게 되었다. (2018)

괴상망측한 요물

어떤 물건을 집 밖에 내놓은 건, 대체로 세 가지 경우 중 하나에 해당한다. 사용하다 소용이 없어지거나 어느 한 곳이 파손된 경우, 그리고 가족 중 누구의 눈 밖에 나서 집에 두는 걸 반대하는 경우이다. 대체로 이 범주에서 벗어나지 않는다. 그런데 세 번째 이유는 다소 의외로 여길 수도 있다.

글을 쓰게 된 계기이기도 한데, 이것은 순전히 나의 경험에 의한 판단이기도 하다. 일찍 저녁을 챙겨 먹고 산책을 나서던 길인데 버려진 화분 하나가 눈에 들어왔다. 그것을 보게 된 것은 거주하는 아파트를 돌아서 막 도로로 나서려는 때였다.

나보다 앞서간 사람이 그것을 보고서 말을 했다. 친구로 보이는 두 사람이 말을 주고받았다.

"고것 참 거시기하네. 무슨 화분이 저리 생겼지?"

"건설 노동자가 집에 들어와 막 샤워하려는 동작 아닌가?"

그러자 처음 말을 꺼낸 사람이 이어서 받았다.

"나는 그렇게 보이지 않는데. 어떤 사내가 여자와 모텔로 들어가 그걸 하려고 옷을 벗고 있는 것 같은데."

뒤따르던 나는 궁금해졌다. 당연히 그 지점에 이르러 고개를 돌려 바라보았다. 무엇을 보고 그러나 싶어서였다. 그것은 청동 빛깔의 보통 화분보다는 조금 큰 것이었다. 정말 청동으로 만든 화분인지, 아니면 플라스틱에다 청동 화분처럼 보이도록 칠을 해놓은 것인지 알 수 없었다.

그것은 아파트 화단 다소 으슥한 곳에 놓여 있었다. 일부러 누가 보라고 놓아둔 것 같지는 않고, 아무나 필요한 사람이 가져가라고 내놓은 것 같았다.

사람의 대화도 있었던 만큼, 유심히 살펴보았다. 그것은 내가 처음 본 것은 아니었다. 벌써 달포 전으로 그때도 거기에 있던 것이다. 여느 때는 지나다니며 관심을 두지 않고 그냥 지나쳤다.

그렇지만 이날은 발걸음을 멈추고서 눈을 고정하여 들여다보았다. 형태는 사람 반신 형상의 화분. 청바지를 입은 남성의 몸으로 허리에서 무릎까지를 표현해 두고 있었다. 옷은 주름이 잡혀있고, 혁대를 풀어헤친 모양이었다. 단추 하나만 풀면 바지가 스르르 내려갈 것 같은 형상. 몸통 부분은 화분의 용도에 맞게 비어있는 것이었다.

왜 저런 화분을 만들었을까. 꽤 공력이 들어갔을 것으로 보였다. 혁대의 표현이나 바지 주름의 섬세함. 하지만 이것을 예술작품으로 보아야 할까. 실용의 한 용기로 볼까. 동의하기는 썩 어려워 보였다. 음란성이 엿보이기도 해서다.

그렇게 느끼기에 이를 본 사람들도 그런 말을 했을 터이다. 그렇다면 그것을 만든 사람의 의도는 무엇이며, 그것을 사용하다 내놓은 사람은 어떤 마음일까. 생각하기에 좀 유별난 사람의 성향이 아닌가 생각된다.

내 생각도 앞서 본 사람과 크게 다르지 않았다. 충분히 두 가지로 생각할 수 있을 것 같다. 한데 나는 그걸 보며 전에 현직에 있을 때 겪은 일을 떠올렸다.

하루는 일선에서 근무를 하는데, 상사 분이 전화를 걸어왔다.

"사내가 배꼽 아래 일을 가지고 시비를 하면 되겠어요."

다른 것을 두고 한 말이 아니었다. 정의감이 넘친 초임직원이 야간에 관내를 순찰하다가 한 유지가 차 속에서 행하는 성행위를 목격한 것이었다. 그런데 당사자는 얼굴이 노출되어 당황을 했는지 직원이 검문을 하자 급히 시동을 걸어 도주를 하였고, 직원은 끝내 차적조회를 한 모양이었다. 나중에 이야기를 들어보니 불륜 장면 같아서 그랬다는 것이었다.

나는 이후의 조치보다는 무엇보다도 상사의 말이 오래도록 뇌리에서 사라지지 않았다. 그런 일 때문인지 사람의 몸통을 닮은 화분이 볼수록 이상야릇하게 느껴졌다.

화분은 다소 오래되어 보이기는 해도, 깨진 곳은 없어 보였다. 그렇다면 내다 놓은 건 그 집 부인이 버리라고 성화를 부려 내어놓은 건 아닐까. 그리고 그렇게 놓아둔 것을 누가 가져가지 않는 건 좋게 보이지가 않아서가 아닐까.

그것은 버린 물건으로 보였다. 화단 귀퉁이에 놓아두었다는 건 소유를 포기한 것이다. 그렇다면, 그만 버릴 생각이라면 종량제 봉투에 넣거나 아파트 관리소에 신고를 해서 처리해야 하지 않았을까. 하지만 나는 쪼잔하게 쓰레기 처분하는 비용을 아끼기 위해 슬쩍 버린 것으로는 생각하지 않았다.

분명 그것을 살 때는 보기 좋아서 샀을 것이고 그렇다면 혹시 취향이 비슷한 사람이 가져가라고 한 것이 아니겠는가. 싫증이 나거나 가족이 반대하여 내어놓기는 하지만 그래도 꽤 값나가는 물건이니 마음에 들면 가져가라고 한 것이 아니겠는가.

가족의 반대를 특별히 강조한 것은 내가 바로 그런 경험이 있어서다. 나는 한때 남녀 성기를 닮은 음양석 한 쌍을 소장한 적이 있다. 나는 그것을 어디까지나 하나의 빼어난 수석으로 보고 집에 두었는데, 집사람이 치우라고 성화를 부렸다.

보기가 싫다는 것이었다. 그냥 밋밋한 돌인데도 그런 일을 겪었다. 그런데 이 몸통 화분은 해석하기에 따라서 구체적인 이미지가 떠오른다. 불륜 장면을 의식하면 금방 얼굴이 붉어질 법도 하다.

이것은 미술작품에 대해 이해가 부족한 내가 보아도 순수성은 없어 보인다. 소피를 보는 예비 동작이라면 앞섶의 지퍼를 내리거나 단추를 풀면 되지 혁대까지는 풀 필요는 없지 않은

가. 바지 앞쪽 잔주름의 처리도 그 안의 양물에 대한 긴장도를 나타내는 것 같아, 섬세한 미적 처리로 해석하기는 어렵다.

이런 걸 보면 세상에는 별난 취향의 사람들이 다 모여 사는 것 같다. 한편에서는 좋지 않게 보는데, 다른 한편에서는 좋게 보고, 그래서 성향 따라 끼리끼리 어울리며 살아가지 않는가 한다.

그 물건은 그 정도 두었으면 이제는 보이지 않게 처리를 해야 하지 않을까. 한 달이 넘도록 그 상태로 놓여 있다는 건 누가 가져갈 생각이 없다는 것이 아닌가. 아무리 보아도 하나의 예술품이라고는 볼 수 없는 물건. 그 괴상망측한 것을 보면서 별별 생각을 다 해본다. (2020)

그리운 소리를 찾아서

사람이 나이 먹어서도 변하지 않는 건 성격과 목소리라고 한다. 여기에다 하나를 더 보태면 어릴 적 버릇을 들 수 있다. 이게 얼마나 공감을 얻었으면 속담에 '세 살 버릇 여든까지 간다.'라고 했을까,

나는 내가 무심결에 하면서도 어떤 버릇이 있는 줄 몰랐다. 그러다가 어느 날 나의 행동을 유심히 지켜본 아이가 말을 해서 거니챘다. 산책을 하고 내려오면서 가드레일에 타고 오른 여린 칡 이파리를 따서 손바닥에 놓고 쳤는데 그걸 유심히 본 모양이었다.

"할아버지 어떻게 큰 소리가 나요?"

그 말을 해서 거니챘다. 해서 내가 조금 전에 어떻게 했던가를 테이프를 되감듯이 하며 돌아보았다. 했던 동작이 생각이 났다.

여린 칡잎을 따서 오른손으로 대롱 형태를 만든 다음 그 위

에다 놓고서 왼손바닥으로 내려쳤던 것이다. 아마도 그때는 내가 왼손잡이인 만큼 두드린 손은 당연히 왼손이었을 것이다. 그렇게 하면 제법 큰 소리가 난다. 이파리가 터지면서 빈 공간에서 공명을 일으키며 퍼진다. 잠시 했던 일을 돌아보니 오는 동안 두 차례를 더하고 내려온 것 같다. 한 번은 밭두렁에서 콩잎을 따서 쳤고 다음에는 메꽃 잎을 따서 쳤던 것 같다.

이것은 심심하면 내가 한 번씩 해보는 행동이다. 평소에는 예사로이 그래 왔는데 이날은 아이가 지켜보니 좀 쑥스러웠다. '뭔 노인이 그런 걸 하나.' 하고 흉을 보는 듯해서였다.

이 버릇이 언제 적부터 생긴 것일까. 유년 시절부터 하던 버릇이 아닌가 싶다. 내가 자란 농촌은 어려서 소일거리가 들에 나가 노는 것이었다. 냇가에서 고둥을 잡고, 쑥을 뜯어 침을 발라 귀를 막고는 헤엄치고 노는 것이 일상이었다. 그러다가 하늘에 가득한 구름을 구경하고 밭둑의 콩잎을 따서 손바닥으로 터트리는 놀이를 했다.

그 무렵 명절 때는 종이 화약을 터트리며 노는 것이 유행이었다. 이것을 하나씩 돌 위에 올려놓고 터트리면 화약 냄새를 풍기며 제법 큰소리가 났다. 한동안은 단순히 하나씩 터트리고 놀다가 조금 커서는 탄피에다 화약을 쟁여서 열을 가하면 입구를 막은 막대가 요란한 소리를 내고 날아갔다.

내가 이런 귀청을 울리는 소리를 좋아하게 된 것은 뙈기 치기와도 관계가 있다. 추석이 지나고 벼가 익기 시작하면 들녘에 새막을 짓고 새를 쫓았는데, 퇴치 도구로 뙈기만 한 것이 없었다. 이것을 머리 위로 몇 차례 빙빙 돌려 내리치며 대포

터지는 소리가 났다. 그것은 닥나무 껍질만한 것이 없었다. 삼 껍질을 사용하기도 하나 닥나무에는 미치지 못했다. 그것으로 참새 떼를 퇴치했던 것이다.

뙈기 치기는 상당한 요령이 필요했다. 잘못 내리치면 회초리를 얻어맞은 것보다 더 심한 통증이 왔다.

나는 그런 시절을 보낸 지가 60년도 더 넘었지만 지금도 뙈기가 있으면 칠 수가 있을 것 같다. 지금도 콩잎을 터트리는 것이 익숙한데 그걸 잊어버릴 것인가.

추석을 쇠고 나는 탁구채를 장만하여 복지회관에 갔었다. 옛날 소싯적에 제법 쳤던 것을 생각하고 가서 보니 환경이 많이 달랐다. 우선 공이 예전 것과 달리, 크고 탁구채도 둥그스름하게 다른 것이었다.

내가 가져간 것을 보고 다른 사람들이 말했다. "그것은 복지관에서 치는 채가 아니에요." 그러나 나는 3일을 다니면서 옛 기량을 어느 정도 회복했다. 몸이 옛 실력을 기억하는지 적응이 되었다.

그래서 하는 말이다. 뙈기라고 못 칠 것인가. 그런 생각을 하면서 가만히 생각해 본다. 손바닥으로 칡잎을 터트리는 것은, 무엇 때문일까. 단순히 길들여진 버릇일까, 또 다른 이유가 있을까. 쉽사리 단정하기는 어렵다. 그런데 이것만은 어느 정도 이유가 될 것 같다. 하나는 속담에도 있듯이 '세 살 버릇 여든까지 간다.'라는 것이고, 어릴 적의 추억이 이 나이를 먹도록 여전히 그리운 소리로 들린다는 것이다. 어머니의 젖내 나는 품속이 아늑히 그리워지듯이. (2019)

소의 시련

최근 한반도에 백 년 이래로 최고 강우량을 보인 대재앙이 닥쳤다. 장마가 무려 54일 동안이나 이어지면서 물 폭탄을 쏟아부은 것이다. 많이 내린 곳은 삽시간에 무려 200mm나 되었다. 장마 전선이 오르락내리락을 거듭하면서 어느 지방 할 것 없이 큰 수해를 입었다.

이런 재난은 코로나 19와 겹쳐서 더욱 힘들게 하고 있다. 방송에서는 연일 장마, 폭우, 호우라는 말을 입에 달고 있다. 이것들은 엄청난 압박감으로 다가온다. 폭우는 그야말로 갑자기 내리는 큰비, 호우는 그것이 조금 간격을 두고 퍼붓는 비이며, 장마는 그런 상태가 한동안 지속되는 상황을 이른다.

비가 연일 내리다 보니 만수위를 보인 댐들이 일제히 수문을 열어재꼈다. 그것이 가슴을 졸이는 불가피한 것이 아니고 한갓 구경거리라면 얼마나 멋있는 장면일까 마는 그렇지 못하다. 그러니 바라보는 가슴만 조마조마하게 했다.

떨어지는 물줄기의 아찔함에 놀란 것이 아니었다. 그것은 필연코 하류 지역에 수해 피해를 입힐 것이 확실하기에 불안했다. 아닌 게 아니라 그것은 비켜 가지 않아 강둑을 허물어 놓고 무작위로 논밭을 침수시키고 말았다. 그로 인한 피해는 헤아리기 어려울 정도로 막심하다.

섬진강 인근의 곡성마을은 물이 처마까지 들어찼다고 한다. 그 바람에 돼지나 닭 등은 대책 없이 질식해 죽고, 소는 우사를 탈출하여 지붕 위로 올라갔다. 살기 위한 진풍경이었다. 피해는 1925년 을축년 이래로 최대라고 한다.

TV 화면에서는 황망 중에 피신하는 소의 모습을 방영하였다. 놀라운 건 소가 지붕 위로 올라가 행여 지붕이 꺼질까 봐서 꿈쩍도 하지 않고 있다가 중장비를 이용해 몸을 묶어 내려지자 그때야 움직이는 것이었다. 더욱 놀라운 일은 전남 구례 양정마을의 어느 암소는 무려 60Km나 떨어진 남해군의 난초섬까지 떠밀렸다 구사일생으로 살아왔다고 한다.

섬진강 지류 하천의 제방이 무너지자 300m 떨어진 축사에서 새끼 밴 몸으로 속절없이 떠내려간 것이었다. 살아날 수 있었던 건 공포 속에서도 정신 줄을 놓지 않아서였을 것이다. 이만저만한 감동이 아니다.

여기서 근본적인 질문을 던지지 않을 수 없다. 왜 이런 끔찍한 재해가 일어나는 것일까. 나는 역학을 크게 믿지는 않지만,

올해 경자년(庚子년)을 맞으면서 불안감을 느꼈다. 12지(支)의 쥐해(子)는 변고가 많다고 알려져 있기 때문이었다.

지금으로부터 144년 전인 병자년(丙子年. 고종 13년 1876)은 극심한 가뭄이 닥쳤다. 냇가의 물은 물론 저수지도 말라붙었다. 그야말로 건방죽이 되어버리고 말아, 일설에 의하면 그것에 두고 건방진 사람과 비교하여 '병자년 방죽'이라고 했다고 한다.

그렇다면 이번 호우는 그 정반대인 셈이다. 지간에 쥐가 들어간 해는 물과 관련된 피해를 안기는데 한해 대신 수해를 입혔기 때문이다.

이것은 인재의 측면이 짙다. 최근 100년 사이에 지구는 온난화로 2도가 상승했고, 남극의 만년설은 녹기 시작하고, 해수면은 그만큼 높아진 것이다. 두말할 것 없이 세계 각국에서 배출한 일산화탄소 탓이다. 앞으로 계속 이대로 둔다면 지구는 100년 이내로 남태평양 대부분의 섬나라는 물에 잠기고 호주 서부지역 역시 침수가 불가피하다고 하니 걱정이 아니 될 수가 없다.

이런 현상은 하늘의 경고가 아닌가 한다. 너무 경제적인 측면만 바라보고 자연을 훼손하고 석탄 등 화학연료를 남용한 탓으로 자업자득의 측면이 없지 않다.

수년 전, 유엔은 반기문 사무총장 주도로 세계 기후협약을 체결하였다. 세계 지도자가 한데 모여서 온실가스 절감 대책을 내놓은 것이다. 그런데 일부 국가에서 미온적인 태도를 보이고 있어 심히 우려스럽다. 다 함께 안전하게 살자는 것인데 머뭇대고 있어 걱정이다. 이대로 두면 모두가 화를 입을 것은 명약관화하다.

심각성을 깊이 인식하여 서둘러 실천을 해야 한다고 본다. 이번에 수해 피해는 우리나라만 국한하지 않았다. 북한도 그 피해가 심각하고 중국은 세계 최대의 샤샤 댐이 붕괴위험에 내몰리기도 했다.

세상일에는 모두 전조가 있는 법이다. 이것을 온실가스를 줄이라는 뼈아픈 경고로 받아들이고 이를 미루지 말고 실천에 옮겨야 할 것이다. 위기란 꼭 눈앞에 닥쳐야만 알 수 있는 일인가. 비상 경고등이 켜졌을 때 자각해야 한다. 늦었다고 생각되는 때가 가장 빠를 때일 수 있다. 차일피일 미뤄서 실기를 하지 말아야 할 것이다. 그나저나 소의 시련, 수해민의 처참한 시련을 보면서 여간 마음이 무겁고 착잡하지 않다. (2020)

점(占) 치기

우리 집 거실 벽에는 지두화(指頭畵) 한 점이 걸려있다. 화필 대신 손가락으로 그린 그림으로 일종의 서양화인데 좀 특별한 신분의 사람으로부터 선물 받았다. 무속인이면서 수필가로 활동하는 분인데, 모임에서 기(氣)에 관한 이야기를 나누다가 헤어졌는데 기가 나온다는 그림을 그려 보내준 것이다.

뜻은 그러했지만, 나는 그보다는 우선 마음 써줌이 고마워서 걸어두고 있다. 한데, 이 그림을 보고 있노라면 정말 기가 나오는지는 알 수 없으나 떠오르는 것이 있다. 바로 간대에 매달린 붉은 천이 펄럭이는 점집의 풍경이다. 어쩌면 보내준 분의 신분이 무속인이어서인지 모른다.

무속인의 집을 알리는 붉은 깃발은 보기에도 을씨년스럽다. 그리고 그 집을 찾아가는 발길은 지극히 은밀하기만 하다. 어쩌면 다른 이들의 눈치가 보여서인지 모른다. 그런 점집을 찾아가는 발길은 대개 사연을 안고 있는 사람들이다. 현재 당면한 고민이 있거나 미래가 불안한 사람이 간절한 마음으로 들른다.

내가 사는 시내 외곽 도로에 접어들면 수십 년째 점집을 차려놓고 영업을 하는 집이 있다. 그 집에는 점집을 표시한 깃발이 항상 나부낀다. 그것을 바라볼 때마다 얼마나 많은 사람들이 찾아와서 이야기를 들었을까 하는 생각이 든다. 아마도 무속인이 전해준 말에 울기도 하고 웃기도 하며 돌아갔을 것이다.

나는 개인적으로 그들은 절대로 공짜 돈은 받아먹지 않는다고 믿고 있다. 그저 막연히 해보는 추측이 아니다. 전혀 맞지 않는다면 오래도록 존속할 수도 없고 이미 오래전에 사라졌을 것이다. 그런데도 여전히 존속하고 있지 않은가.

나는 직장생활을 할 때 점을 치러 간 적이 있다. 일부러 시간을 내어 갔었다. 다른 이를 뒤 따라갔는데 거기서 신통한 경험했다. 그런 후로 그 집을 두어 번을 더 들르게 되었다. 훗날 갈 때는 내가 앞장을 서서 다른 사람을 이끌고 갔었다.

처음 찾아갔을 때의 일이다. 직장 내 무기고에 있어야 할 권총이 어느 날 갑자기 사라져 버렸다. 초비상이 걸렸다. 누가 가져갔단 말인가. 외부인이 훔쳐 갔다면 큰일이고 직원이 손을 댔다고 해도 예삿일이 아니었다.

우선 내다 버렸을 가능성이 있는 우물이며, 재래식 화장실, 창고 등을 샅샅이 수색했다. 그러나 찾을 길이 없었다. 그때 한

선배가 의견을 제시했다. 시내에 용한 점쟁이가 있으니 헛일 삼아 한번 물어보자는 것이었다. 그를 따라나서게 되었다.

우리가 방을 들어서니 무녀는 보자마자 의미심장한 미소를 지었다. 그러면서 입을 열었다.

"아따 무서운 사람들이 왔네. 소리 나고 몸에 감출 수 있는 것 때문에 왔구먼."

"맞아요. 그것이 지금 어디에 있나요?"

조급한 나머지 침을 삼키며 묻자,

"걱정할 것 없어요. 지금 함께 있는 직원이 가지고 있어요. 엊그제 큰 싸움이 있었지요? 무서우니까 가지고 있어요."

선배는 그 말에 더 묻지도 않고 복채를 건네주며 나를 일으켜 세웠다.

돌이켜보니 얼마 전 직원 간에 큰 다툼이 있었던 일이 떠올랐다. 그리고 그중의 한 사람이 자기를 해칠 것만 같다고 말한 것이 생각났다.

돌아와서 회의 때 그 이야기를 전했더니 얼마 있지 않아 그것은 직장 근처 두엄자리에서 나왔다. 깊이 감춰두지 않고 절반쯤 보이도록 놓아두어 찾게 되었다. 나는 그것을 기억하고 있다가 이후에 두 번이나 점집에 들러 문의를 하게 되었다.

한번은 모시던 상사가 순직을 한 일이 발생했다. 그런데 다른 분이 일본도를 주고서 대금을 받지 못했다면서 물건을 돌려받겠다고 찾아왔다. 놓아둔 곳을 몰라 댁으로 문의를 하니 그런 물건을 본 일이 없다는 말이 돌아왔다.

그래서 점집을 찾아가 그게 어디 있는지를 물어봤다. 역시 시원스러운 대답이 돌아왔다. 그것은 직장 내 직원이 자기 집에 가져다 놓았다는 것이었다. 구체적인 인상착의를 말해주는데, 이미 당사자가 사망한 마당이고 함께 근무하는 터에 발설할 수 없어서 함께 간 직원에게 입단속을 시켰다. 그리고는 다시는 알아내려고 하지 않았다.

그리고 또 다른 일은 자칫 내가 오해를 받을 수도 있는 일이 있어서 이번에도 직접 직원을 대동하고 그 점집을 찾아갔다. 내가 자주 사용하던 관용품 녹음기가 없어져서였다. 누가 가져갔는지 물어보았다.

“그 사람, 얼마 전에 북쪽으로 갔네요. 키 큰 사람이네요.”

그 말에 함께 간 직원이 바로 특정인을 지목했다.

“내가 물어볼 테니 그냥 가시지요.”

해서 돌아와 검문소로 발령이 난 직원에게 물으니. 틀림없었다. 호기심에 가져가서 사용하다가 깜빡 잊고서 되돌려놓지 못했다는 것이었다. 그 일은 자칫 내가 덤터기를 쓸 수도 있는 일이었는데 찾아간 무속인이 신통방통하게도 특정인을 지목해 주었던 것이다. 그 일을 나는 두고두고 천만다행으로 생각하고 있다.

그렇지만 나는 급한 나머지 점집을 찾기는 했지만, 그에게 앞날의 내 운수에 대해서는 물어본 적은 없다. 그가 과거의 일은 곧잘 맞춘다고는 하지만, 돌아올 일에 대해서는 틀리는 수도 많다는 말을 들었기 때문이다. 아니, 그보다는 내 운명은 오직 내가 개척해야 할 몫이라는 생각을 했기 때문인지도 모른다.

이런 말도 있지 않던가. 박복한 손금을 타고난 어떤 사람이 노스님에게 근심스러운 눈빛으로 운명에 관해 물으니 주먹을 쥐어 보라고 하더란다. 그래서 시키는 대로 하니 하는 말이 "그 손금은 지금 어디 있지요?" 하면서 바로 운명은 당신 손아귀 안에 들어있지 않느냐고 하더란다.

마찬가지로 자기 몸은 자기가 움직이며 사니 그렇다면 운명도 자기 하기 나름이 아니겠는가. 이를 깨우쳐준 것이었다. 점쟁이가 앞날에 대해서는 예측을 잘 못 한다는 말이 있어서가 아니라 나는 점을 치며 장래의 운명에 대해서는 따로 물어보거나 물어볼 생각을 한 일이 없다. (2018)

의지(意志)의 한국인

동생이 낯선 나라 카자흐스탄에서 의사 면허를 취득했다. 그 소식을 전해주던 날을 잊을 수가 없다.

"형님, 오늘 면허가 나왔습니다. 외국인으로는 제가 1호 면허입니다."

그 말에 나는 흥분해 마지않으며,

"축하하네, 동생. 정말 축하해!"

그 말밖에 하지 못하였다. 아니 그러겠는가. 그간 절치부심한 노력의 세월이 떠올랐던 것이다. 그간 얼마나 힘들게 걸어온 발걸음인가. 동생은 나이도 적지 않다. 60을 넘겨 이역만리 카자흐스탄의 의과대학에 적을 두었다. 그런 한 편으로 침구(鍼灸)로써 의술을 펼치며 새로운 러시아어에 도전했다. 그 나라에서 의학 공부를 하려면 러시아어가 필수였기 때문이다. 그렇게 수년을 보낸 끝에 마침내 그 나라서 당당히 의사국가고시에 합격한 것이다. 외국인으로서는 최초라고 한다.

동생은 호적상 1954년생이다. 하지만 실제 나이는 이보다 2년이 많아서 1952년생, 67세이다. 대학을 마친지도 40년이 넘었는데 다시 적잖은 나이에 카자흐스탄 아스타나의과대학에 다시 들어가 공부한 끝에 의사의 꿈을 이룬 것이다.

이전까지 그 나라는 침구사가 없을 뿐 아니라 아직 그런 면허를 내준 적도 없다고 한다. 동생은 침구사 면허가 갈급했다. 그것만 있었다면 국내에서도 얼마든지 유능하다는 말을 들어가며 활동했겠지만, 면허증이 없다 보니 뛰어난 실력을 갖추고도 제대로 뜻을 펼칠 수가 없었다. 의료행위는 바로 범법행위가 되어서 처벌되기 때문이었다. 그런지라 암암리에 드러내지 못하고 조심조심 숨어서 초청에 의할 수밖에 없었다. 그런 세월을 20년 넘게 보냈다.

그러다가 뜻을 이루기 위해 낯설고 물선 카자흐스탄으로 건너간 것이었다. 나는 카톡으로 보내온 동생의 문자를 받는 순간, 어떤 두 인물이 불현듯 떠올렸다. 한 사람은 조선 고종 때의 박문규란 분이고 다른 한 사람은 인조 때의 사람, 이숙이란 분이었다. 박문규란 분은 수십 차례 과거시험에 도전했으나 번번이 낙방을 했다고 한다. 그렇지만 굴하지 않고 계속 도전한 끝에 마침내 천수를 다해가는 나이인 83세에 합격의 영예를 안았단다. 이후, 나라에서는 그를 가상히 여겨 정3품의 벼슬을 내렸고 이듬해에 사망을 했다고 한다.

또 한 분은 조선 중기에 우의정을 지낸 이숙이다. 그는 열한 살 때 병자호란이 일어나 청나라로 끌려가서 노비 생활을 했다. 그러다가 천우신조로 귀환을 하였고 돌아와서는 늦은 공부를 시작하여 마침내 과거시험에 붙어서 경상도 관찰사, 대사간, 이조판서를 거쳐 우의정까지 이르게 되었다. 실로 입지적인 인물이 아닐 수 없다.

그런데 동생 또한 그렇지 않은가. 공부한 기간으로 보나, 어려움을 헤쳐 온 과정을 보나, 결코 그들이 역경과 시련에 못하지 않은 것이다.

동생은 국내에 있을 때 이미 대체 의학계에서는 실력자로 널리 이름이 나 있었다. 침구 분야에서 일찍이 두각을 나타내어 눈동자를 통해서 병증을 진단하는 홍채검사의 일인자란 말을 들었다. 그렇지만 정식으로 의사가 아니다 보니 돌팔이 신세를 면치 못했다.

동생이 꿈을 펼칠 나라로 카자흐스탄을 택한 것은 우선 나라가 크고 자원 부국이며 옛날 스탈린 시대에 강제 이주 당한 고려인이 많이 거주한 것이 감안이 되었다.

그 나라에서는 일상어는 토속어인 카작어를 쓰나 관공서나 학교에서는 러시아를 쓰고 있어 언어의 장벽이 높았다. 그렇지만 한국인 특유의 끈기를 발휘하여 헤쳐나갔단다. 어차피 그곳에서 활동하려면 거쳐야 할 관문이었기 때문이었다.

한데 학업을 마치자 의외의 복병이 나타났다. 지금까지 그 나라에서 외국인에게 의사면허를 내준 선례가 없어 응시자격을 얻지 못한 것이다. 서류접수를 거부하여 정책입안자들을 설득하는데 많은 시간이 소비되었단다.

그런 어려움을 극복하고 마침내 응시자격을 얻었고 의사고시에서 당당히 합격하여 의사면허증을 손에 쥔 것이다. 얼마나 장한 일인가.

동생은 카톡으로 면허를 받은 소식을 전하면서 각오를 밝혔다. 그 나라에 정착한 이상 의술을 마음껏 펼쳐 보이겠단다. 대다수 국민이 육식을 먹으니 성인병을 앓는 이가 많은데 이들에게 양질의 서비스와 의료 발전에 이바지를 하고 싶다고 한다.

나는 그 말이 허언으로 들리지 않았다. 이미 독학과 국내 침술 고수들을 두루 만나 익힌 노하우로 실명자를 고치고 관절염으로 걷지 못하는 사람을 걷게 하며 약을 먹지 않고도 침과 뜸으로써 혈압을 낮추는 획기적인 성과를 내고 있으니 반드시 성과를 내리라고 확신한다. 더구나 이제는 떳떳이 정식 면허를 받아 꿈을 펼쳐 보일 수 있지 않은가.

아마 모르긴 해도 조만간 입지적인 인물로 국내에도 소개가 되지 않을까 싶다. 부디 새롭게 시작하는 동생의 의료인 인생에 서광이 비치길 바라본다. (2018)

아름다운 손길

어디서 누군가가 선행을 하는 모습을 보면 기분이 좋아진다. 자연스레 미소가 지어지고 낯빛이 밝아진다. 더구나 남이 보이지 않는 외진 곳에서 보여주는 선행이 스냅사진처럼 한 눈에 들어오면 그렇게 기분이 유쾌할 수가 없다. 신선한 나머지 그윽한 눈길을 보내게 된다.

성경에도 나오듯 '오른손이 하는 일을 왼손이 모르게' 하는 행동 때문일까. 흔히 좋은 일을 하고서도 진정성을 의심을 받는 수가 있다. 한데 남몰래 하는 선행은 도무지 가식이 끼어있지 않아 그렇게 보이질 않는다.

내가 살고 있는 이웃 시에서는 해마다 흐뭇한 소식이 들려온다. 연말이 되면 어느 독지가가 꼭 나타나서 동사무소 근처에다 금품을 놓아두기 때문이다. 그러면서 그는 모습을 드러내지 않고 전화로만 그 사실을 알리고는 사라진다고 한다. 그 일이 벌써 십수 년인데 동사무소에서는 아직 신원을 파악하지 못하고 있단다.

곳곳에 널린 것이 감시카메라이니 마음만 먹으면 어찌 추적을 못 할까 마는 한사코 알아내려고 하지 않는다고 한다. 몰래 기부하는 분의 뜻을 존경하고 훈훈한 미담의 신비를 주민들과 함께 공유하기 위해서라고 한다. 들리는 말에 의하면 그분은 결코 돈이 많거나 생활에 여유가 있어서 그렇게 기부하는 것 같지는 않다. 보내온 봉투에는 푼돈과 동전까지 포함되어 있기 때문이다.

그 희소식은 세상을 살맛나게 해준다. 아무나 할 수 있는 일이 아니기에 흐뭇한 기분에 젖게 만든다. 하도 못된 짓과 실망시키는 소식만 보아오다가 모처럼 듣는 단비와도 같은 소식이어서 그런지 모른다.

사람이 살아가는 세상에 자비(慈悲)의 마음은 얼마나 귀한 것인가. 자비의 자 자는 검은 두 개의 들보를 받치는 형상이라고 한다. 사람이면 마땅히 지녀야 할 마음인 것이다. 하나, 어디 다 그러한가. 크게 나누어 보아 사람과 동물은 여기에서 구분이 된다. 예외적으로 조류의 무리 중 수탉의 경우처럼 발로 땅을 헤집어 먹이를 찾아 암탉과 병아리에게 내어주는 녀석도 있긴 하지만, 대다수의 다른 것들은 그렇지 않다.

못된 사람의 경우는 남에게 배려는커녕, 오히려 없는 자의 주머니를 노려 눈물짓게 만들기도 한다. 그런 뉴스가 차고 넘쳐서 삭막하게 만들고 눈물을 짓게 한다. 그런데 그 기부 천사는 해마다 감동적인 선행을 하니 존경의 마음이 일지 않을 수 없다.

세상을 살다 보면 그런 커다란 선행이 아니더라도 장마 끝에 잠깐씩 볕뉘가 들듯이 일상에서 미소를 짓게 하는 일들을 만난다. 작은 선행이 모처럼 마음을 가볍게 하고 기분을 상쾌하게 해주기도 한다.

길을 걷다 노인이 넘어질 때 재빨리 달려와 부축해 줄 때나, 모르는 사람이 길을 물을 때 턱으로 대충 알려주는 시늉만을 하지 않고 손짓으로 구체적인 행동을 할 때 그러하다.

그런가 하면, 길에 떨어진 유리 조각 하나, 은행 일을 보고 나서 잔금을 '성금함'에 넣어주는 손길도 여간 고와 보이는 것이 아니다. 더러는 노파가 힘들게 끄는 손수레를 밀어주거나, 갑자기 내린 소낙비에 옷이 젖은 사람에게 다가가 우산을 씌워주는 손길도 아름답게 느껴진다.

하지만 나는 일전에 목격한 일을 잊을 수 없을 것 같다. 이웃 고을에서 벌어지는 선행과는 또 다른 것을 본 까닭이다. 이웃 고을의 기부자는 사람을 상대로 한 선행이지만 이 사람은 동물을 상대로 하고 있었다.

바로 길고양이의 먹이를 챙겨주고 있었다. 그것은 한동안 아침 산책을 못 하다가 재개를 한 어느 날 아침에 본 광경이었다. 새우비가 내리고 있어 우산을 받치고 걸으면서 마악 뒷동 아파트 모퉁이를 돌아설 때였다.

어떤 중년 부인이 포대와 바가지를 들고나와서 길고양이 먹이 그릇에 사료를 퍼주고 있었다. 아하, 바로 이분이구나. 빈 그릇을 보면서 어느 분이 주는지 늘 궁금했는데 뒤태를 보게 된 것이다. 그가 지나가면서 주고 간 빨간 플라스틱 통에는 먹이가 가득하였다. 그러면서도 허리를 굽히고서 다른 곳의 먹이를 주는데 열중했다. 그 바람에 모습을 볼 수 없었다. 나는 말을 걸려다가 참아버렸다.

그 행동이 아름다워서 말을 걸면 돌아볼 것이고, 그러면 어떤 분인지 알지는 못해도 얼굴이 각인될 텐데 어쩐지, 모르고 지내는 편이 좋을 것 같았다. 아름다운 마음만을 간직하고 싶었는지 모른다. 그러면서도 그 손길이 여간 고맙게 느껴지지 않았다.

이런 사람들이 천사가 아닐까. 남이 보지 않은 가운데서 약자를 돌보고 세상을 밝게 하는 사람들이 있어 삭막한 세상을 그나마 살맛나게 하는 것이 아닐까. 사람들의 눈에 띄지 않는 선행이 얼마나 아름다운가. 아마도 말 못 하는 짐승이지만, 그 베푼 손길을 받은 길고양이들도 마음을 알아줄 것이라는 생각이 들었다.

나는 그곳을 벗어나면서 누구인지 확인하지 않았던 걸 백번 잘했다고 생각했다. 얼굴을 모르는 가운데 간직한 흐뭇함은 얼마나 긴 여운과 감동을 줄 것인가.

이날 산책에 나서며 나는 앞으로 산책 시간대를 조정할 생각부터 했다. 그 시간이 길고양이 밥을 주는 시간이라면 피하고 싶었다. 마주쳐서 얼굴을 행여 확인해 버릴까 싶어서였다.

이날 산책의 발걸음은 가볍고 유쾌했다. 그 이유는 두말할 것도 없이 바로 어느 한순간에 목격된 그 광경이 여간 신선하지 않아서였다. 앞으로 그 아름다운 영상은 오래도록 여운을 남길 것 같다. 완전히 드러난 모습보다는 궁금증 속에서 상상으로 모습을 그려볼 것이기 때문이다. (2018)

또 다른 백아와 종자기

추사(秋史) 선생과 일본인 후지츠카 치카시(藤塚鄰) 교수의 관계를 생각하면 초(楚) 나라 사람 백아(伯牙)와 종자기(鍾子期)가 떠오른다. 두 사람은 동시대를 살지는 않았지만 후지츠카 교수가 추사를 존경한 마음은 각별했다. 그의 행적을 추적하면서 곳곳에서 드러남을 알게 된다.

종자기는 거문고의 음률을 누구보다 잘 조율했다. 특히 백아가 거문고를 타면서 뜻이 산에 오르는 곳에 이르면 종자기는 이렇게 말했다.

"좋구나. 높고 높기가 마치 태산과 같구나."

이렇듯 백아의 생각하는 바를 반드시 알아들었다. 실로 지음(知音)의 경지였다. 종자기가 죽자 백아는 자신의 음악을 알아주는 사람이 없음을 한탄하면서 거문고 줄을 끊은 다음

한 번도 거문고를 타지 않았다고 한다. 이를 두고 후세 사람들은 백아절현(伯牙絶絃)이라 했다. 백아가 종자기의 죽음을 서러워한 나머지 거문고 줄을 끊어버린 것을 그리 표현한 것이었다.

후지츠카 교수는 추사를 평생 사숙(私淑)하며 그에 관한 연구에 매진했다. 경성제대 교수로 재임하면서는 아예 고서점을 섭렵하면서 추사 관련 고문서 수집에 나섰다. 그리하여 수집한 것이 118박스나 되었단다. 그런 노력으로 일제강점기 때 서울에서 열린 추사 희귀 유묵 전시가 열렸을 때는 그가 모은 작품이 일곱 점이나 출품되었다고 한다.

동양철학자인 후지츠카 교수가 조선인 학자에게 관심을 갖게 된 이유가 있었다. 청조의 경학 연구를 위해 1920년 초 북경에 머물고 있을 때인데 그곳 서점을 들락거리며 우연히 박수기(朴修其)라는 조선 학자가 청나라 유학자들과 교류가 깊은 것을 알았다. 나중에 알고 보니 그는 박제가(朴齊家)였다.

그 이름을 기억하고 있던 참인데 어느 날은 무심코 들른 서점에서 사가시집(四家詩集) 하나를 발견하게 되었고, 거기에서 그가 이덕무, 유득공, 이서구와 함께 신진학자임을 알게 되었다. 호기심에 그들을 추적하다가 추사의 행적을 만났던 것이다.

후지츠카 교수는 대번에 추사가 조선의 천재 명필가요, 금석학자인 것을 알아보았다. 아니 그러했겠는가. 그의 천재성은 이미 어릴 적부터 빛났다. 6세 때 쓴 '立春大吉'의 입춘첩의 글씨를 보고 박제가가 "스승으로 모시겠다." 하고 재상 채

제공은 "글씨로 이름을 날릴 인물"이라 예언할 정도였던 것이다. 안목 있는 그로서는 혹하지 않을 수 없었으리라.

추사는 23세 때 동지사 일원으로 부친 김노경이 연경을 가게 되자 박제가 등과 함께 동행하게 되었다. 때는 1809년. 여기서 그는 고증학의 대가 옹방강을 만났다. 그는 추사와 필담을 나눈 후, "해동에서 으뜸가는 젊은 학자"라고 칭찬했단다. 또한, 학자 완원(阮元)을 만나 일생을 통해 그를 스승으로 섬겼다.

추사는 글씨로 추사체라는 독보적인 서체로서 이름을 떨치고 진흥왕 순수비를 고증하는 등 빼어난 업적을 남겼다. 그중에서도 1844년 제자 역관 이상적에게 전해준 국보 제180호 세한도(歲寒圖)야말로 불후의 작품이 아닌가 한다. 이 그림은 그가 제주도에서 위리안치되어 귀양살이하던 54세 때에 그린 것이다. 소나무 한그루에 잣나무 세 그루, 자신의 귀양살이의 쓸쓸함을 표현한 것이다. 움막 같은 허름한 집 한 채가 이를 여실히 보여준다.

이 그림은 제자 이상적에 의해 청국으로 건너갔고 거기에서는 서화에 일가를 이룬 16인이 찬을 달았다. 그 바람에 그림의 길이가 13미터나 이르게 되었다. 이 그림은 1930년경 후지츠카 교수의 수중에 들어가게 된다. 조선의 어느 고물상을 통해서였다.

나중 이를 되찾아 온 이가 진도 사람 소전 손재형(孫在馨) 선생이다. 1930년대 후반에 이 그림이 일본으로 건너갔다는 말을 들은 그는 추사의 유훈 계승을 필생의 사업으로 생각하고 그 세한도를 찾기 위해 바다를 건너 찾아갔다. 마침내 후지츠카 교수 집을 알아낸 그는 자초지종을 이야기했다.

거액을 제시하며 조선에 돌려줄 것을 정중히 요구했다. 그렇지만 그는 단호히 거절했다. 그러나 지성이면 감천이던가. 아침마다 찾아가 몇 달을 문안 인사를 드리니 정성에 탄복한 노교수는 세한도를 내어주었다.

그 후로 세한도는 또, 한 차례 시련을 겪었다. 소전 선생이 국회의원에 출마하면서 이 세한도를 잡히고 돈을 빌렸는데 그 후 병마로 쓰러져 숨을 거둔 후 타인의 손에 영구히 들어가고 만 것이다. 당시 빌린 돈은 쌀 오십 섬. 현시가 일천만 원 정도였다.

그나저나 이 그림은 국내로 들어와 국립박물관에 기탁 전시 형태로 영구 전시되고 있으니 얼마나 다행인가. 추사 선생은 일생을 통해 벼루 열 개를 갈아 구멍을 내고 붓 일천 자루를 닳아 없앴다고 한다. 친구 권돈인이 한 말이다.

추사 말년은 불우했다. 고관대작으로 있던 노론의 수장 김유근과 영의정 권돈인을 친구로 두었으나 도움을 받지 못했다. 오히려 1851년 권돈인과의 연루로 또다시 2년여를 북청의 유배 길에 오르지 않으면 아니 되었다.

추사 선생이 제주도로 유배 간 것은 부친이 윤상도의 옥사 사건에 연루가 되어서였다. 윤상도는 순조 때 탐관오리들을 처벌해 달라고 상소를 올렸다. 그런데 결과는 유야무야되고 그는 오히려 무고혐의로 능지처참을 당했다.

이때 김노경은 상소문의 초안을 잡아주었다는 이유로 추자

도로 보내지고 추사는 제주 모슬포로 보내졌다.

추사 선생은 71세의 나이로 눈을 감았다. 바로 사흘 전 봉은사에 걸 판전(版殿)을 쓰고 난 후였다. 그 판전에는 '七十一果病中作'이라고 쓰여 있다.

우리 집 거실에는 如筠斯情(여균사정)이란 추사의 목각 글씨 한 점이 걸려있다. 뜻이 대나무와 같다 함이다. 힘찬 추사체의 필 획이 빛난다. 유명한 서각 장인으로부터 선물 받은 것으로 낙관은 노완(老阮)으로 되어 있다. 노(老) 자를 붙인 것으로 보아 아마도 환갑 이후에 쓴 것이 아닌가 한다. 그리고 호에 완(阮) 자를 넣은 건 일생 존경해온 스승 완원(阮元)의 호에서 한 자를 따온 것이 아닌가 생각한다.

생각하면 우리의 문화 예술사에서 세한도와 같은 격조 높은 그림을 가지고 있다는 것은 얼마나 가슴 뿌듯한 일인지 모른다. 그리고 후손인 후지츠카 교수의 자제분이 선친이 일생 수집한 추사 관련 시화를 전량 과천시에 기증하여 보존하고 있으니 얼마나 기쁜 일인지 모른다.

그것을 생각하면 자연스레 백아와 종자기의 관계가 떠오른다. 무슨 진기한 것이 있으면 내다 팔려고 안달하는 세상에 그는 추사를 존경하여 틈나는 대로 모았으니 뛰어난 예술가 못잖은 안목이 아닌가.

추사 선생을 생각하면 후지츠카 교수가 생각나고 손재형 선생이 그려지는 건 세한도를 통해서 느끼게 되는 끈끈한 인연 때문이 아닌가 한다. 실로 백아를 알아본 종자기라고나 할까. (2018)

동명이인(同名異人)

한 지역에 모여서 많은 사람이 살다 보니 이름을 듣고서 헷갈리는 때가 있다. 일전에는 고향이 보성이라는 문인과 통화를 하다가 깜짝 놀랐다. 전 근무지가 연초제조창이라고 하기에 그곳에 근무했던 집안 형님 '임병기' 씨를 아느냐고 했더니 "아 그분요, 올봄에 돌아가셨지요." 하는 게 아닌가.

나만 모르고 있었나 싶어서 다른 형님에게 물으니 금시초문이라는 것이었다. 그러더니 이곳저곳에 문의했는지, 얼마 지니지 않아 전화가 걸려왔다. 살아계신다는 것이었다. 현직 때 같은 직장에 동명이인(同名異人)이 있었는데 그분을 두고 한 말인 것 같다고 했다.

이십 수년 전이다. 내가 글 제목을 동명이인이라고 달고서 같은 시에 거주하는 지역민의 전화번호부를 뒤져서 '병식'이라는 이름이 얼마나 되는지 알아본 적이 있다. 그때 보니 모두 17명이나 되었다. 그 이야기를 써서 지면에 발표하고 나중에 수필집을 엮으면서 거기에다 실었다.

그랬더니 낯선 사람으로부터 한 통의 전화가 걸려왔다. 어느 목사님인데, 책에 실린 글을 봤다면서 자기도 같은 이름을 쓰는지라 매우 반가웠다고 했다. 아마도 내가 마지막 구절에다 이름을 함께 공유하는 분들은 부디 성함을 더럽히지 말고 깨끗하게 지키며 살았으면 한다는 말을 좋게 받아들인 것 같았다.

그로 인해 다시 이름을 생각해 보게 되었다. 이름이 무엇인가. 바로 한 사람을 특정함과 동시에 그 사람을 지칭한다. 바로 문여기인(文如其人)이다. 한데, 이름은 부르기가 쉬워도, 부르기가 어려워도 문제가 아닌가 한다. 너무 어려우면 외워서 기억하기 어렵고 흔해 빠진 이름은 동명이 많아 분별력이 떨어져서 혼란을 일으키기 때문이다.

흔히 하는 말이 있다. 서울 남산에서 돌멩이를 던지면 남자는 영수, 철수가, 여자는 영희, 순희가 맞을 확률이 절반이라는 것이다. 워낙에 인구가 많고 같은 동명의 동명의 이름이 많다 보니 생겨난 말일 것이다. 그런 점에서 보면 내 이름도 흔하지는 않지만, 거기에서 예외가 아니다.

나에게는 학창 시절부터 시작하여 50년을 넘게 함께 해온 모임이 있는데, 이 중 한 명의 친구가 바로 나와 동명이다. 성만 다를 뿐 한자도 똑같이 '秉植'으로 쓴다. 그런지라 친구들

모임 자리에서는 꼬박꼬박 이름 앞에 성을 붙여서 부르게 된다.

그러니 여간 어색한 것이 아니다. 그러면서도 나는 동명의 그 친구를 고맙게 생각한다. 이름을 같이 공유하는 친근감과 함께 성정이 바라서 남에게 비난을 받거나 흉잡히는 짓은 결단코 하지 않기 때문이다. 그 점을 생각하면 서로 손가락 걸어 명세를 한 일은 없어도 이름을 더럽히지 않겠다는 의식이 투철한 것 같아서 여간 신뢰가 가지 않는다.

선인 중에서 동명이인이라고 하면 조선 시대 사람 두 명의 김득신이 생각난다. 한 사람은 화가 김득신(金得臣 1754~1822)이고 다른 사람은 문인 김득신(金得臣 1604~1684).

화가 김득신은 정조 때 도화원에 들어가 단원 김홍도와 함께 정조 어진을 그린 화가이다.

그의 그림 중에는 특히 야묘도추(野猫盜雛), 일명 파적도(破寂圖)가 유명한데, 이 그림은 그야말로 현장 순간포착이 돋보인다. 가령 김홍도가 씨름하는 장면이나 대장간에서 망치질하는 사람의 역동성을 잘 보여주고 있으나, 긍재는 여기서 한 술 더 뜬다.

상황은 늦봄의 어느 날이다. 따스한 날씨에 사내는 긴 곰방대에 담뱃불을 붙이고 마루에서 작업하는데 순식간에 소동이 벌어진다. 검은 고양이 한 마리가 나타나 어리 안의 병아리 한 마리를 날랜 몸짓으로 나꿔 채간 것이다.

그 바람에 닭을 가둔 어리는 나뒹굴어지고 어미닭은 보호본능을 발휘하여 공격 태세를 취한다. 나머지 병아리들은 놀라

혼비백산하여 어쩔 줄 모른다. 이때 다소 한가한 시간을 보내고 있던 사내는 눈앞에서 벌어진 일에 깜짝 놀라서 곰방대를 휘저으며 토방에 내려서고 방 안에 있는 부인은 무슨 일인가 하고 뛰어나온다.

아마도 그런 상황이 먼저 벌어지고 고양이가 병아리를 물고 가자 어미닭이 소리쳐 울었을 것이고 사내는 그 소리를 듣고 황망 중에 어떻게든 병아리를 구하려고 했을 것이다. 그야말로 농가에서나 있을법한 파적이 아닐 수 없다.

또, 한 사람 백곡 김득신은 선조와 숙종 연간을 살다간 사람이다. 이분에게서는 재주가 없는 사람도 노력하면 성공할 수 있다는 교훈을 배울 수가 있다. 그는 과거시험에 도전한 지 7전 8기 아닌 30전 31기 만에 꿈을 이루었다.

다른 사람들은 15세에 진사시험을 보기 시작하여 안 되면 30 전후에 그만두는 경우가 허다했으나 그는 계속 도전하여 50이 넘어서 합격했다.

그는 머리가 좋지 않았다. 워낙에 아둔한 탓에 서당 선생도 글 가르치기를 포기할 정도였다. 그렇지만 그의 아버지는 꾸중하기보다 늘 용기를 북돋아 '너도 잘할 수 있다.'라고 격려를 해주었다.

그는 잠시도 손에서 책을 놓지 않았다고 한다. 사기의 백이전은 11만 번을 읽었으며 1만 번 이상을 읽은 책만도 36권이나 되었다고 한다. 아예 1만 번을 읽지 않는 책은 독서목록에 적어놓지도 않았다고 한다.

그는 죽기 전에 미리 비문을 지었다. '재주가 다른 이에게 미치지 못하다고 스스로 한계 짓지 말라. 나처럼 어리석고 둔한 사람도 없을 것이지만, 나는 결국 이루었다. 모든 것은 힘쓰고 노력하는데 달려있다.'

이 둘의 동명이인은 서로에게 적어도 이름의 빚은 지지 않았다는 생각이 든다. 두 사람 다 대단하기 때문이다. 나는 이 두 사람을 통해서 글을 쓰며 많은 것을 배운다. 우선 화가 김득신에게서는 정황의 순간포착 기법을, 그리고 독서왕 김득신에게서는 뭐든지 하나를 이루기 위해서는 끊임없는 절차탁마의 시간을 보내야 한다는 의지와 정신을 배운다.

그렇다면 나는 동명을 쓰면서 구체적으로 어떤 삶을 실천해야 할까. 자신을 돌아보면서 이름을 더럽히지 않아야겠다는 결심을 새삼 다져본다. (2014)

철 지나 핀 철쭉꽃을 보며

사물을 보면 자연스레 어떤 연상 작용이 일어난다. 뒷동산에 뒤늦게 피어난 산철쭉꽃을 만났을 때도 그랬다. 가을도 한창 깊을 때, 철 지난 철쭉꽃이 피어 있었던 것이다. 처음에는 그걸 보고서 그것이 꽃인 줄은 몰랐다. 그저 다른 것이 가지 끝에 걸려서 꽃으로 보이는 줄만 알았다. 그런데 그게 아니었다. 자세히 보니 뒤늦게 핀 철쭉꽃이 그렇게 피어서 매달려 있는 것이었다.

'웬 철쭉꽃이 계절을 잊어버리고 이제야 피어 있을까.'

반가운 한편으로 신기했다. 그걸 보니 지난해 이맘때가 떠올랐다. 그때도 유독 뒤늦게 핀 꽃이 있었던 것이다. 그렇다면 혹시 이 꽃도 그 나무에서 피어난 건 아닐까. 지금까지는 의식하지 못했는데 그 산철쭉은 계절 감각을 잃어버린 것 같았다.

우리가 사는 주위를 둘러보면 남다른 삶을 살아가는 사람들이 더러 있다. 질병을 고치기 위해서나 자기의 죄업을 죄를 씻기 위해서, 혹은 자손이 잘되기를 비손하면서 조용히 산에 들어 살아가는 사람들이 있다. 그런 사람은 남들이 보기에 특이하게만 보인다. 지금 뒤늦게야 꽃을 피운 철쭉도 그러한 모습이라고 할까. 하지만 가슴속 심중에 감춰진 사정은 알 도리가 없다.

이 철쭉을 보니 뇌리에 한 스님이 스친다. 전에 산사에 들어 선(禪)을 행하는 분을 만났는데 한눈에도 범접하기 어려운 신비함이 느껴졌다. 한 손이 조막손이 되어 있었는데, 그것이 그냥 선천적인 장애 같지가 않고 어떤 수도승의 징표로 보여서인지 몰랐다.

내가 그분을 뵌 것은, 삼십여 년쯤 됐을까. 취약지역 점검 차 만성리 천성산 기도원에 들른 다음 삼일면 영취산 도솔암에 올랐을 때다. 거기서 나이 든 도의 스님을 만났던 것이다. 노비구니 스님의 손을 보는 순간 가슴에 싸하게 전율이 일었다. 대번에 어떤 의지의 흔적이 보였다.

놀란 나머지 외람되게 여쭈었다.

"스님은 산중에 사시면서 손 때문에 많이 불편하시겠네요?"

그러자 바로 대답이 돌아왔다.

"아무렇지 않습니다."

이때 옆에서 허드렛일을 돕고 있는 나이 든 불목하니가 거들었다. 그러한 건 소지 공양을 한 때문이라는 것이었다.

그럼 그렇지 하는 생각이 퍼뜩 들었다. 내 추측이 틀리지 않았구나. 잠시 침묵이 흐른 뒤 스님이 말했다.

"손 하나 불편한 것은 상관없는데, 산중에 살다 보니 여러 거치적거리는 것이 많네요."

그러면서 심중에 둔 애로사항을 토로했다. 조금 있으면 중창불사(重創佛事)를 해야 하는데 여기까지 전기가 들어오지 않아 큰 걱정이라고 했다. 그렇다면 내가 나서서 도와드려야 하지 않을까. 해서 상사분께 보고를 드리고 한전 영업소를 찾아가 민원을 넣었다. 긍정적인 답변을 얻어냈다. 여기에는 물론 상사분이 그쪽 책임자에게 넣어준 전화도 주효했을 것이다. 아무튼, 그렇게 되어 비록 공사 기간에 한한 임시 조치이긴 하지만 전기를 끌어들여 곤돌라로 자제를 운반할 수 있게 되었다.

불가에서 종종 전해오는 이야기 중에 이런 소지 공양 말고도 신비한 이야기들이 더러 있다.

수월 선사의 이야기도 그중 하나일 것이다. 스님은 처음 충남 서산 연암산 청장암에 불목하니로 들어갔단다. 인근 마을에서 머슴살이를 하다 나이 30이 다 된 때였다. 스님은 경허 스님의 만상좌로 한생을 살았으나 살아생전 법문 하나도 남기지 않았다고 한다. 그것은 배움이 짧았기 때문이었다. 그러나 스님은 여느 스님과는 달리 낮에는 나무를 하고 밤에는 방아를 찧어 스승과 절 식구의 공양을 책임지면서도 수행을 게을리하지 않았단다. '천주다라니경'을 외우며 용맹정진을 했다고 한다.

스님은 절집에 손님이 찾아오면 양말 대용으로 신은 감발을 손수 빨아서 말려두었다가 건네주고 몸소 짚신을 삼아서 바랑 뒤에 매달아 주었다. 하늘을 움직이는 불심이 없고서는 실천하기 어려운 일이다. 그런 스님을 가리켜 당대 최고의 선사로 추앙받은 만공 스님은 "수월 형님만 생각하면 나는 늘 가슴이 뛴다."라고 했다고 한다.

그런 스님이 1912년 동포가 많이 모여 사는 북간도로 건너가 중생 계도에 힘쓰고 있을 때였단다. 그곳은 비적들이 들끓어 송아지 만한 사나운 개들을 키우는 집이 많았는데, 웬일인지 스님만 다가가면 그 사나운 개들도 온순해져서 꼬리를 쳤다고 한다. 개들도 스님을 알아본 것이었다.

스님은 비록 무학이었지만, 불교계의 존경을 받아서, 만해선사 같은 분도 스님이 열반에 들자 애도하며 '전 조선을 통하여 현대의 유일한 대선지식'이라면서 매우 애석해했다고 한다.

다음으로 '초대통합종정'을 지낸 효봉(曉峰) 스님도 빼놓을 수 없다. 스님은 일본 유학을 다녀와 조선 최초의 판사를 지낸 분이었다. 그런데 한 동포인 독립투사에게 사형선고를 내린 죄책감을 이기지 못하고 37세 나이에 홀연히 출가했다. 그는 처자식이 딸린 몸이었으나 뒤도 돌아보지 않고 엿장수로 가장하여 금강산 신계사를 들어가서 석두 선사에게 막무가내로 머리를 깎아 달라고 매달렸단다.

하나 스님은 출가는 했으나 쉽게 깨달음을 얻지 못했다. 스님은 극단적인 방법으로 거처한 처소에 변을 볼 수 있는 구멍과 하루 한 끼 공양 밥이 들어올 구멍 하나만을 남기고는 모두 봉해버렸다. 오직 용맹 정진하기 위해서였다. 그런 이력으로 스님은 '절구통 선사'라는 별명까지 얻게 되었다고 한다. 한번 앉으면 엉덩이가 문드러지도록 꿈쩍도 하지를 않아서 붙여진 별호였다. 그런 효봉 종정은 출가 이후로 세속에서 있었던 일에 대해서는 단 한마디도 입 밖에 내지 않았다고 한다. 효봉 스님이 엉덩이 살이 짓무르도록 정진한 까닭은 무엇이었을까.

그리고 수월 스님이 그토록 낮은 삶을 산 이유는 무엇이었을까. 두 스님이 보여주고 간 거룩한 족적은 대부분 묻히고 일부만이 구전으로 전해지고 있을 뿐이다. 그러나 그나마 전해오는 것이 있어 의미를 찾는 사람들에게는 더 없는 자기 경계와 성찰의 교훈을 주지 않는가 한다.

그렇다고 보면 산비탈 길섶에 피어 있는 철쭉꽃도 혹여 무슨 의미를 던져주고자 피어난 건 아닐까. 예로부터 지불생무명지초(地不生無名之草)라고 의미 없는 것은 없다고 했듯이 세상에 나서 존재하는 어느 것도 값어치 없는 것이, 없기 때문이다.

그런 생각이 문득 드는 것은 뒤늦게 피어난 산철쭉꽃이 자꾸만 눈에 어른거려서 한동안 발길을 떼지 못했다. (2021)

맥문동 줄기

사람은 무엇을 보아도 거기에 마음이 실리지 않으면 느낌이 가지 않는다. 보기는 하면서 형상은 분별하지만, 감정은 일어나지 않는다. 그러니 '본다.'라는 것은 거기에는 마음도 따라서 함께한다는 말이 된다.

이즘 나는 그것을 실감한다. 산책을 한답시고 저녁을 먹고 나면 아파트 후정을 서너 차례 도는데 어느 구간에는 맥문동(麥門冬)이 심겨 있다. 길이로는 20미터 남짓, 평수로는 10평 남짓한 너비다. 조경을 위해서 심어놓은 것 같은데, 약용 목적으로 가꾸고 있는지도 모른다.

걷다 보면 이것을 보지 않을 수가 없는데, 기억에는 매번 떠오르지는 않는다. 이때는 물론 보기는 하겠지만 건성으로 지나치는 것이어서 마음에 두지 않는 탓이다. 그러고 보면 생각나는 것은 찬찬히 보았거나 마음을 두고 보았을 때인 것만 같다. 그런 때만이 기억에 남기 때문이다.

한데, 이즘 나는 이 맥문동을 많이 생각한다. 시월 들어 맥문동 열매가 암갈색과 진묵색으로 익어가기 시작하는데, 줄기에 매달린 그 열매가 삶의 무게를 떠올리게 했던 것이다.

그것은 바로 어머니가 오롯이 지켜내신 가족의 무게가 아니었을까. 맥문동의 줄기는 쓰러진 모습으로 고단한 모습을 보여주고 있지만 한 번도 내색하지 않으시던 어머니가 짊어진 가장의 무게는 얼마나 무거운 것이었을까.

어머니는 일인사역, 혹은 오역의 역할을 하시며 사셨다. 아버지가 계시긴 하였으나 병치레로 누워 계신 때가 많아 살림을 꾸리시는 일은 온전히 어머니 차지이고 몫이었다. 가장의 막중한 책임을 떠안은 건 아버지의 병환과 관계가 있었다. 일제강점기 때 아버지는 송정리 비행장 건설에 강제 징집되어 혹독한 노역에 시달렸다. 거기서 병을 얻어 식물인간이 되다시피 하여 돌아오셨다.

그런 상황을 두고 함께 끌려간 사람들뿐 아니라 인동 사람들은 치상 치를 준비를 하라고 말하기도 했단다. 그런데 아버지는 천우신조로 살아나셨다. 그렇지만 병환의 후유증은 깊어서 시골에 사시면서도 일은 하지 못하셨다. 지게를 지지 못한 것은 물론 온전히 낫질도 못 하셨다. 그러니 무슨 농사일인들 제대로 거들었겠는가.

놉을 얻는 품삯은 어머니가 삯바느질을 하여 해결했다. 바지와 저고리를 짓고 두루마기를 만들고 조끼를 지으셨다. 그런 틈틈이 텃밭을 가꾸시고 겨울철에는 자정을 넘겨 미싱을 돌리는 날이 많았다.

그 품삯으로 모내기 일꾼과 추수하는 인력을 얻었다. 나는 어려서 어머니가 늦잠을 주무시는 걸 보지 못했다. 언제나 일찍 깨어나 호미를 들고 텃밭을 가꾸셨다. 나는 그런 어머니를 보고 중학교 졸업 후 상급학교에 보내 달라는 말을 꺼내지 못했다. 형님은 장돌뱅이로 고무신 장사를 한다고는 하나 수입이 시원치 않았고, 막냇동생은 영특하여 가르쳐야 할 형편이었다.

그래서 진학을 포기하고 있었는데, 입학 마감을 앞두고 대도시 병원에서 아버지를 간병하고 계시던 어머니가 오셔서 학교에 가라고 했다. 그때야 서류를 갖추어 응시를 하게 되었다.

어머니로서는 무슨 대책이 있던 것이 아니었다. 반거충이로 나쁜 길로 빠져들지도 몰라서 결정하신 것이었다. 어머니로서는 삶의 무게가 더 하나 올려져 힘겨운 판인데도 그런 결단을 하셨다.

엊그제였다. 평소에는 무심코 보아서 몰랐는데 여름에 보랏빛 꽃을 피우고 있던 맥문동이 어느새 열매를 맺어 흑갈색으로 변해있는 것이 보였다. 그것은 늘어진 줄기에 열매가 대여섯 개 다닥다닥 붙어있었다. 그것을 보는 순간 어머니가 생각났다. 어머니 모습이 저랬던 것이 아닐까. 올망졸망한 자식들을 끌어안고 아버지의 병시중을 드시느라 허리 펴지 못하고 사셨던 것이 아닐까.

그 세월이 얼마나 고단하셨을까. 차라리 맥문동처럼 열매의 무게에 쓰러지는 모습을 보였다면 더 나았을 것 같다. 그런데 어머니는 절대로 그런 약한 모습을 보여주지 않으셨다. 속상한 일은 속으로 삭이면서 얼굴은 늘 평안함을 유지하셨다. 아니, 쓰러져서 몸부림치는 것을 딱 한 번 본 적이 있다. 하지만 그것은 어둠 속에서 그러시는 것을 내가 우연히 목격했을 뿐이다. 누나가 일찍 죽어 산 초입에 묻혔는데 돌아오시지 않아 나갔다가 목격했던 것이 유일하다.

어머니는 당신의 마음이 심란하시면 반야심경과 천지 팔양경을 읽으셨다. 목소리가 높아지면 어머니 마음이 편치 않으시구나 생각했다.

그런 어머니가 구순을 넘겨서는 우리 집에 오셔서 살림을 도우셨다. 며느리가 아프니 발목이 잡히신 것이다.

나는 어머니가 마지막 하시던 말씀을 잊지 못한다.

"나 좀 쉴란다."

그 말씀이 하소연이고 부탁이었던가. 왜 못난 자식은 그런 말씀을 하시도록 어머니를 붙잡아 놓고 있었을까. 참 나만 생각한 못된 자식이었음을 뒤늦게 뼈저리게 느끼게 된다. 돌아가신 후에 후회한들 무슨 소용일까.

그런 불효가 떠올라서인지 산보를 하자니 자꾸만 맥문동이 눈에 밟힌다. 그것도 익은 열매를 매달고 무게를 이기지 못하고 쓰러져 있는 줄기가 확대경에 비치듯 드러나 보인다. 감정이입이 되어 '저게 어머니의 모습이 아니었을까' 하는 생각만 든다. (2020)

대마(大麻) 경작의 파수꾼

내 고향 보성에는 자칭 대마에 미친 대마 지킴이가 산다. 이찬식(李賛植) 선생으로 아호도 그래서 '마광(麻狂)'이다. 호를 지어 준 이는 말하길 지금은 그렇게 쓰고 나중에 마광(麻光)이라 하라고 했다는데 그런데도 계속 그리 불리는 게 좋아서 그대로 사용하고 있는 사람이다.

그는 어느덧 팔순을 바라본다. 보성군 복래면 유정리에 거주하면서 평생을 삼 농사를 짓고 사는데 이는 군내에서도 유일하게 삼을 지키는 파수꾼이다.

그런 그가 일전에 창안하여 제품화한 삼지(紙) 샘플을 보내왔다. 3/1절지 크기의 누런 종이와 탈색을 시킨 흰 종이 두 장이었다. 실물을 보니 대단하다는 생각이 들었다. 삼으로 종이를 만들 생각을 하다니.

이것은 예전에 보면 엿장수가 떨어진 삼베를 수거해가던 기억을 살려 시도했단다. 그것을 가지고 닥나무와 섞어 종이를 만들었는데, 그렇다면 삼 만으로도 종이를 만들 수 있지 않을까. 생각했다는 것이다.

하지만 만만한 것이 아니었다. 도친 작업(두드림)도 몇 갑절이나 더해야 하고 그만큼 일손도 많이 갔다. 그런데도 포기하지 않고 끝내 성공하여 전 세계에 알리고 있는 중이란다. 이것은 견고성과 흡수성, 방음성이 뛰어나고 항균성과 방충성이 있어 곰팡이 균을 억제를 막아준다고 한다.

그러니 이 종이는 벽지로 긴요하게 쓰임은 물론, 화선지로서도 뛰어나 각광을 받는다고 한다. 거기다가 통풍성이 좋아 옷감으로도 널리 쓰인단다.

수일 전의 일이다. 오후 늦은 시간인데 낯선 전화 한 통이 걸려왔다. 받았더니 보성문학지를 받아보았는데 내 작품이 실려 있어서 읽었다는 것이었다. 그러면서 대뜸 작품에 등장하는 구령(口令)을 흉내 냈다. '앞에 봉!' '설대로 벌려!' 하다가 '하하하' 하고 유쾌한 웃음을 터뜨렸다.

그 바람에 금방 긴장했던 마음이 풀렸다. 그리 말을 한 건 호감이 간다는 것이고, 왠지 모르게 해보는 반가움의 표현이 아니겠는가. 대화를 나누는 가운데 나는 이분이 대단한 애향심과 함께 고향 특산품 대마 영농에 열정을 바치고 있다는 걸 알았다.

선생은 현재 고향에서 대마를 알리는 홍보에 전력을 쏟고 있다고 한다. 그러면서 한동안 맥이 끊긴 고급 마한지(麻韓紙)를 복원하여 알리고 있다고 한다. 삼을 이용하면 닥나무 한지보다 질긴 종이를 만들 수 있는데, 이 방법은 역사가 깊다고 한다.

조선 성종 때 박화중이란 이가 북경에 사은사로 가서 그 제조법을 배워왔으나, 널리 활용되지는 못하고 맥이 끊겼다.

그런데 선생이 그 기술을 마침내 복원해 냈다고 한다. 그렇지만 사는 곳이 상수도 보호구역으로 지정된 바람에 현지에 공장을 세우지 못하고 재료를 전주 한지 공장으로 보내서 제품을 생산 중이란다.

선생은 전에 농가에서 많이 재배하던 대마 농사가 사양길에 접어든 걸 매우 안타까워했다. 그 점은 나도 공감한다. 내가 자랄 때만 해도 우리 마을에서는 한 집 건너 한 집이 삼 농사를 지었었다. 그러던 것이 지금은 자취를 감추고 말았다. 그러니 그렇지 않겠는가. 더욱이 현재 고집스럽게 삼을 지키고 삼의 효용 가치를 알리는 그로서는 더욱 안타까움이 크지 않겠는가.

삼 재배가 사양길에 접어든 것은 무엇보다도 값싼 중국 제품이 밀려온 탓이다. 국산 한 필의 가격이 20만 원 선인데 이보다 훨씬 싼 5만 원대에 들어오니 질의 여하를 떠나 경쟁력이 있겠는가. 거기다가 부정적인 이미지가 덧씌워진 것도 한 요인으로 작용했다.

이 대마로 만든 대마초를 과거 군사정부에서 피우거나 흡입한 사람들을 무차별로 처벌했던 것이다. 그 바람에 숱한 연예인이 구속되거나 활동이 막혀버렸다. 그러나 국산 대마는 환각 성분이 매우 미미하며 환각물질인 소위 '테트라하이드러칸나비놀(THC)은 0.5 미만이라고 한다. 이는 외국에서는 거의 문제 삼지 않는 수준이다.

부정적인 이미지가 덧씌워진 것은 미 군정기로 거슬러 올라간다. 맥아더 원수가 이것이 환각물질이 들어있는 것을 알고 대마 재배는 옷감만 만드는데 한정하고 여타 다른 용도로는 사용하지 못 하게 신고하여 재배하도록 한 것이다.

그러나 지금은 재배하는데 별다른 규제는 없다고 한다. 다만 건강검증만 받아서 과거 마약 복용 경력 여부만 살핀다고 한다. 그런데 마광 선생은 이점에 대해서 강력히 문제를 제기했다.

불필요한 규제를 함으로써 국내 산업용뿐 아니라 상품을 만들어 얼마든지 무궁무진하게 수출할 수 있는 길이 있는데 막고 있다는 것이다. 가령 겨릅대(삼 속껍질)는 뇌전증 치료물질이 함유되어 있고 삼과 함께 황토를 이용한 난방 구조를 갖추면 아토피 등 악성질환을 고칠 수가 있는데도 법이 허용을 않고 있다는 것이다.

이를 생각하면 과거의 인식 부족에서 생겨난 규제가 풀려야 하지 않을까 생각한다. 삼으로 만든 마한지는 닥나무 제품보다 더욱더 월등한데 이것으로 닥나무 제품 대용을 하면 얼마나 많은 부가가치를 올릴 수 있겠는가.

내 개인적으로는 시대에 뒤떨어진 마약관리법은 조속히 개정하고 규제 또한, 풀어서 다시 삼 재배가 활성화되도록 했으면 좋겠다. 그렇게 되면 옛날의 잊힌 풍속도 자연히 복원될 것이고 경제적으로 많은 도움이 될 수 있을 것이다.

이런저런 제약을 들어 활동이 자유롭지 못하다는 마광 선생의 절절한 하소연을 듣자니 여간 안타까운 마음이 드는 게 아니었다. 우선 재배 농가가 없으니 법인체를 만들 수가 없고 제품 생산도 그만큼 원활하게 이루어지지 못하고 있다는 것이다. 부디 법과 규제가 정비되어 마음껏 꿈을 펼칠 수 있는 길이 열리기를 바라본다. 그렇게 하는 것이, 진정한 이용후생(利用厚生)의 정신에도 걸맞은 길이 아니겠는가.

나는 이야기를 듣는 내내 내 머릿속에서는 삼을 이용한 공정 즉, 삼찌기, 삼벗기기, 건조하기(게추리 바래기), 삼째기, 삼삼기, 물레잣기, 돌 곳 올리기, 실 것 내리기, 실꾸리 만들기, 살 날기, 베메기, 삼베짜기 등의 전 과정이 삼삼하게 어려 왔다. (2021)

쇠똥구리 생각

쇠똥구리를 생각하면 뒤에 '구리'라는 말이 붙어서인지 어떤 연관어가 떠오른다. 바로 '멍텅구리'와 '어쭈구리'이다. 멍텅구리는 어리석고 투미한 것을 이른다. 이것이 붙은 말 중에는 멍텅구리배가 있다. 순전히 무동력선으로 바람을 이용하여 움직이는 풍선배이다. 예전에 이 배를 가지고 바다로 나가 그물을 치고 새우를 잡았다.

한데 다른 하나 '어쭈구리'는 어떤 사물을 지칭하기보다는 그냥 비아냥의 뜻으로 쓰인다. 이 말이 생겨난 유래가 재미있다. 어느 누가 평온하던 연못에 큰 메기를 입식 하자 위기를 느낀 물고기가 뭍으로 튀어 올랐다. 잡혀 먹히지 않으려고 필사적인 취한 행동이었다. 그것은 뛰어 달아나 구리나 내달렸다.

그것을 본 어부가 뒤쫓으며 말했다. '어쭈구리(魚走九里)!'

하고 비웃었다. 구리나 내달렸다는 뜻으로 한 말이었다. 이 말은 나중에 사람에게 전해져서 비아냥거리는 말로 굳어졌다. 해서 지금도 끝을 잘라내고 '어쭈'라는 말로 흔히 사용된다.

이에 비해 쇠똥구리라는 말은 비아냥대는 말은 아니지만 별로 좋은 뜻으로 붙여진 것은 아닌 것 같다. '멍청이'라는 느낌이 강하게 들기 때문이다. 쇠똥구리는 결코 멍청한 곤충은 아니다. 놀랍도록 신통한 능력을 가지고 있다. 무려 자기 몸의 오십 배나 더 나가는 쇠똥을 경단을 지어 굴리는 놀라운 능력자이다. 그것을 보노라면 절로 경탄이 나온다. 뒷발을 이용해 뒤로 굴리고 가는 걸 보면 벌린 입이 다물어지지 않는다. 거기다가 가고자 하는 방향도 정확하게 읽는다. 그런 광경은 시골에 살 때 흔히 볼 수 있었다. 하지만 지금은 거의 사라지고 좀처럼 보기 어려운 환경이 되었다.

녀석은 해가 떠올라 따뜻해지면 풀밭에서 작업을 시작한다. 쇠똥을 입으로 조금씩 떼어내어 경단을 만든다. 그렇게 만든 것을 구르다가 넘어지기도 한다. 그렇지만 벼랑에 떨어져 곤두박질을 치며 한동안 혼절을 하다가도 오뚝이처럼 일어나 다시 굴리고 간다.

전에는 그렇게도 흔했던 것이 언젠가부터인가 자취를 감추어 버렸다. 소를 방목하지 않고 제초제를 무작위로 사용한 뒤부터다.

나는 쇠똥구리를 보면 그리스 신화에 나오는 시시포스가 생각난다. 몇 번의 거짓말을 했다는 이유로 명계의 히데스로부터 커다란 바윗돌을 산정에 밀어 올리는 형벌을 받는데 그 벌이 실로 처절한 것이다.

쇠똥구리도 그 노역이 만만치 않다. 언덕 아래로 굴러떨어진 경단을 한사코 밀어 올리려고 애쓰는 것을 보면 눈물겹다. 예전에 그것을 보면 그 힘든 노동이 무척 안타까워 보였다. 하나 그 결말은 끝까지 지켜보지 않아서 모른다.

몇 년 전으로 기억된다. 환경부에서 쇠똥구리 입찰에 나선 적이 있다. 마리당 100만 원을 지급한다는 것이었다. 보도되자 경향 각지에서는 채집활동이 벌어졌다. 그렇지만 소기의 목적은 달성하지 못했다. 쇠똥구리라고 잡아 온 것들이 외양만 비슷한 풍뎅이들이었던 것이다.

이후로 국내에서의 수집을 포기하고 최근 몽골에서 2백 마리를 사 들여왔다고 한다. 이것을 지금 경북 영양에 있는 국립생태원에서 개체 증식에 들어갔단다.

쇠똥구리는 생태계에서 중요한 역할을 담당한다고 한다. 먹이로 쓰기 위해 땅속으로 끌고 들어간 것이 땅을 기름지게 하고 환경을 청결하게 만든단다.

실례(實例)가 있다. 1960년대 초에 호주에서는 방목한 소 숫자가 무려 3천만 마리가 넘어서서 그것들이 배설한 똥으로 크게 환경을 오염시켰다. 어떻게 할 것인가. 고민이 생겼다. 이때 착안한 것이 쇠똥구리였다. 아프리카에서 쇠똥구리를 들여왔다. 그게 적중했다. 놀라운 정화 능력을 보였을 뿐 아니라 토질까지 비옥하게 만드는 효과를 거두었다. 땅속으로 물고 들어간 것이 그대로 거름이 되기도 했던 것이다.

쇠똥구리는 쇠똥을 먹이로 삼고 그 속에 알을 낳아 새끼를 키워낸다. 그러면서 땅을 비옥하게 만드는 것은 부수의 효과이다. 그 점에서 보면 지렁이의 역할도 결코 무시할 수 없다. 하루에 자기 몸의 수십 배의 흙을 먹어서 기름진 분변토를 만들어 내놓는 것이다.

얼마 전에 나는 굼벵이를 사육하는 농가를 다녀온 적이 있다. 차광이 된 암실에는 수십 상자의 굼벵이를 키우고 있었다. 단계별로 막 부화한 알에서부터 성충이 되기까지 분리하여 기르고 있었다.

주인은 앞으로 곤충 산업이 미래의 먹거리를 책임질 것이라고 했다. 그러고 보면 일찍이 관심을 두지 않던 것들이 새롭게 인식되고 부가가치를 높이지 않는가 한다. 이것들을 약제와 식량 자원 차원에서 바라본 것이다.

생각하면 전에는 흔했지만, 지금은 사라진 것들이 한둘이 아니다. 우선 쇠똥구리가 그렇고 금개구리가 그렇고 혼인색을 띠고 냇물에서 유영하던 피라미가 그렇다. 전에는 얼마나 많았던가. 환경이 오염되어 벌어진 현상인데 그립기만 하다. 그런 것을 어디서나 다시 보게 되었으면 좋겠다. 그것이 설령 복원 사업으로 이뤄지더라도 그리되었으면 한다.

아니, 그 희망을 보게 된다. 이미 지리산에는 복원하여 방사된 반달가슴곰이 수십 마리가 뛰놀고, 자취를 감추었던 황새와 따오기도 복원 사업을 통해 착착 번식이 이루어지고 있어서다. 그렇다면 불원간 쇠똥구리도 복원 사업을 통해 개체 수를 늘려가지 않겠는가. 그날을 기대해 본다. (2019)

사(死)의 찬미

어떤 물건이나 특정 지점이 전혀 다른 것에 의해 상징이 되는 것이 있다. 그 대표적인 것으로 현해탄(玄海灘) 하면 떠오르는 〈사의 찬미〉도 그중 하나가 아닐까 싶다. 이 명칭은 애초엔 현계탄(玄界灘)이었는데 입설로 전해지면서 현해탄으로 바뀌었다고 한다. 그러니까 검은 여울의 경계라는 말이 세월이 흐르는 사이에 검은 바다 여울이 된 셈이다.

나는 수년 전에 대마도를 둘러보고 오다 그곳이 왜 현해탄인가 하는 것을 실감했다. 바람이 그리 불지 않는데도 일렁이는 파도가 장난이 아니었던 것이다. 그곳에는 대한해협이 가로질러 있어 평소에도 물결이 세차다고 하는데, 그날도 다르지 않았다. 비교적 수심이 낮은 곳이라고 하나 물살이 거센 곳이라서인지 물빛이 검고 섬 하나 보이지 않는 곳은 망망대해를 연상케 하였다.

나는 그날 배 안에서 선창을 내다보며 핸드폰을 꺼내 들었다. 몇 시나 되었나 살펴보기 위해서였다. 그런데 작동이 되지 않고 먹통이 되어 있었다. 직감적으로 전파방해를 받는 지역이구나 하는 생각이 들었다. 그런데 이때 나의 뇌리에는 어떤 장면 하나가 번개처럼 스치고 지나갔다. 그것은 김우진(金祐鎭 1897~1926)과 윤심덕(尹心悳 1897~1926)이란 이름과 '사의 찬미'였다. 그들은 동갑내기로 죽음을 함께 했다. 1926년 8월 3일, 바로 이 현해탄에서였다.

그들의 투신을 목격한 사람은 아무도 없다. 단지 당시 시모노세키에서 부산 간을 운행하던 관부연락선에 오른 기록과 현해탄 어느 지점에 이르렀을 때 선실의 문이 열려있는 것이 단서일 뿐이었다. 죽기 직전 그들은 유류품 몇 개를 남겼는데 김우진은 금시계와 돈 20원, 윤심덕은 지갑에 현찰 140원이 들어있었다.

그들은 그것을 남김으로써 현해탄에 투신한 것을 증명해 주었다. 그들은 승선자 명부를 작성할 때 각각 가명을 사용하였다는데, 그렇다면 이미 흔적 없이 사라지기를 작정했던 것일까.

그런 일이라면 어떤 기시감이 있다. 바로 내가 직장생활을 할 때 낙도인 거문도에서 자살한 이가 있었는데 그도 승선명부에 가명을 사용했던 것이다.

더구나 죽으면서는 '첩자 운운' 하며 신분을 감추었다. 그러한 변사체를 처리한 경험이 있는 것이다. 아무튼, 그들은 별 흔적을 남기지 않고 바다에 투신하여 사라졌다. 비극적 최후를 생각할 때 안타까움이 많다. 김우진은 극작가 겸 연출가이면서 와세다대학 재학생이었다고 한다. 집안도 당대 갑부에다 아버지가 군수를 지낼 정도로 명문가였다. 그리고 이미 가정도 꾸려 자식도 두고 있었다.

그런 사람이 생을 내팽개칠 정도로 이루지 못할 사랑에 고민이 많았던 것일까. 그만큼 사랑에 불타올랐던 것일까. 아깝고 안타깝기는 윤심덕도 마찬가지다. 그녀는 경성음악대학을 졸업하고 관비로 일본 유학까지 한 재원으로 당대 조선 최초의 소프라노 가수로 명성이 높았다. 그가 부른 '사(死)의 찬미'는 레코드 판매량이 10만 장이 넘었다고 한다. 대단한 성과이며 장래가 촉망된 미혼여성이었다.

그런 사람들이 투신자살하다니 이승에서 맺지 못할 사랑에 절망했던 것일까. 한데 그가 부른 노래가 의미심장하다. 가수는 흔히 자기가 부른 노래대로 살다 간다는 말이 있는데 운명적인 예언 같기도 한 것이다.

"세상의 것은 너에게 허무니 너 죽은 후는 모두 다 없도다." 노랫말은 이렇게 되어 있다.

광막한 광야에 / 달리는 인생아
너 가는 곳 / 그 어데이냐
쓸쓸한 세상 / 험악한 고해에
너는 무엇을 / 찾으려 하느냐(이하 생략)

흔히 가수는 한 노래를 적게는 수백 번, 많게는 수천 번을 부른다고 하는데 그렇게 부르다 보니 감정이입이 되어 허무에 빠진 것일까.

두 사람이 투신자살한 시대는 일제 암흑기였다. 3·1 운동이 일어나고 불과 7년 후로 일제가 우리 백성들을 회유하기 위해 강온 양면 정책을 펴던 때였다. 민족의 앞날이 캄캄하던 때에 엘리트에 속하는 두 사람의 죽음은 얼마나 사람들의 마음을 안타깝게 만들었을까. 개인의 사랑이 나라의 암담한 현실과 맞물려 얼마나 젊은이들을 절망하게 만들었을까.

세월이 많이 흐른 지금, 그들의 죽음을 미화할 생각은 전혀 없다. 오히려 당대의 지식인으로서 무책임하게 생을 마감한 데 대해서 나무라고 싶은 마음이 크다.

그러나 한편 생각하면 삭막한 세상을 살고 있는 우리에게 하나의 잊지 못할 러브스토리는 남기지 않았는가 한다.

사랑의 절실함, 사랑의 안타까움을 새삼 일깨우는 것도, 아니 사랑에 대하여 진지하게 성찰해 보게 하는 것도 의미가 있는 일이 아니겠는가. 그 이야기는 두고두고 얘깃거리가 되지 않을까 한다.

셰익스피어의 로미오와 줄리엣처럼 조선판 사랑의 비극으로 남아 있지 않을까 한다. 아무튼, 그날 나는 현해탄을 빠져나오면서 많은 생각을 했다.

그들은 함께 죽어 천상에서 행복을 누리고 살까. 아니면 한순간의 잘못된 판단을 후회하며 지내고 있을까. 그러면서 나는 조용히 사의 찬미를 읊조리며 서글프기도 하고 안타깝기도 한, 마음을 못내 내려놓지 못했다. (2020)

4부

앵무새 둥지 탈출

둥지를 잃은 까치

철거당한 까치집을 본다. 지을 때는 몇 날 며칠이 걸렸겠지만, 철거를 당한 데는 한순간이다. 한전 철거반이 작업차를 몰고 와 잇댄 장대에 붙인 쇠갈퀴를 이용해 찍어내리니 금방 우수수 쏟아진다.

그 작업은 도로변 전신주 위에서 벌어지고 있다. 일전에 신문을 보니 한전에서는 봄철 까치의 번식기를 맞아 철거작업에 돌입했다더니 그 일환으로 작업이 이루어진 것 같다.

아닌 게 아니라 요즘 보면 까치의 움직임이 부산하다. 녀석들은 높은 나무에도 집을 짓지만, 전신주도 마다하지 않는다. 녀석들은 주로 변압기가 붙어있는 쪽을 선호한다. 그곳이 나뭇가지를 걸치기 쉽고 잘 무너져 내리지 않기 때문이다.

녀석들은 어디에 집을 지어도 허술하게 짓는 법이 없지만 보다 견고하고 안전하게 짓기 위해 그런 곳을 택하는 것 같다. 한데, 한전 측에서 볼 때는 그게 합선과 화재 발생의 원인이 되어 봄철만 되면 까치와의 사투를 벌인다.

이것을 보면 요즘 까치는 반가운 손님을 부르는 익조(益鳥)가 아니다. 해조(害鳥)로 낙인이 찍혀 천덕꾸러기가 되고 있다.

그런 까닭에 까치집이 철거를 당해도 누구 한 사람 짠하게 여기는 사람이 없다. 이미 개체수가 포화상태를 이루어 농작물과 과수에 막대한 피해를 내고 있어 눈 밖에 난 탓이다.

들리는 말로는 이것들이 전신주 위에 집을 지어 철거하는 인력도 보통 일이 아니라고 한다.

오늘 내가 사는 동네에서 이루어지는 까치집 철거 작업은 일사불란하게 행하여지고 있다. 먼저 작업차를 집이 지어진 전신주 가까이 붙이더니 한편에서는 사다리를 타고 오르고 한편에서는 장대를 이용해 끌어낸다.

그러니 철거되는 건 순식간이다. 그야말로 까치 입장에서 보면 한순간에 직격탄을 맞은 셈이다. 그렇게 졸지에 강제 철거를 당한 까치를 본다. 부부인 듯한 두 마리가 가까운 땅바닥에서 서성대는 것을 보니 여간 딱해 보이지 않는다. 녀석의 입장에서 보면 얼마나 황당할까.

그동안에는 어렵게 집을 짓고 새끼를 치려고 했는데. 느닷없는 봉변을 당한 심정이 어떠할까.

아마 말을 못 해서 그렇지 억장이 무너져 내렸을 것 같다. 더구나 이 일은 무슨 천재지변도 아니지 않은가. 오직 사람의 판단과 결정에 의해 내쫓김을 당한 것이 아닌가.

예고 없는 날벼락은 누구에게나 상처를 남기기 마련이다. 그래서일까. 까치 부부를 보노라니 행동이 정상적으로 보이지 않는다. 다시 자리를 떠 한 녀석은 나뭇가지에 앉아서 망연자실해 있고, 다른 녀석은 끓어오르는 울분을 어쩌지 못하겠는지 길바닥을 여전히 바장대고 있다.

평소 같으면 어디 그런 모습이던가. 힘찬 목소리로 귀청이 찢어질 듯 우짖고 힘찬 날갯짓을 하던 녀석들이 아니던가. 그래서 마음이 저릿했다.

한전 직원이 나타나 전신주 위의 까치집을 철거한 것은 정오 무렵이었다. 나는 볼 일이 있어 길을 나섰다가 그걸 보고서 차마 못 볼 것을 보는 심정이었다.

철거 작전은 예고가 된 상황이었다. 교회 모퉁이를 돌아서니 그 앞에 한전 작업차가 보였던 것이다.

차는 도착하여 일사불란하게 움직였다. 한쪽에 안전하게 세운 후, 가차 없이 까치집을 끌어내렸다. 장대 끄트머리에 매달린 갈고리로 당기니 맥없이 와르르 무너졌다. 그렇게 작업을 마친 직원들은 뒤처리도 빈틈이 없었다. 부서져 내린 나뭇가지들을 남김없이 수거했다. 다시는 물어다가 집을 짓지 못하도록 하는 조처 같았다. 말하자면 불법 건축물에 대한 자재 압수라고나 할까.

한데, 그 처사가 조금은 지나치다는 생각을 떨칠 수가 없었다. 지장을 주었다면 허물어 버리면 됐지 그것까지 모두 수거

해갈 건 또 무엇인가.

어찌 됐건 작업은 말끔하게 정리가 되었다. 이후 까치도 어디론가 날아가 버렸다. 그 광경을 구경 나온 사람들도 제각기 흩어졌다. 둥지를 잃은 까치가 나중에 와서 보고 얼마나 실망할까.

나는 예전에도 그렇게 둥지가 헐려 집을 잃은 까치를 목격한 적이 있다. 다니던 직장 후정에 느티나무가 있었는데, 그곳에다 까치가 집을 짓고 살았다.

누가 그게 시끄럽다고 했는지, 어느 날 그 나무를 베어내게 되었다. 그러자 졸지에 까치는 집을 잃고 말았다. 그런 까치가 한동안 떠나지 않고 주위를 맴돌며 서럽게 우짖었다. 그것을 보고 어느 직원이 말했다.

"웬 까치가 저리 울어 쌀까." 그 말에 다른 직원이 말을 받았다. "그야 빤한 일이지. 내 집 내놓으라는 것이 아니겠는가." 그 말을 듣고 콧등이 시큰해진 적이 있다.

이런 절박한 상황은 TV에서도 종종 대한다. 철거 위기에 내몰린 주민들이 집 앞에 바리케이드를 치고 철거반의 물대포에 맞서고 있는 장면이다. 나는 그런 장면을 보면 전에 어느 동네를 방문했을 적에 그곳에 살던 주민들이 내쉬던 한숨 소리가 잊히지 않는다.

동네 옆으로 이웃 섬과 다리가 놓여서 앞으로 살기가 좋아지겠다고 했더니, "발전을 하면 뭐 한답니까. 우리는 그 바람에 언제 쫓겨날지 모르는 신세가 됐는데." 했던 것이다.

그것은 다른 것이 아니었다. 그들은 그동안 남의 땅 위에다 집을 짓고 살아왔는데 개발이 되면 땅값이 뛸 게 빤하고, 그러면 땅 주인은 세를 더 올려 달라거나 나가라고 할 게 아니냐는 것이었다.

그동안 짧게는 십 년, 길게는 50년을 넘게 터 잡고 살아왔는데, 그간 땅 주인에게 수십 차례 대지를 양도해 달라고 했는데도 거절당했다는 것이다.

나는 그때는 그 말의 절실함을 몰랐는데, 오늘 까치집이 헐리는 것을 보니 새삼스레 남의 집, 남의 땅에 얹어 사는 사람들의 신산한 삶이 절실하게 느껴진다.

그러면서 이 문제와 관련해서 진정 이 땅의 주인은 누구인가 하는 원초적인 물음을 묻게 된다.

사람이 일정 지역을 차지하고 설령 등기하여 자기의 소유로 만들었다고 해서 그게 진정한 의미의 자기 땅일까. 그것은 어디까지나 사람이 만들어낸 논리요 편리가 아닌가.

그런 논리라면 동물들도 마땅히 주장할 바가 있지 않을까. 집에서 키우는 개는 말할 것이 없고, TV에서 보니 호랑이도 주기적으로 자기 구역을 순찰하며 영역 표시를 하는 걸 보았는데, 사람이 더 우선이라는 근거는 무엇인가.

그렇게 보면 까치도 남의 시설물이긴 하지만 자기 활동 범위로 생각하고 집을 지었으리라고 보면, 적어도 압수한 자재는 돌려주는 게 맞지 않았을까. 다른 곳에라도 다시 살 집을 지을 수 있게 말이다.

이런 것을 생각하면 나는 1977년, 소위 광주 무등산 타잔으로 알려진 박흥숙 사건을 소환하지 않을 수 없다. 그는 어려운 형편에 열쇠 수리공을 하며 향학열을 탔 사람이었다.

그는 무등산 자락에 무허가 집을 짓고 살았지만 꿈을 키우고 있었다. 제2의 이소룡을 꿈꾸며 무술을 연마하고 사법고시를 준비했다.

그가 살던 집은 무등산이 도립공원으로 승격되자 철거 위기에 내몰렸다. 그는 철거반이 들이닥쳤을 때 제발 불은 지르지 말아 달라고 간청했다고 한다.

그런데 철거반은 받아들이지 않았다. 이웃집이 처참하게 불에 타는 것을 보고 그는 이성을 잃었다. 참지를 못하고 살인을 저지르고 말았다.

"죄 없이 가난에 떨어야 하는 사람들은 이 나라 사람이 아니란 말인가."

이렇게 울부짖었다고 한다. 그리고 이런 말도 남겼다고 한다.

"남의 집 화장실이나 처마 밑에 살아본 사람이나 자신의 처지를 알 것"이라고 했단다.

까치집 철거 장면을 목격하며 떠올리는 이런 생각은 어떤 아쉬움 때문이다. 목적을 위한 결행에 앞서 적어도 퇴로는 열어주고 밀어붙여야 하지 않나 하는 생각에서이다. (2003)

낯익은 테마

어릴 적 나는 일 년이면 서너 차례 집에 오시는 외할머니를 기다렸다. 허리춤에 매단 주머니를 풀어 꺼내 주시는 사탕을 먹는 재미도 있었지만, 무엇보다도 들려주는 구수한 옛날이야기를 듣고 싶어서였다. 내가 열 살 이전이던 때 60대이신 외할머니는 구수한 입담으로 이야기를 잘하셨다. 현대의 구연동화가 생삭날 만큼 성황에 맞는 목소리와 표성으로 실삼나게 이야기를 해주셔서 나는 늘 할머니의 턱밑에 다가앉아 이야기해 달라고 졸랐다.

"이야기를 좋아하면 가난하게 산다는디……"

하시면서도 그때마다 할머니는 귀찮다고 않으시고 옛날이야기를 들려주셨다. 할머니의 이야기보따리는 무궁무진했다. 경우에 따라서는 엇비슷하거나 중첩된 것이 없지 않았지만 늘 흥미로웠다. 그런 것 중에는 무식하지만 순박한 남편을 글 공부시켜 출세시킨 이야기, 사람 해친 지네를 잡아 죽인 이야기 등이 있다. 여기에는 꼭 금덩어리가 등장하고 기개 넘치는 장정이 힘을 발휘했다.

그 이야기들은 나중에 커서 생각하니 '바보온달과 평강공주 이야기', '김자점'에 관한 이야기가 적당히 버무려진 것이었다. 그중에서 유독 황금덩어리가 등장한 것은 그것이 출세하기 위한 자금으로서 역할을 강조한 것으로 읽혔다.

아무튼, 할머니의 이야기는 구수한 입담에 더해져서 흥미를 끌었다. 아마도 그때 받은 이야기의 영향은 나중에 내가 작가가 되는데 상당한 양향을 미치지 않았나 생각한다. 그런 이야기는 한동안 나의 뇌리에서 상상력을 키워주었다. 이리저리 얽힌 이야기가 혼재하면서 그것이 하나의 진화된 이야기를 만들어 냈다.

한데, 그러다가 성인이 되어 이야기를 간추리는 하나의 테마가 됨직한 것을 알게 되었다. 그것은 경상도 밀양 땅에 전해지는 어떤 성공 신화 이야기와 관계가 있고, 조금씩 변형되어 전해오는 이야기의 내용이다.

영조 시대 남의 집 머슴을 살던 고유(高裕)라는 사람이 과장에 나가 장원급제를 했다. 결혼하여 초야를 보낸 그가 10년 공부 끝에 이뤄낸 성과였다. 그러니 이야기는 가지를 쳐서 전해지고 입신양명의 본보기로 회자되었다.

사고무친인 고 도령은 남의 집 머슴살이를 전전했다. 본시 임진왜란 때 홍의장군으로 활약한 고경명 장군의 후손이었으나, 돌봐줄 사람 없이 궁핍한 생활을 했다. 하지만 이목구비가 뚜렷하고 말씨가 단정했다. 거기다가 성품은 진중하고 남에게 지탄받을 행동을 하는 법이 없었다.

그러던 그가 스무 살이 되던 해에 아전의 우두머리로 있는 박 좌수를 찾아갔다. 행실 바른 그의 딸을 아내로 삼기 위해서였다.

이를 위해 그는 묘안을 짜냈다. 장기판을 들고 가서 하나의 제안을 했다.

"좌수어른, 저하고 내기 장기 한판, 두시지요. 제가 지면 좌수어른 집에서 3년을 공짜로 머슴을 살겠습니다."

"그럼 내가 지면?"

"그때는 저에게 따님을 주십시오."

"예끼 이 사람. 금지옥엽 같은 내 딸을 탐하다니. 안 되는 말이네."

한데 그때였다. 문밖에서 두 사람의 말을 엿듣던 딸이 방으로 들어서며 말했다.

"그렇게 하세요, 아버지, 고 도령이 져서 우리 집 일꾼이 되면 좋고, 아버님이 져서 제가 고 도령한테 시집을 가도 상관없어요. 저는 둘 다 좋아요."

그리하여 내기 장기는 고 도령이 이겼고, 장가를 들어 첫날밤을 보내게 되었다.

한데 첫날밤을 치른 후 박 부인이 하나의 제안을 했다.

"우리는 아직 젊으니 10년을 공부한다 해도 늦지 않습니다. 배우지 못함은 밤길을 걷는 것과 같다고 했는데, 공부를 해보세요. 학비가 될 만큼은 준비가 되어 있어요."

그리하여 고 도령은 스승을 찾아 공부하게 되었고 마침내 성균관에서 치러진 별시에서 장원급제하게 되었다.

영조 임금이 그를 불렀다.

"벼슬을 한 조상님이 누가 계시느냐?"

"예 경 자 명 자 할아버지가 계십니다"

"오라, 의병장 제봉(霽峰)이란 말이냐?"

"예 그러하옵니다."

그러면서 공부를 하게 된 자초지종을 이야기하게 되었다. 이를 듣고 있던 임금께서는 그를 밀양 부사에 임명함과 동시에 하나의 과제를 내주었다.

부인이 다른 집으로 시집을 갔을 수도 있으니, 행색을 초라하게 하여 부인의 태도를 살피도록 한 것이었다. 마침내 그가 밀양 땅에 이르게 되었다. 수소문하여 찾으니 부인은 재가도 하지 않고 혼자서 살림을 일궈 부자가 되어 있었다. 그리고 10살 된 아들도 있었다.

"부인 미안하오. 공부하라고 준 돈은 강도에게 빼앗겨 버렸고 돈이 없어 공부하지 못했소."

그러나 부인은 금방 눈치를 챘다. 걸친 두루마기는 비록 해지고 꾀죄죄했으나 속옷은 깨끗했던 것이다. 더구나 허리춤에 달린 호패는 고급스러운 것이었다.

부인은 아들부터 불러서 인사를 시켰다. 그러고 나서 잔치를 준비했다. 그러는 사이에 지방 나졸들은 마당에 도열하고 관아에서 가마가 도착했다.

그는 하는 수 없이 임금과의 약조한 이야기를 하고 자기가 장원급제하여 밀양 부사로 오게 된 사실을 실토했다.

이만하면 성공 신화가 아닌가. 그는 나중에 이조참판에까지 오르고 부인은 숙부인이 되었다. 그야말로 우러러보는 신분 상승을 한 것이다.

이 이야기는 자라나는 어린이에게 '고생 끝에 낙이 오고' '노력하면 성공한다.'라는 가르침을 주는 비화가 아닌가 한다. 하나의 이야기는 덧붙여져서 또 다른 이야기를 낳는다.

아마도 이 이야기는 앞으로도 계속 전해지지 않을까. 세월이 흐름에 따라 첨삭되고 윤색되지만, 주제를 이룬 테마만큼은 본류를 이루어 계속 아이들에게 꿈을 심어 주는 이야기로 남지 않을까. 내가 어렸을 적 한없이 빠져들어서 감동하고 나이를 먹어서도 여전히 잊지 못하는 것처럼. (2020)

틀니

얼마 전 치과에 들러 이를 보수했다. 흔들리는 앞니 하나를 빼고 양옆의 성한 이를 송곳처럼 갈았다. 이는 그것을 지주 삼아 틀니를 끼우기 위해서였다. 이 결정은 결과적으로 내가 동의한 것이지만 순전히 의사의 판단이었다. 내가 당연히 임플란트 시술을 요구하는 줄 알고서 "몇 개월 걸립니다"라고 고지를 하기에 "그렇게나, 오래요?" 하고 반문을 하니 다소 의외라는 듯 차선책으로 권한 시술 방법이었다.

의사 선생은 내가 임플란트를 할 의사가 없다는 걸 확인하고 두 가지 방법을 제시했다. 틀니로 보철하거나 성한 이에 틀니를 끼우는 방법을 제시했다. 그러면서 함께 장단점을 말해주었다. 그 말을 듣고 나는 끼우는 방법을 선택했다. 다소 비용면에서 비싸더라도 번거롭게 자주 빼내어 씻을 필요가 없는 후자를 선택했다.

방법이 결정되자 작업은 일사천리로 진행되었다. 흔들리는 이를 빼낸 후 한동안 날카로운 금속성이 귀를 찢더니 거울 속에 드러난 공사장은 가관이었다. 이 하나는 휑하니 빠지고 양옆에 지주처럼 버틴 두 이는 마치 드라큘라의 이를 연상시켰다. 송곳처럼 날카롭게 갈아놓았는데, 그것이라면 호랑이하고도 능히 맞설 수 있을 것 같았다. 그만큼 날카로워 보여서 그것으로 물어뜯으면 어느 짐승의 살점인들 뜯어내지 못할 것이 없어 보였다.

그것을 보노라니 바로 이해가 갔다. 그렇게 만든 곳에 틀니를 끼우면 안전하게 고정이 될 것 같았다. 아닌 게 아니라 나중에 틀니를 끼워보니 완벽하게 커버가 되면서 꿈쩍하지 않았다.

평소에 약간 흔들리던 이는 식사 도중에 문제를 일으켰다. 국물로 입안을 적신 후 밥을 한 수저 떠먹고는 깍두기를 집어서 저작을 하니 평소 부실한 이가 심하게 시큰거렸다. 그러더니 흔들림이 급격히 심해져서 더는 식사를 할 수 없었다. 그래서 바로 치과에 찾아갔던 것이다.

나는 시술 의자에 앉아서 의사 선생이 작업하는 동안 그간 사용해온 이를 생각해 보았다. 사람은 70세를 기준으로 일생 약 7만 5천 번의 식사를 한다고 하는데 그렇다면 한 끼의 식사를 하는데 일천 번 이상의 저작 운동을 한다고 보면 얼마나 이를 많이 사용하는 것인가. 내 나이 이미 75세를 넘겼으니 그 횟수는 상상하기도 어려울 일이다. 그리 사용해 왔으니 온전할 리가 있겠는가.

그 생각을 하니 그간 주인을 위해 무한 봉사를 하다 임무를 마치고 뽑혀나간 이가 무척이나 고생했겠다는 생각에 고맙기도 하면서 미안했다.

그런 한편으로 독수리가 떠올려졌다. 어느 책에서 본 내용이다. 70년쯤 사는 독수리는 전 반생을 지나 40년쯤이 되면 부리와 발톱이 모두 망가지고 사용할 수 없는 지경이 된단다. 그런데 이때가 되면 극심한 고통을 겪어가며 부리는 돌을 쪼고 발톱은 끊임없이 바위에 갈아서 새로 태어날 시도를 한단다. 그런 과정에서 피가 낭자해진단다.

그런 후에 보면 새 부리와 새 발톱이 나는데 이때 새로 무장한 것으로 남은 생을 살아간다는 것이다.

그렇다면 나도 새롭게 무장한 이 이빨을 가지고 남은 생을 살아가야 하지 않을까. 보아하니 새로 끼워 넣은 틀니는 인공으로 해 넣은 이처럼 보이지도 않고 완벽하다. 손으로 흔들어 보아도 꿈쩍도 하지 않고 무엇이든지 깨물어도 먹지 못한 것이 없을 것 같다.

해서 엊그제는 새로 무장한 이를 실험도 할 겸 게장국집을 찾았다. 그곳에서 누가 보란 듯이 게걸스레 게 발, 하나를 들고 우지끈 물어뜯었다. 그랬더니 옆에서 식사하던 사람이 '뭐 이런 분이 있냐.' 싶게 흘끔 쳐다보았다. 보아하니 나이가 70이 넘어 보이는 노인이 이 자랑을 하니 놀라서 그런 것 같았다.

그것은 바로 내가 노린 바였다. 그렇지만 대단하다고 부러운 눈으로 바라보는 그 시선을 피하며 나는,

'이 정도인지 몰랐지? 나 이런 사람이야.' 속으로 말하며 어깨를 으쓱했다. 오래간만에 가져보는 자신감이었다. 보수한 이 하나 때문에 이런 자신감이 붙다니, 앞으로 이런 자신감으로 열심히 남은 생을 살아야 하지 않을까 생각했다. 그러면서 앞으로 이 이로 얼마나 저작 활동을 할까 가늠해 보았다. 앞으로 건강만 유지되면 능히 10년은 버텨내지 않을까.

하나, 과욕은 금물일 것이다. 예로부터 지나침은 모자람만 못하다고 했으니 자신감을 가진 것은 좋지만 매사 불여튼튼, 조심하며 아껴서 사용해야 하지 않을까 한다. 의사 선생도 말했듯이 지주 삼아 고정해 놓은 이도 그리 성하지는 않으니 신경 쓰며 조심하며 살아야 하지 않을까 한다.

그러면서 새삼 갈아 낀 이를 생각하면서 수명을 다한 이에게는 위로를, 새로 낀 의치에는 노후의 생을 부탁해본다. 한데, 내 사후에 육신은 진토 되어도 이 틀니만큼은 부패하지 않고 남을 거라는 생각을 하니 한편으로 나를 증명하는 증표가 된 것은 좋으나, 그 흔적이 그리 좋게 생각되지 않아서 유쾌하지만은 않고 조금은 씁쓸하다. (2020)

앵무새 둥지 탈출

아침에 큰 변고가 날 뻔했다. 전립선 치료를 위해 양쪽 다리 삼음교(三陰交) 자리에 뜸을 뜨고 나서 보니 발톱이 길어있어 그것을 자르려고 고개를 숙이고 있던 참이었다. 그런데 이때 고개를 쳐들 사이도 없이 선인장의 일종인 커다란 리베라 나무가 풀썩 머리 옆으로 쓰러졌다. 눈 깜빡할 사이였다.

놀라 고개를 들어보니 화분은 이미 깨져있고 가시투성이의 무시무시한 리베라 몸통이가 뽑혀서 거실 창문에 걸쳐있었다. 내 입에서 '후유' 하는 긴 한숨이 흘러 나왔다. 만약 그것이 얼굴을 덮쳤더라면 어떻게 되었을까. 아마 바늘 같은 수많은 가시에 영락없이 만신창이가 되었을 것이다.

그 큰 리베라가 쓰러지면서 앵무새 새장 또한 가격을 당했는지 받침대는 받침대대로 바닥에 떨어져 나뒹굴고 있었다.

그 광경은 실로 처참하였다. 플라스틱 밑바닥은 깨져서 산산조각이 나고 그사이에 앵무새는 창밖으로 탈출해버렸다. 비어있는 망가진 새장을 보니 허탈하기만 했다.

얼마 동안이나 정성 들여 돌봐오던 앵무새였던가. 급한 대로 주위에 흩어진 화분 조각과 플라스틱 조각, 그리고 화분에 담겨있던 엉망이 된 흙을 치웠다. 그러는 동안에도 내 머릿속에는 탈출해버린 앵무새 생각만 가득했다.

화분이 넘어진 건 앵무새 때문으로 보인다. 녀석이 새장에 넣어둔 물그릇을 건드리고 그것이 넘어지면서 연쇄반응을 일으켜 새장의 균형을 무너뜨리고 그 옆에 불안정하게 놓인 리베라 화분을 건드린 것이 분명했다.

그게 아니라면 무엇을 의심할 것인가. 바람도 불지 않았는데 살아 움직이는 생명체는 오직 앵무새가 유일하지 않았던가. 그 점에 대해서는 놈의 소행을 확신할 수 있다. 불과 며칠 전에도 깨진 바닥을 통해서 탈출을 감행한 적이 있었다.

그 바람에 잡아들이느라 실랑이를 하면서 꽁지깃이 두 개나 뽑히고 말았다. 그렇게 뽑히니 녀석의 꼬락서니가 말이 아니었다. 마치 물에 빠진 생쥐처럼 초라해 보일 뿐 아니라 작은 몸집이 더욱 작아 보였다. 빰을 맞는 데는 구레나룻이 한몫하고 멋스러움을 보여주기도 하는데 이놈이야말로 한몫하던 그 꽁지가 죄다 뽑히고 나니 초라해 보이기 짝이 없었다.

이날도 녀석은 탈출을 감행하려고 시도했던 것 같다. 내가 눈을 마주치지 않고 발톱 깎기에 열중하고 있으니 감시의 눈을 피해 은밀히 결행을 시도한 것 같다. 그러다가 결국 큰 사단을 벌여놓고 만 것이다.

하나, 나는 녀석이 괘씸하기보다는 애잔한 마음이 더 크다. 밖이 그리워 탈출했는지 모르지만 어떻게 살 수 있겠는가. 조롱 안에서는 비록 갇혀 있긴 했어도 챙겨주는 모이를 먹고살았는데 어려서부터 스스로 먹이를 구해보지 못한 녀석이 탈 없이 적응하겠는가.

아파트 주변은 들고양이 천지인데 풀밭에 내려앉아 있다가는 공격받기에 십상일 것이다. 그런 위험을 일찍이 겪어보지 못한 녀석이 위험을 피할 수 있을지도 걱정이다.

내가 녀석과 함께한 지는 햇수로 6년이 넘었다. 어디를 다녀오는데 가시넝쿨 속에 뱁새만큼이나 작은 새 한 마리가 보였다. 처음에는 그것이 무슨 새인지도 모르고 맨손으로 냉큼 움켜잡았다. 그랬더니 사정없이 손가락을 물어버리는 것이 아닌가. 놀라서 주둥이를 보니 맹금류 특유의 입 모양을 하고 있었다. 그때야 앵무새인 것을 알았다.

녀석은 어디서 탈출한 것이 분명했다. 그때는 어린 새끼인 탓에 아직 날개 죽지가 튼실하지도 못했다. 나는 이것을 집으로 가지고 와서 박스에 넣어두고 새장을 구입하였다. 그렇게 기르기를 한 일 년 여, 그러다가 혼자 둔 것이 안 되어 보여서 한 마리를 더 들여서 짝을 맞추어 놓았다.

그런데 구입한 녀석이 5년여를 지내다가 작년에 갑자기 죽고 말았다. 설사를 했는지 항문 주위가 지저분해진 상태로 눈을 감고 말았다. 그 후로 녀석은 다시 혼자가 되었다. 짝을 맞춰줄 생각도 했으나 가까이에 판매하는 곳이 없어 포기했다.

생각해 보면 녀석은 기구한 운명을 타고난 듯하다. 일찍이 어디서 탈출하였고 그 밖에도 수많은 탈출 시도와 동반자와의 사별, 마지막에는 사고까지 쳐놓고 도망갔으니 예사 드센 팔자가 아니다.

나는 그동안 녀석의 시중을 열심히 들었다. 하루도 빠짐없이 아침에 일어나면 모이와 물을 주고 주기적으로 새장 청소도 해주었다. 그런 사이에 고운 정 미운 정이 들어서 처음엔 막무가내로 심히 경계하던 녀석도 시간이 지남에 따라 얌전해졌다.

그러나 탈출 본능은 여전하여 기회만 생기면 새장을 빠져나왔다. 처음에는 입구를 입으로 물어서 끌어당기더니 나중에는 그곳을 머리를 밀어 올렸다. 해서 단단히 방비해 놓았더니 급기야는 벌어진 바닥 틈을 공략한 것이다.

그런 걸 보면 녀석은 집요한 면이 있다. 나는 녀석이 탈출한 것에는 조금도 미련이나 아쉬움, 서운함이 없다. 단지 걱정은 어떻게 한데서 적응할 것인가 하는 것이다. 지금은 여름철이어서 벌레들이 많으니 그것을 잡아먹고 그럭저럭 지내겠지만 겨울철은 어떻게 보낼지 걱정이 된다.

나는 녀석을 떠나보낸 후 창문을 조금 열어두기로 했다. 어디 쏘다니다가 집이 그립거나 오고 싶으면 언제라도 되돌아오라는 뜻이다. 아무튼, 오늘 일을 생각하면 우선은 리베라 가시에 얼굴을 찔리지 않는 것이 다행이고, 그러면서도 다만 바라는 바는 녀석이 밖에 나간 이상 잘 적응하여 제 수명을 다했으면 하는 것이다. (2021)

갈색에 반하다

사람들이 색채를 대하는 느낌은 다 비슷할까. 대체로 사람은 흰색과 푸른색에 편안함을 느끼지만, 붉은색을 대하면 그렇지 않다. 환희와 흥분, 초조와 긴장감을 느낀다.

그것은 사람이 건널목 앞에서 신호등을 기다리는 태도를 보면 알 수 있다. 푸른빛에는 차분해지다가도 적색 신호가 켜지면 긴장하게 된다. 이것은 대뇌가 먼저 반응하여 '안 돼, 멈춰서야 해' 하고 경고를 보내기 때문이다.

그만큼 적색은 우리 생활에서 경고의 의미로 자리잡고 있다. 그 대표적인 것으로 시위용품을 들 수 있을 것이다. 거의 붉은색으로 칠갑이 되어 있다.

그러면 푸른색과 붉은색의 중간인 '갈색'을 대하는 기분은 어떨까. 우선 무엇보다도 푸른색과 붉은색 중 어느 편에 속하는지가 궁금하다. 붉은색 계통으로 볼 수도 있고 푸른색의 느낌도 있기 때문이다.

갈색은 빨강과 파랑이 합쳐진 색깔이다. 두 색깔이 적당히 배합되고 중화가 된 색깔이다. 대체로 보아 흙빛이 그렇고 단풍 빛깔과 초콜릿색이 그렇고, 갱엿의 빛깔이 그러하다.

나는 갈색을 좋아한다. 대하노라면 왠지 모르게 포근함을 안겨주고 안정감을 주기 때문이다. 갈색은 모든 색을 포용한다. 빨강, 파랑, 흰색을 두루 수용한다. 그래서 이 색채를 누구나 보면 안정감을 느낀다.

이 색깔을 보면서 나는 여러 가지를 떠올릴 때가 있다. 추수를 앞둔 들녘의 풍경, 시골의 바자 울타리, 버스의 선반 위에 올려져 원행 길을 떠난 동구리를 떠올린다. 그러다가 어느 때는 붉은색이 가미된 이야기도 그려보게 된다.

옛날 중국 북송 시대 어느 상인이 천하 문장가 소동파에게 그림 한 점을 그려 주기를 청했다. 그러면서 그는 붉은 비단을 내밀며 대나무 그림을 부탁했다. 이를 본 소동파는 대번에 그 위에다 적색 물감을 찍어 일필휘지로 대나무를 그렸다. 이를 받아 든 상인은 크게 당황하여 따지듯 물었다.

"어찌하여 붉은 천에 붉은 대나무를 그렸습니까?"

이에 동파공는 태연하게 답을 하는 것이었다.

"화가는 본래 마음으로 그림을 그리는 것이오. 내 어찌 이 붉은 천을 보고 흥분하지 않고 대나무를 그릴 수 있겠소."

꼭 그래서 만이 아니다. 그때 그 천이 갈색이었어도 그랬을까. 다른 색상을 다 수용하니 그의 당황함도 누그러 트리지 않았을까. 갈색은 노란색이기 보다는 주황색에 가깝다. 그러면서 흙색을 띤다.

흙색은 잿빛과 함께 주로 승복이나 개량 한복의 복색으로 많이 사용한다. 그런데는 모색(暮色)에 가까워 자연 친화적으로 보여서일 것이다. 사람이 살다가 마지막 떠나는 색깔도 이 빛깔인 것이다.

내가 갈색을 좋아한 이유가 있다. 수석에 취미를 붙여 가게를 드나들 때였다. 하루는 보니 눈길을 끄는 초콜릿석이 있었다. 호기심이 당겨서 물으니 충북 수산에서 직접 구입한 돌이라고 했다. 한눈에 보아도 색깔이 범상치 않고 아주 품위가 있었다. 대번에 반해 버렸다.

볼수록 색상이 화려하지도 않으면서 탁해 보이지도 않아 정감이 갔다. 은근한 감흥이 일면서 중후한 멋까지 느껴져서 시선을 떼지 못했다. 왜 그토록 마음을 당기는지 몰랐다.

그런데 생각해 보니 그것이 낯이 익다는 생각이 들었다. 바로 그것이었다. 우리 주변에 널려있는 색깔. 그것을 닮고 있었던 것이다. 나는 그 돌에 마음을 빼앗긴 후 어떻게든 소장해볼 생각으로 다시 수석 가게를 찾아갔다. 한데 가게는 그사이 주인이 바뀌어 있었다. 그 돌이 보이지 않아 물으니 집으로 가져갔다는 것이었다. 수소문하여 찾아갔다. 다행히 돌은 집안에 잘 보관하고 있었다.

양도를 청하니 단번에 거절했다. 수석을 좋아하는 사람으로서 생계를 잇기 위해 비록 수석 가게를 열었지만, 이것만은 소장해야 할 돌이라는 것이었다.

하지만 그런 정도에서 물러나는 건 애석인의 집념이 아니다. 모름지기 애석인이라면 조선 시대 애석인 조면호 선생을 본받아야 한다. 조면호 선생이 헌종 임금의 애장석을 수중에 넣은 일은 두고두고 회자가 된다. 그는 임금의 물목에서 빠진 수석 해산연산석을 각감 오규일이 가지고 있다는 말을 들었다. 당장 찾아가서 추사의 묵란도를 주고 기어이 가져왔다.

진정한 애석인이라면 이 정도는 되어야 하는 것이다. 나 또한, 그런 자세로 양도를 부탁하니 단호히 거절했다. 그래도 붙들고 늘어지니 '임자 될 사람은 따로 있는 모양'이라면서 내주었다. 대신 값은 후하게 셈 쳐 주었다. 이렇게 하여 입수된 초콜릿석은 지금 내 집 거실에 모셔져 있다.

색채는 볼수록 오묘하다. 보고 또 보아도 물리지 않는다. 이토록 정감이 가는 색채가 또 있을까. 이 초코릿돌의 강도는 오모스 측정계로 9도에 가깝다. 통상적으로 이 정도면 보석에 가깝다. 강옥석인 다이아몬드에는 못 미치나 루비 정도에 가깝다.

나는 이 돌을 보면서 때로 생각에 잠긴다. 이 돌은 45억 년 전 지구 내부의 마그마가 분출할 때 지표로 튀어나와 생성되었을 것이다. 맨틀 내핵이 3천 도가 넘게 끓어오를 때 만들어져 갈색이 되었을 것이다. 운석들이 지구로 떨어질 때 엄청난

열과 압력에 의해서 고밀도가 되듯이 그런 과정을 통해 강도로 압축이 되었을 것이다.

그런 생각을 하면서 돌을 보면 한없는 경외심과 감동이 인다. 거기다가 매끄러운 피부를 보면 얼마나 오랜 세월을 닳고 닳았을까 싶어 숙연해지기까지 한다.

이런 돌을 보고서 받는 느낌이 없다면 사람이 아닐 것이다. 대하면서 자연스레 묵언의 자세와 진중함을 배우고 인내심을 배우게 된다.

그러면서 갈색에 대한 친화력까지 느끼게 되니 더 없는 완상물인 것이다. 나는 이즘 몰아치는 한파에도 느긋한 마음이 되어 갈색의 깊은 묘미와 흥취에 빠져 지낸다. (2019)

생존을 위한 진화

시리아 북쪽에 위치한 티우라스 산은 험준하기로 유명하다. 그런데 그곳 골짜기에는 조류의 제왕 독수리가 사는데 이놈들은 먹을 것이 귀해 능선을 넘는 두루미를 노린단다. 두루미 울음소리가 크게 산골짜기를 울리면 멀리서 목을 지키고 있다가 공격을 하여 배를 채운단다.

하나, 그런 중에서도 늙은 두루미는 희생이 적은데, 그런 데는 이유가 있다고 한다. 독수리는 시끄럽게 우는 두루미 소리를 듣고 사냥에 나서는데 늙은 두루미는 그것을 알고 미리서 입에다 돌을 물고서 목에서 나오는 소리를 제어한다고 한다. 얼마나 놀라운 일인가.

한데. 그 점에서 보면 기러기의 지혜도 못지않다. 중국 북부에 서식하는 기러기는 겨울철 먹이를 구하기 위해 양자강 하류로 향하는데, 이때는 잘 먹지를 못해 몸이 가벼워서 높이 난다고 한다. 그런데 돌아갈 때는 살이 쪄서 높이 날지를 못한단다.

양자강 어부들은 이때를 노려서 강가에 그물을 쳐놓고서 기러기가 걸려들기를 기다린단다. 그런데 녀석들 중에는 지혜를 발휘한 녀석이 있어서 입에다가 갈대를 물고서 그물을 피해 간다는 것이다.

함로(銜蘆)라는 말은 여기서 생겨났다고 한다. 이는 기러기가 갈대를 물고서 난다는 뜻으로 지혜를 상징한 말로 쓰인다.

그렇다면 사람은 어떤가, 영장류의 윗자리를 차지하는 인간이 결코 이것들에 비해 뒤질 리는 없다. 아니, 몇 갑절 더 환경에 적응하고 지혜를 발휘하고 산다. 우선 신체적인 면에서 자연환경에 맞춰 진화를 했다.

북방계인과 남방계인은 외견상으로도 차이가 난다. 즉, 북방계인은 눈이 작고 콧구멍은 좁은데 비해 남방계인은 그 반대이다. 북방계인은 추운 지방에 살기에 몸에서 열이 덜 빠져나가도록 진화를 했고, 남방계인은 더운 데서 살기 때문에 반대로 진화를 한 것이다.

어느 열대지방 종족은 오줌을 단 몇 초 만에 눌 수 있는 놀라운 능력을 갖추고 있다고 한다. 이는 늪지대에 거머리가 많이 살아 물리지 않기 위해서 그런 탁월한 능력을 가지게 되었단다. 한편, 아프리카 사람들이 빨리 달리는 능력은 맹수를 피하거나 동물을 사냥하기 위해서 그렇게 신체 조건이 진화한 것이다.

인간의 적응 능력은 실로 놀랍다. 마야족이 산정에다 마추픽추의 도시를 건설해 놓은 것을 보면 경탄을 하게 된다. 고대 이집트의 피라미드 건축물과 한족이 축성한 만리장성, 그리고 크메르인이 건설한 앙코르와트는 놀랍기만 하다.

인간의 만들어낸 성과물은 실로 놀랍다. 거기다가 남을 위해 희생하는 이타 정신은 다른 생명체들이 감히 따라 하지 못한다. 다른 동물들도 생존을 위해서는 놀라운 지혜를 발휘하나 벌과 개미처럼 특정한 개체를 제외하고는 사람처럼 그렇게 하지는 못 한다.

얼마 전에 TV를 통해 목격한 것이다. 극한 상태에서 살아가는 다큐 프로를 보았는데 전율이 느껴졌다. 인간이 주어진 환경에서 저토록 적응을 하다니… 감동이 밀려왔다.

먼저 본 장면은 눈을 의심하게 만드는 나무 타기였다. 허공을 찌를 듯 높은 나무를 변변한 장비도 없이 오르는데 그저 경탄할 뿐이었다. 캐냐 밀림 속에 사는 부족인데 날다람쥐처럼 타고 오르는 솜씨가 신기에 가까웠다. 나무 둘레가 거의 2미터가 넘고 높이가 40미터에 이르는 거목을 오르는데 지참한 도구라곤 도끼와 칡넝쿨이 고작이었다.

그들은 그 높은 나무에 올라 벌꿀을 채취하고 있었다. 장정은 한 발짝씩 오르면서 도끼로 나무 몸통을 찍으며 버텼다. 그 모습을 가족은 초조하게 지켜보았다.

나무에 오른 장정은 마침내 벌집에서 꿀이 가득한 밀랍을 꺼내 들었다. 득의에 찬 모습, 인간 승리를 보는 듯했다.

자기 혼자만 먹을 생각이었다면 그렇게 오를 수 있었을까. 가족을 생각하지 않고서는 그리 못했을 것이다. 자칫 발이라도 헛디디면 즉사할 수 있는 높이가 아닌가.

다음으로 본 것은 작살을 이용한 고기잡이 광경이었다. 인도네시아의 어느 부족인데 그곳은 농지가 거의 없어 오직 바다에서 고기잡이를 하여 살고 있었다. 그 부족은 아이 적부터 작살 기술을 익혔다. 긴 장대를 들고 10미터도 더 높은 곳에서 뛰어내려 목표물에 내리꽂는 연습을 거듭했다.

그들은 그렇게 연마한 기량으로 실전에 임하여 대형 가오리나 고래를 사냥했다. 그들은 어떤 기계장치도 없는 작은 배를 타고 나가 고래가 출현하면 일격을 가해 숨통을 끊어놓았다. 수 없는 기량 연마, 불굴의 투지였다. 생존만을 위한 행위가 분명했다.

그에 비해서 해상가옥 생활을 하는 동남아 어느 부족은 또 다른 면에서 인간의 진화능력을 보여주었다. 물안경 하나만을 쓰고서 거의 2분여를 물에 잠수한 상태로 견뎌냈다. 놀라운 잠행 능력이었다. 바닷속에서는 자유로이 헤엄을 치는 것을 넘어서 땅바닥을 딛고 걸어 다니는데, 보면서도 과연 저리할 수 있을까 싶었다. 역시 가족을 살리고 자기도 살아남기 위한 의지의 발현이 아닐 수 없었다.

놀라운 것은 그뿐만이 아니었다. 북극에서 이글루를 짓고 사는 에스키모인은 더욱 놀라운 생존 능력을 보여주었다. 눈이 덮인 빙판을 가로질러 순전히 육감에 의해 한 지점을 깨고 들어가서 홍합을 채취해 나오는데 그야말로 인간의 감(感)이란 어디까지 미치는가 싶어 벌어진 입이 다물어지지 않았다.

어떻게 눈에 보이지도 않는 지점을 택해 정확히 뚫고 들어가서 바위에 붙은 홍합을 채취한단 말인가. 시간이 충분한 것도 아니었다. 간조 때를 맞추어 불과 30여 분의 한정된 시간에 신속히 작업을 마치고 나오는 모습은 그야말로 신기했다. 그런 몸짓에서도 가족을 향한 전사의 모습이 느껴졌다.

그 장면들을 보면서 나는 어떤 확신이 들었다. 노아의 방주에서처럼 아무리 세상을 쓸어버리는 재앙이 닥친다 해도 인간은 살아남지 않을까. 맷돌 속에 좀이 살아남듯이 인간은 살아남지 않을까.

그들이 저마다 주어진 환경에서 악조건을 무릅쓰고 가족을 지키기 위해 살아가는 모습은 감동적이었다. 방송에서는 그런 모습을 '한 끼의 식사'라는 제목으로 내보내고 있었지만, 나의 눈에는 평범한 일상으로 비치지 않았다. 그래선지 가족을 위해 생존 본능을 발휘하는 그 모습이 찡하게 가슴을 울렸다. (2016)

남의 머리 깎아주기

세상을 살아가며 어떤 일은 스스로 나서서 해결하기 어려운 일이 있다. 그런 일 중에는 어려움에 처하여 남에게 손 내밀어 돈을 빌리는 것도 그중 하나지만, 자기가 나서 상(賞)을 받으려 하는 것도 해당한다. 지금은 세상이 예전과 달리 자기 PR 시대가 되었다고는 하지만 여전히 어려운 일이 그것이다. 왠지 면구스럽고 용기가 나지 않기 때문이다.

그중에서도 돈을 빌리는 일은 당장 절박한 문제이기 때문에 어쩔 수 없이 나서게 된다. 발이 차마 떨어지지 않지만 달리 해결책이 없기 때문이다. 하지만 상을 받는 문제는 사정이 조금 다르다. 여전히 주저하고 앞에 나서지를 못하지만 그리 절박한 문제는 아니다. 그러함에도 바라는 바는 간절하기에 고소원(固所願)의 심정으로 애를 태운다.

누가 도와주면 좋겠지만 그럴 기미가 보이지 않을 때는 하는 수 없이 본인이 나서는 경우를 보게 된다. 그 심정은 스스로 제 머리를 못 깎는 일이기에 벙어리 냉가슴을 앓으며 전전긍긍한다. 그 절박함은 그 모가치가 누가 보나, 자기에게 돌아올 확률이 높을 때나, 아니면 변수가 생겨서 다른 사람에게 돌아가는 낌새가 보이기라도 하면 그 초조감은 배가가 된다.

내가 느닷없이 왜 이 이야기를 꺼내느냐 하면 일전의 일이 생각나서이다. 전남의 원로 수필가 김학래(金鶴來) 선생의 부음을 들었는데 그분 생각을 하니 '아, 당신이 돌아가셨구나' 하는 감회가 어렸던 것이다. 선생은 열악한 전남 수필의 텃밭을 가꾸고 지켜온 분인데, 나하고도 어떤 인연이 있었다.

그런 만큼 한동안 생각이 머릿속을 가득 채웠다. 그것은 문학상에 관한 것이다. 아니 그러겠는가. 그 일은 순전히 내가 자발적으로 서두른 일이기도 한 것이다. 그 일을 잠깐 소개하면 그것은 내가 내 머리를 깎은 일이 아니라 순전히 '남의 머리 깎아주기'에 해당한다.

그러니까 7~8년 전이다. 나는 당돌하게도 어떤 문학상의 편중 문제를 지적하고 나섰다. 비록 수필 문단에서 지명도가 없고 영향력이 있는 사람이 아니지만, 짚을 점이 있다고 생각하여 명분 문제를 제기하고 나선 것이었다. 그것은 우리 수필 문단에서 가장 권위 있는 상의 하나로 해마다 원로분 중에서 한두 분 수상하는 상이다.

그 상은 이미 5~6회를 지속해 왔으나 그간은 광주광역시를 비롯하여 전남과 전북에 거주하는 분은 한 분도 받지 못했었다. 그만큼 지역적으로 소외가 되고 있었다. 상을 만든 취지가 수필 문학 발전에 이바지하고, 원로분 중에서 수필을 지켜온 분을 발굴하여 주는 것인데, 그 취지에도 부응하지 못하고 편중이 된 것이었다.

심각한 문제가 있다고 생각했다. 어떤 특정 우수작품을 뽑아서 상을 주는 것이 아닌 터에, 지역 안배를 무시한다면 전 회원이 뜻을 모아 주는 상의 취지에도 맞지 않는다고 여겼다.

해서 건의를 했는데 극적으로 받아들여졌다. 그것은 당시 이사장을 맡고 있던 지연희 선생의 폭넓은 아량과 공감, 균형 감각 때문이었다. 그렇지만 나는 내가 추천한 분이 내정되었다는 말을 듣고서도 일체 당사자에게 귀띔해 주지 않았다. 공치사할 일도 아니거니와 내가 내린 결정도 아니었기 때문이다.

그런데 수상을 하고 나서 한참 후에 김 선생으로부터 전화가 걸려왔다.

"저는 그런 줄도 모르고 있었네요. 고맙습니다." 해서 나는,

"무슨 말씀을요. 당연히 받으셔야지요. 늦었지만 축하드립니다." 하고 말했다.

사실은 이에 앞서 다음과 같은 전차가 있었다. 지연희 회장께 전화로 전라도를 배려해 주셔서 감사하다는 인사를 하니 수상자가 전화를 했더냐고 물어왔다. 수상자가 속사정을 모르는 것 같아서 자기가 내 이야기를 해주었다는 것이었다.

그러니까, 내게 걸어온 전화는 그 이야기를 듣고서 한 것이었다. 그것을 알기에 구구한 설명 없이 담담하게 전화를 받았던 것이다. 그건 아주 잘했다고 생각한다. 평생 동안 수필만을 붙들고 열심히 쓰다가 돌아가셨는데, 말년에 보람된 훈장 하나를 받은 셈이니 얼마나 뿌듯하고 잘된 것인가. 아마도 돌아가시면서도 고마운 마음을 간직하고 눈을 감지 않았을까 한다.

일전에는 또 다른 기분 좋은 전화를 받게 되었다. 한국수필에서 활동하는 분인데 역시 내가 머리 깎아주기에 나선 덕에 수상자로 결정되었다는 고마움을 표하는 전화였다. 나는 진심으로 축하해 주었다. 그는 한 단체의 창립 멤버이면서 회장까지 역임한 분인데 상복이 없어서 늘 후 순위로 밀리나 있었다. 그런데 최근에는 그마저도 잊혀질 지경이 되어 있었다.

그런 상황을 보면서 이번에도 나는 임원진을 적극적으로 설득했다. 하지만 대기자가 많아 쉽지 않았다. 해서 일 년여를 기다린 끝에 해를 넘겨 성사를 시킨 것이다. 나는 일체 본인에게는 언질을 주지 않으면서 신간을 내도록 종용했다. 무엇보다도 수상 조건이 최근 3년 이내 출간한 수필집이 있어야 하므로 그 조건에 맞추기 위해서였다.

나는 이번에도 좋은 일을 했다고 생각한다. 자격이 안 되거나 조건이 맞지 않은데도 무리하게 도운 일이면 문제가 있겠지만, 소외된 분을 챙겨드리는 건 바람직한 일이 아닌가.

자격과 조건이 되는데도 스스로 제 머리를 깎지 못한 사람. 그들을 위해 미력하나마 힘써 준 일을 나는 더없는 보람으로 여긴다.

중매쟁이에겐 일이 잘못되면 뺨이 석 대라는 말이 있지만, 이런 건 그런 것도 없는 것이 아닌가. 그것은 대단한 일도 아니고 그저 말품을 판 것에 지나지 않지만, 미력하나마 힘을 보태어 가능했기에 그 생각을 하면 기분이 좋아진다.

비록 자기 일에는 무능하기 짝이 없는 사람이지만 남의 머리를 대신 깎아주어서 좋은 결과를 얻었다는 생각에 보람을 느낀다. 얼마나 흐뭇한 일인가. (2020)

엄벌이 필요한 자

어느 천둥벌거숭이가 "독립 운동가는 대충 살고 친일파는 열심히 살았다."라고 망언을 쏟아놓은 즈음, 안중근 의사 숭모회에 몸 담고 있는 지인으로부터 책자를 하나 기증받았다. 작년에 안 의사의 순국 110주년과 기념관 건립 50주년을 맞이하여 발간한 것이었다.

지인이 그것을 보내준 건 아마도 작금의 망언 여파가 일파만파로 번져가고 독립운동가 후손들이 격하게 반응하자 발간한 지 꽤 지났지만 읽어 보라고 보내준 것 같았다.

그것을 받고서, 보내준 성의도 있고 친일파의 준동이 여전한 걸 느끼던 터라 앞서 보던 책을 물리고 읽어 보았다. 읽어보니 아니나 다를까 금방 뜨거운 것이 끓어오르며 생각이 많아졌다.

나는 평소에 조선말 일제가 검은 마수를 드리우고 우리나라를 옥죄어 올 때 분연히 일어나 항거한 인물들을 잊지 못한다. 그중에는 안 의사의 의거와 황현 선생의 자결, 그리고 김구 선생의 항일 투쟁이 자리 잡고 있다. 그것을 떠올리면 늘 가슴이 뛴다. 풍전등화의 위기에 놓인 조선이 먹이사슬의 톱니바퀴 속으로 속절없이 빠져들어갈 때 격렬하게 항거하던 몸짓을 잊을 수가 없다. 그런 활약이 없었다면 우리의 독립투쟁사는 얼마나 볼품없고 초라했을 것인가.

물론, 집단으로 일제에 대항하여 치른 봉오동전투나 청산리전투도 있었지만, 개개인은 대응은 얼마나 무기력했던가. 아니, 이완용처럼 그리고 윤아무개가 말한 '친일파는 열심히 살았다.'라고 나불댄 것처럼 상당수는 얼마나 시류에 편승해 나라의 안위는 내팽개치고 개인의 영달에 몰두했던가.

한데 이때, 경종을 울린 사람이 나타났다. 1909년 하얼빈역에서 안중근 의사가 일본의 실권자 이토 히로부미를 제거한 것이다. 실로 쾌거가 아닐 수 없다. 그리고 황현 선생은 그 의가가 일어난 이듬해 강제로 침탈당한 한일합방의 국치를 보고 목숨을 끊었다.

"나라가 선비를 양성하여 500년이 되었건만 나라가 망하는 날 한 명의 선비도 스스로 죽는 자가 없으니 슬프지 않겠는가."

그것이 결행의 이유였다. 김구 선생 항일 투쟁의 역정은 더 말할 것도 없다.

보내온 책자를 읽으니 김구 선생과 안중근 의사는 어떤 필연성에 의해 얽힌 인연이 있음을 보게 된다. 우선 몇 가지가 크게 눈에 들어온다. 첫째는 태어난 곳이 황해도 해주로 고향이 같다. 고향에서 김구 선생은 1876년 출생하여 1894년 동학농민전쟁 당시 동학 교주 최시형으로부터 황해도 책임자로 인정받았다.

그러면서 동학군 선봉장으로 해주 감영을 공격하여 실패했는데, 이때 신천의려를 이끌던 안 의사의 부친 안태훈 선생의 보호를 받게 된다. 그러면서 식객으로 머물고 있던 고능선(高能善)에게서 안 의사의 형제들과 함께 학문을 배운다. 그러면서 자연스레 스승의 척화사상을 받아들인다.

안 의사는 김구 선생보다 세 살이 아래다. 한때 공부를 함께 했지만, 나중에 두 사람은 함께 어울려 행동하지 않았다. 안 의사가 하얼빈에서 거사할 때 김구 선생은 신간회 황해도 총감으로 국내에 머물면서 독립군 기지 창건에 힘썼다.

그러다가 안 의사의 동생 안명근 사건이 터져 신간회 회원들이 체포될 때 김구 선생은 검거되어 실형을 살다 가석방이 된다. 그런 두 집안은 1919년 3·1 운동 직후 중국 상하이에 대한민국 임시정부가 수립되면서 다시 긴밀한 관계가 되었다. 안 의사의 동생 안공근이 1925년 이후 김구 선생과 15년을 함께 동고동락하며 최측근으로 활약한 것이다. 이때 안명근은 김구 어머니 곽낙원 여사를 각별하게 챙겼다고 한다.

그러기는 김구 선생도 마찬가지였다. 안중근 의사의 유가족을 신경 써서 도왔다. 이 부분은 상하이가 위태로울 때 안 의사의 부인을 구출하기 위해 노심초사한 일을 백범일지에서 확인할 수 있다.

무엇보다 두 집안의 각별함은 안정근의 차녀 안미생을 김구 선생이 장남과 혼인시켜 며느리로 들인 것으로도 알 수 있다. 그녀는 외국어에 능하여 김구 선생 옆에서 비서로 밤낮을 일했다고 한다. 그런 와중에 장남 김인이 중병을 얻어 사경을 헤매게 되었는데, 손을 내밀어 주지 못해 훗날 두고두고 가슴 아파했다고 한다. 얼마나 궁핍과 싸우고 견뎠으면 그랬을까. 숨어 지내며 보낸 열악한 환경을 떠올리면 짐작이 간다.

이런 인연은 지금도 두 집안 간 끈끈하게 이어지고 있단다. 김구 선생의 둘째 아들 김신의 막내딸 김미(손녀)가 빙그레 김호연 회장과 결혼하여 그가 독립운동 기념사업회를 이끌며 가족들을 챙기고 있단다. 한편, 안 의사의 차남 안춘생은 일제에 굴복하여 지탄도 받았으나 손자 안웅호는 미국 버클리대학에서 의학박사를 받은 후 심장의학 전문의로 이름을 크게 떨치고, 딸 현생은 광복 후 교수로 활동을 했단다.

이런 내력만 훑어보더라도 어렵게 버텨낸 독립운동의 여정이 얼마나 가시밭길이며 신산했는가를 짐작할 수 있다.

한데, 그러한 삶을 살아온 독립운동가들을 눈곱만큼도 개념이 없는 자가 '독립운동가는 대충 살았다'라고 악의에 찬 독설을 내뱉다니 제정신인가. 아무리 철부지기로서니 기가 차서 말문이 막히고 헛웃음만 나올 뿐이다.

대저 친일파가 일제에 빌붙어서 작위를 받고 은사금을 받아

호의호식하고 산 것이 열심히 산 것인가. 그게 그의 눈에는 바르게 산 것으로 보였단 말인가.

근자에 5·18에 대해 왜곡을 일삼은 자들을 징벌하기 위해 법 조항을 만들었듯이 독립운동과 독립운동가를 폄훼하는 자들에게도 똑같이 엄히 처벌하는 법을 만들어야 하지 않을까. 안 의사와 김구 선생의 삶을 짚어보면서 그러한 생각을 절실히 해보게 된다. (2021)

0.01초를 겨루는 감동

'하나 된 열정'이라는 슬로건 아래 지구촌 스포츠 축제 평창동계올림픽이 17일간의 대장정을 마쳤다. 예년에 비해 혹독한 추위와 거센 바람으로 인해 일부 종목이 지연되는 등 차질을 빚기도 했으나 무사히 경기가 끝난 지금은 전반적으로 대회가 성공했다는 평가가 나온다.

거둔 성적도 내세울 만하다. 금메달 5, 은메달 8, 동메달 4개를 포함에 도합 17개의 메달을 따고, 초기 국가들의 저조를 우려했던 염려도 날려 버렸다. 구름 관중 100만 명이 경기장을 찾은 것이다.

더욱 고무적인 것은 올림픽이 열리기 직전만 해도 한반도에 불길한 전운이 감돌았으나 깨끗이 걷어낸 것이다.

북한의 김여정 부부장과 미국의 이방카 보좌관이 방한한 후로 대결국면은 급속히 대화 분위기로 바뀌었다. 올림픽이 가져온 후광의 운이 아닐 수 없다.

이번 개막식과 폐막식은 우리의 문화 저력을 유감없이 보여주었다. 개막식에서 드론으로 오륜기와 상징 마스코트인 수호랑을 수놓더니 폐막식에서는 무대를 압도하는 K팝 공연이 관중의 시선을 사로잡았다.

무엇보다도 큰 성과는 우리 선수들이 피땀 흘려 거둔 성적이다. 개최국인 만큼 많은 메달과 순위도 중요하지만 각 종목의 다변화가 필요했는데, 소기의 성과를 거둔 것이다.

여태까지 우리나라는 쇼트트랙과 스피드스케이팅에서만 메달을 따왔으나 이번에는 생소한 스켈레톤, 봅슬레이, 컬링. 스노보드에서 골고루 메달이 나왔다. 그중에서도 새로 채택한 메스스타트에서 이승훈이 거둔 초대 금메달 획득은 특별하다.

그는 승리를 하고 나서 감동스러운 모습을 보여주었다. 팀 막내 정재원의 손을 높이 들어주며 운동장을 돌았다. 작전 수행을 도운 고마움의 표시였다. 이런 행동을 보고 문재인 대통령도 기뻐했다. "진정한 선배의 품격을 보여주었다."라고 칭찬했다. 내가 보기에도 아름다웠는데 많은 국민들도 흐뭇하게 생각했을 터이다.

방송과 신문에서는 뒷이야기를 쏟아냈다. 스노보드 선수 이상호는 경기장이 없이 겨울철에 눈이 많이 오는 평창 배추밭에서 빨래판으로 연습을 했고, 쇼트트랙 1,500미터에서 금메달을 딴 임효준 선수는 잦은 부상으로 인해 일곱 번의 대수술을 받고도 일어났단다. 그리고 스피드스케이팅의 김태윤 선수는 오직 한 경기에만 전심전력한 끝에 1000미터에서 소중한 동메달을 따냈다.

컬링은 그야말로 온 국민에게 안겨 감동을 주었다. 경기 자체가 생소하고 선수도 적은데 마늘의 고장 의성의 작은 고을 선수들이 큰 기쁨을 선사한 것이다. 비록 은메달에 머물렀지만, 예선에서 전 팀을 승리했으니 우승권자라고 해도 과언이 아니다. 하나, 우리가 몰라서 그렇지 그들은 얼마나 피나는 노력을 했을 것인가.

알아주지 않는 비인기 종목을 붙들고 오직 하면 된다는 강한 신념으로 꿈을 향해 정진한 것은 대견함을 넘어 여간 아름다운 모습이 아니다.

그런 치열함으로 말하면 한국 봅슬레이팀의 절치부심하며 거둔 성과도 잊을 수 없다. 4명이 합작하여 일구어낸 귀한 은메달, 이들의 준비 과정을 들으면 실로 눈물겹다. 경기 특성상 체중이 많이 나가야 유리한 고지를 점하는 특성상 체중을 불리기 위해 하루에 8회 이상이나 식사를 하며 몸 관리를 했다니 놀라지 않을 수 없다. 그러면서도 스타트가 중요하기 때문에 옷에 간국이 배도록 수천수만 번의 출발 연습을 했다니 혀가 내둘러진다.

그러했음에도 원윤종 선수는 2인승 경기에 나가 6위에 그치고 말았다. 그는 죄를 지은 듯 관중 앞에서 얼굴을 들지 못했다. 표정에선 자괴의 모습이 역력했다. 그런데 그는 결코, 좌절하지 않았다. 다시 일어나 이를 악물고 봅슬레이 4인승 경기에 나섰다. 성적은 1, 2, 3차에서 모두 2위.

그런데 마지막 4차에서 변수가 생겼다. 3위를 달리던 발트가 이끄는 독일 팀이 2위로 치고 올라온 것이었다. 이를 방어하려면 그 이상의 성적이 나와야 한다.

마침내 파이팅을 외친 한국 팀은 출발선을 박차고 달려 나갔다. 출발시각이 종전 기록에 비해 약간 빠르긴 했으나 직전 팀과 비교하면 0.03초가 늦은 기록이었다. 그러나 한국 팀은 경기장 1.3Km를 달려 나가는 동안 점차 기록을 줄여갔다. 3분의 2 지점까지 0,002초 단축, 나머지 구간은 아직 알 수가 없었다. 한데 결승점을 통과하면서는 동 타임을 기록했다. 최종 기록은 3분 16초 38. 이런 극적인 일이 있을까. 그저 간절한 염원 하나가 마침내 기적을 보여주는 순간이었다.

방송 보도에 따르면 이번 한국 선수가 출전한 경기는 시청률이 거의 50%를 상회했다고 한다. 얼마나 뜨거운 응원을 했는지 짐작이 간다.

한국 선수들은 웃을 일이 없는 국민에게 모처럼 큰 선물을 주었다. 고마운 일이다. 더하여 마침내는 평화의 기운이 돌게 하였으니 칭찬받아 마땅하지 않는가 한다. (2018)

깨져버린 기대(期待)

“철썩 촤르르, 철썩 촤르르….”

파도에 휩쓸려 조약돌 구르는 소리. 내가 근 오십 년간 가슴 속에 담아둔 그리운 의성어(擬聲語). 그 어떤 환상을 꿈꾼다고 해도 이보다 몽환적인 소리와 장면을 비견할 수 있을까. 너울져온 파도가 갯가에 부딪치면 바닷물은 해조음(海潮音)을 내고 쓸려 내리는 조약돌은 아우성쳤다.

반세기 전 내가 적금도(積金島) 해안에서 매양 목격하던 광경이다. 그런 현상은 물때가 사리물때인 일곱 물이나 여덟 물때 그러했다. 이때는 물도 많이 빠지지만 반대로 들물이 지면 갯가는 만수 상태를 이루었다. 그곳에 파도가 치면 바다는 격정의 교향곡을 연주했다. 조약돌이 우르르 밀어와 다시 빠져나가면서 반주를 넣었다. 그 여음은 높은 경사면에 쌓인 몽돌을 다시 굴러 내릴 때까지 이어졌다.

더욱 그런 현상은 파랑주의보가 내리면 한층 기세를 더 하였다. 밀려온 파도가 먼저 돌의 피면을 적시면 그다음 밀려온 파도가 힘껏 돌을 밀어 올렸다. 그런 다음에는 조금 숨길을 고르다가 이내 빠져나갔다. 그런 동작이 무한 반복되었다. 그때마다 이어지는 '철썩' 소리와 함께 '촤르르' 하고 대합창이 이루어졌다. 마치 맥박의 주기처럼 그침이 없었다.

그곳의 돌들은 둥글둥글 몽돌이 되어 있었다. 그런 동작을 무한 반복을 하다 보니 몽돌들은 제 의지와는 상관도 없이 떠밀리고 구르면서 그리됐을 터였다.

그 모습은 무어라고 표현할까. 수련의 과정이라고 할까, 연마의 과정이라고 할까. 아무튼, 몸을 내맡긴 하나의 긴 고행의 과정을 겪는 모습이었다.

그 세월이 얼마나 오래되었으면 그토록 닳고 닳아 매끈매끈한 몽돌이 되었을까. 그곳 바닷가 돌들은 무른 푸석돌이 아니다. 청회석의 강돌로서 들어보면 마치 쇳덩어리와도 같다. 그런 돌을 파도는 굴리고 굴려서 어른 주먹 두 개를 포갠 크기로 일매지게 수마를 시켜놓고 있었다.

밤에 보는 바다는 더욱 색다른 멋이 있었다. 물이 들고 날 때마다 수평을 유지하는 모습은 볼 수 없지만, 갯가에서 포말을 일으키는 광경은 동적인 멋을 풍겼다. 마치 살아있는 거대한 생명체가 움직이는 것 같아서 무력감을 잠재운다. 이런 바다에서 나는 직장생활 초기에, 소주정(小舟艇)의 승선 근무를 했다. 그러면서 물때가 조금을 지나 사리물때로 접어들면 저녁밥을 먹고 버릇처럼 갯가로 나왔다. 배를 살펴보기 위해서지만 무엇보다도 파도에 몽돌 구르는 소리가 듣기 좋아서였다.

그 정경은 별빛이 총총한 날보다는 약간 물체가 어슴푸레 보이는 날이 제격이었다. 그만큼 환상적인 광경을 보여주어서였다. 그런 날은 어김없이 나와서 몽돌밭 위쪽에 자리를 잡고 앉았다. 그리고 한식경씩 파도가 굴리는 몽돌의 합주곡을 들었다.

"철썩 좌르르, 철썩 좌르르…."

이렇듯 파도가 몽돌을 덮치면서 소리를 내는데, 빠져나갈 때는 뜸을 들였다. 바닷물이 쌓인 모래성의 하상을 무너뜨리듯 한바탕 휘젓고 빠져나가면 그때야 비로소 몽돌은 남은 물을 토해내면서 대책 없이 와르르 굴러 내렸다. 이때는 마치 '내 몸이지만 나도 모르겠다.'라는 듯이 제 의지와는 상관없이 마구 아래로 데굴데굴 굴렀다.

나는 신비한 체험으로 이것 말고도 또 하나를 가슴에 간직하고 있다. 이곳에서 근무를 마치고 난 이듬해였다. 이때는 부서를 바꾸어 거문도에서 서도를 담당했다. 그곳을 가자면 본도인 거문도에서 덕촌리로 가는 배를 타고 가서, 변촌을 지나 서도리로 향했다.

그곳으로 향하는 오솔길에는 풋풋한 동백나무 군락이 길게 늘어서서 하나의 터널을 이루어 반겨주었다. 여름철에는 그것이 햇볕을 가려주고 겨울에는 등불처럼 꽃을 피워서 장관을 이루었다. 그곳의 동백꽃은 다른 지역에 비해 일찍 피었다. 위도가 낮고 해양성 기후가 형성되어서인지 모른다.

나는 마을 출장을 갈라치면 그 길로 들어서는데, 그때마다 가지에 매달린 꽃송이가 앞을 가로막았다. 그러다 보니 그것은 곧잘 이마에 닿았다. 그 신비롭고 아름다운 광경이라니, 어찌 잊을까. 차가우면서도 보드라운 감촉. 은은한 꽃향기. 그것을 나는 오랜 세월이 흘렀어도 잊지 못한다.

그런데 어제는 그처럼 잊지 못하는 기대감을 안고 적금도를 찾아가게 되었다. 함께 글을 쓰는 문우가 동행을 자청해 주어서였다. 한데, 섬을 가로지르는 특색 있는 대형 현수교를 한 개도 아니고 네 개나 지나쳐 낭도에 들러 전망대 구경과 사도를 바라보는 포토존에서 기념사진을 찍은 것까지는 좋았다. 그런데 어느 곳에서 크게 실망하고 말았다.

전에 거문도를 찾았다가 도로 확장으로 오솔길이 사라진 것을 목격하던 때처럼 여기서도 그러했다. 기대를 안고 찾아간 그 갯가의 몽돌이 가서 보니 흔적 없이 사라지고 없었다.

이럴 수가 있을까. 그 광경을 목격한 것은 여수와 고흥 간을 잇는 팔영대교 개통을 앞두고, 설 연휴를 맞아 일단 며칠간 임시 개방 소식을 듣고 찾아간 발길이었다. 동행한 친구는 조발도와 둔병도, 낭도와 적금도, 그리고 고흥을 잇는 다리의 아름다움을 누누이 말했지만, 나는 무엇보다도 적금도의 몽돌밭이 궁금했다.

그대로 잘 보존되어 있을까. 다리가 개통된다면 수많은 관광객이 몰릴 것이고, 그 몽돌밭을 찾아와 대자연이 펼치는 합주곡을 듣지 않을까. 예전에 내가 감탄했듯이 그렇게 빠져들어 몽환적 광경을 목도하게 되리라.

한데, 그 기대는 한순간에 무너지고 말았다. 낭도를 지나 적금도에 이르자 내가 마을 안길로 안내를 한 직후였다. 바로 몽돌밭이 있던 지점에 이르렀는데 막상 보니 그것은 사라지고, 흔적조차 없었다.

대신에 머리 위로는 교각이 건너지르고, 몽돌밭이 있던 곳은 마을 안길을 넓히면서 밀어버린 상태였다. 무척 애석하고 허망했다. 어찌 그럴 수가 있는지 의식이 의심스러웠다.

과연 어떤 것이 가치가 있는 것인가. 마을 안길을 넓히는 것이 급선무였을까, 아니면 명물로서 잘 보존하여 사람을 끌어들이는 자원으로의 가치가 더 있을까. 나는 단언컨대 후자를 지지한다. 생각해 보라. 내가 젊은 날 그것을 보고 감탄했듯이 다른 심신이 고달픈 여행자가 이곳에 와 하룻밤을 머물며 그 정경을 본다면 얼마나 힐링이 될 것인가. 해조음과 몽돌의 펼치는 것을 보면서 얼마나 마음을 정화될 것인가.

그런데 그 몽환적인 정경은 사라지고 없었다. 자연히 그 환상은 산산이 깨어져 버렸다. 나는 그것을 본 후, 크게 낙심했다. 그러면서 새삼 느꼈다. 그리운 것은 눈으로 확인할 것이 아니라 그대로 가슴에만 담아두고 간직하는 편이 낫지 않았을까. 기대가 무너져 버린 것을 보면서 차마 못 볼 것을 본 것처럼 후회하며 발길을 돌렸다. (2020)

조망권(眺望權)

산 아래 짓는 신축 아파트의 층수를 한층 두 층을 더해가더니 마침내 뒷산을 가려버렸다. 집에서 바라보면 그것이나마 보여서 도심에 살면서 자연 친화적인 느낌을 받아왔는데, 막아버린 것이다. 시야를 가려버리니 황당하기 짝이 없고 그만 거대한 콘크리트 성에 갇힌 기분이다.

여전히 멀리 양쪽에는 산이 희미하게 보이기는 하나, 그것은 너무 떨어져 있어 산 같지도 않고 그림 속 물안개가 낀 형상으로만 보일 뿐이다. 해서 실경의 느낌은 받을 수가 없다.

그런데 시야에서 사라진 근거리 산은 그렇지 않았다. 손에 잡힐 듯 지호지간(指呼之間)에 있지는 않아도 정상에 세워진 통신용 안테나가 환히 보이고 그 아래 펼쳐진 너른 숲과 바위도 싱그럽게 다가왔다. 그래서 창호를 통해 건너다보면 가슴이 뻥 뚫렸다. 한데 지금은 거대 장막이 쳐 있으니 답답하기 그지없다.

처음에는 그곳에 대형 타워 크레인 두 대만이 놓여 있었다. 그것을 보면서 무슨 아파트를 짓거나 다른 용도의 시설물이 들어서나 짐작은 했지만, 지금의 상황을 전혀 예상하지는 못했다. 차츰 층 수가 높아지자 일말의 불안감이 없지는 않았지만 설마 산을 통째로 가려버릴 줄은 몰랐다. 그런데 그 불안감은 결국 현실로 나타나고 말았다. 조바심을 안고 바라보던 타워 크레인이 결국은 심술을 부리고 만 것이다.

산이 막상 가려지니 타워 크레인의 긴 팔이 그렇게 흉물스러울 수가 없다. 마치 조망권(眺望權) 주장하는 주민들을 제압하는 몽둥이로만 보인다. 입주자를 제외하고 그 누구도 대단지 아파트가 들어서는 것을 바라지 않는데, 그것의 긴 팔은 '입 다물라.'라는 위협용으로만 보였다.

나는 처음 건물이 올라갈 때만 해도 최소한의 조망권은 지킬 줄 알았다. 하지만 그 기대는 무참하게 짓밟히고 말았다. 각일각 산 중턱을 가리더니 마침내는 산을 가리고 그 위에 서 있는 통신용 안테나까지 집어 삼켜버린 것이다.

사람에게는 느낌이라는 것이 있다. 불편하고 불안한 가운데 '어찌 잘못되어 가는 것이 아닐까' 하는 생각도 그러하다. 그러한 느낌은 다행히 비켜 가기도 한다. 하지만 적중되는 경우가 있다. 지금 마주치는 상황이 그런 경우라고 할까.

조망권이 침범되고 보니 문제의 심각성을 새삼 끼게 된다.

대저 조망권이 무엇인가. 일조권과 함께 우리가 살아가는데 긴요한 생존 요건이 아닌가. 그렇기 때문에 조망권은 마땅히 존중되고 지켜지고 호되어야 한다. 그렇지 않으면 인근 주민뿐 아니라 떨어져 사는 사람들에게도 큰 해를 입히기 때문이다. 해서 그런 개발 행위를 할 때는 사전에 충분한 영향 평가를 하고 있다. 그런데 이곳에서는 그렇지 않은 것 같다.

그것을 대하는 입장은 서로 다를 수가 있다. 토지주의 입장에서 보면 재산권은 보호가 우선으로 생각되고, 자기가 자기 땅에다 건물을 신축하는 것을 당연시한다. 사적인 재산권 행사로 여기기 때문이다. 하지만 그렇다고 하더라도 개발 행위가 무작정 보호될 성질은 아니다. 주변에 아직 아무것도 들어선 것이 없다면 몰라도 이미 개발이 이뤄진 상태라면 주변 상황을 고려함이 맞다.

더구나 주변의 산이나 강, 다른 자연물을 가리거나 훼손시킨다면 이때는 별개의 문제가 되는 것이다. 그런데도 그곳에는 알고 보니 대단지 아파트가 신축되고 있었다. 15층 높이로 고도제한을 했다고는 하나, 주변 상황을 전혀 고려하지 않은 것 같다. 먼 곳을 예로 들것도 없다. 가까이 있는 내가 사는 동네에서 조차 산을 바라볼 수 없게 만들어버린 것이다.

이를 보면서 당국의 형식적인 심사를 지적하지 않을 수 없다. 학교의 정화구역처럼 심의하지 않고 대충해버린 것이 눈에 보인다. 이런 불성실은 다른 곳에서도 나타난다. 그 대표적인 것이 이순신공원일 것이다.

이 공원은 높은 지대에다 널따란 공간이 확보되어 있고, 뒤에는 암벽을 이룬 산이 그림처럼 펼쳐져 있어 이 도시의 자랑거리다. 한데, 어느 때부터 바다가 조망되는 곳에 고층아파트가 우후죽순처럼 지어지더니 지금은 절반 이상 바다 정경을 가려놓고 말았다. 그 바람에 확 트인 시야는 마치 깨진 거울에 얼굴을 비추듯 볼품이 없게 만들어 버렸다.

행정의 실수는 이 뿐만이 아니다. 다른 아파트 허가 과정에서도 문제를 드러냈다. 웅천의 가장자리에 50층 높이로 들어서는 한 아파트 허가 문제를 놓고 한동안 오락가락하더니 지금은 큰 원성을 사고 있다. 당초에 허가를 내주었다가 시민의 반발로 보류한 게, 업자로부터 제소를 당하여 패한 바람에 혈세만 낭비하게 만든 것이다. 이는 결과적으로 돈은 돈대로 물어내고 심각한 교통체증만 유발했다.

이런 문제점은 공단 오염원 배출에서도 그대로 드러나고 있다. 이번에 발생한 광양제철 연료 저장 시설 폭발은 주민들의 안전과 건강 문제에 큰 경각심을 주었다. 이순신대교에 무려 100kg이 넘은 쇳덩어리가 거의 1km나 날아와 떨어진 것이다.

그로 인해 쇳가루와 비산, 분진이 날려서 환경오염도 발생했지만, 교량에도 심대한 훼손을 입혔다. 이것을 보면서 드는 생각은, 제철소가 그 정도로 위협적이라면 다른 환경 위험은 과연 어느 정도일 것인가 하는 것이다.

얼마 전에는 여천공단에서 짬짜미로 유해물질 오염 수치를 조작한 일이 벌어졌다. 과도하게 배출을 하면서 정상치에 가깝다고 발표한 것이다. 시민들은 그동안 까마득히 속고만 있었다. 그들은 그동안 큰 사고가 나서 항의하면 가까이 사는 주민들에게 생색내듯이 얼마간의 돈을 주고 무마시켜 온 것이었다. 그렇지만 조금 떨어진 다른 여수시민에게는 한 푼도 보상해준 바가 없다.

오염원 배출 조작 수치가 이 정도로 심각하다면 도심에 거주하는 시민에게도 분명 영향이 미쳤을 것이 아닌가. 그 점을 생각하면 이번에 짓고 있는 아파트의 조망권 간접 피해도 어느 정도가 될지 알 수 없다. 그런데도 조금 떨어진 곳에 산다고 나 몰라라 하니 답답하기 짝이 없다.

새삼, 신축 건축물로 인한 조망권 침해를 보면서 생각이 복잡해진다. 이 문제 해결을 위해선 의식이 깨어 있어야 하지 않을까. 조망권과 같은 환경 문제는 오염원처럼 눈감고 지내면 그대로 묻히고 마는 성질의 것이기에 하는 말이다. 자각이 필요한 시점이 아닌가 한다. (2019)

재활운동기구

우리 집 실내 화장실 벽면에는 재활운동기구가 하나 걸려있다. 아내가 1차 뇌졸중으로 쓰러지고 나서 줄곧 사용하던 것이다. 그러나 지금은 무용지물이 되었다. 집사람이 어느 정도 운동 효과를 볼 즈음에 또다시 쓰러지고 말았던 것이다. 이후로는 전신 마비가 와서 더는 사용할 수가 없게 되었다.

그렇지만 나는 이걸 치우지 않고 있다. 다시 사용할 가능성이 있어서가 아니라 아내가 한때 그토록 재활에 매달리던 것인데 차마 버릴 수가 없어서다. 그렇지만 이게 눈에 띄면 운동하던 모습이 자꾸 떠올라서 지금은 다른 곳에 걸어두고 있다.

아내는 한때 이것을 가지고 열심히 재활운동을 했다. 하루도 빠뜨리는 날이 없었다. 오전과 오후, 어떨 때는 밤에도 일어나서 매달렸다. 운동을 시작하면 나는 금방 눈치를 챈다. 문틀에 걸어두고, 당기노라면 마치 톱질하는 소리가 들려오기 때문이다.

이 재활운동기구의 구조는 간단하다. 도르래가 달린 지지대를 위에 걸고 양쪽으로 늘어뜨린 줄을 두 손에 잡고 당기는 것이다. 순전히 팔의 근력을 기르기 위한 기구이다.

아내에게 처음 뇌졸중이 찾아왔을 때만 해도 한쪽은 온전했다. 그래서 불편한 가운데서도 밥 짓고 빨래하는 일상의 일은 손수 했다. 다소 멀리 떨어진 마트에 가서 물건을 사는 일은 내가 했지만 소소한 집안일은 혼자서 했다. 그런 아내는 재활운동에 매달렸다. 하지만 효과는 별로였다. 오히려 시간이 흐름에 따라 다른 성한 곳까지 마비가 진행되어 급기야는 운동을 중단하지 않으면 아니 되었다.

뇌졸중처럼 무서운 병이 있을까. 이것에 걸려 한번 쓰러지면 원상회복이 거의 불가능하다. 경미한 경우는 이겨내고 정상 생활을 하는 사람도 있지만, 정도가 심하면 반드시 후유증을 남긴다. 언어 기능의 장애가 오거나 수족을 못 쓰게 된다.

아내가 뇌졸중의 위험 요소를 안고 있을 때 미리 대비하지 않는 건 아니었다. 평소에 혈압이 높고 당뇨가 있었기에 늘 신경을 썼다. 가족력도 있어서 장인어른께서 60대 초반에 고혈압으로 돌아가셔서 딴엔 대비하느라고 효험이 있다는 누에가루를 사 나르고, 바위옷을 구해오기도 했다.

하나 효과를 보지 못했다. 증상는 사전에 나타났다. 자주 코피가 터지고 안구의 실핏줄이 터졌다. 그래도 안정을 취하고 눈에 안약을 넣으면 이내 가셨기에 크게 신경을 쓰지 않았다.

돌이켜 보면 그것이 큰 병이 몰려오는 징후였는데 대수롭지 않게 여기고 지나친 것이 후회된다. 만약 그때 바로 병원에라도 갔었더라면 처방을 받았을 텐데 그러질 못한 게 후회막급하다.

뇌졸중이 일어난 날은 설 명절을 맞아 고향 집에 가 있느라 시간을 많이 허비했다. 그런 와중에 병원을 찾아갔더니 여느 병원은 모두 다 쉬고 당직병원이라는 곳은 응급조치 시설이 없었다.

하는 수 없이 하루를 허비하고서 다음날 입원을 시켰다. 뇌졸중은 세 시간 이내에 조치를 취해야 한다는데 길거리에서 또 집에서 상당한 시간을 보낸 것이다.

일차 발병할 때는 그래도 MRI를 찍고 약물만 투여받고서 일찍 퇴원했다. 그래서 그런대로 일상생활을 할 수 있는 상태가 되었다. 그런데 일 년 후 다시 재발이 되고 말았다. 이번에는 성한 부위까지 마비가 오는 바람에 전신을 부려놓은 상태에서 남의 손에 의지하지 않으면 먹는 것도, 대소변을 보는 것도 혼자서 하지 못하게 되었다. 그 세월이 어언 16년이다.

나는 이제 이골이 난 간병인이 다 되었다. 도와주는 요양보호사가 쉴 때는 혼자서 식사와 운동을 도맡는다. 운동은 재활병원에서 어깨너머로 배운 것을 활용한다. 한데 요즘 애로를 겪고 있다. 요양보호사들이 환자를 기피하는 바람에 사람을 구하지 못한 것이다.

그런지라 나는 아내가 발병 후 한 번도 다른 사람에게 소변 보는 것이나 대변 처리를 맡겨본 적이 없다. 오로지 내가 전적으로 전담하고 있다.

그러므로 요양보호사가 집에 와서 하는 일이란 기껏 밥 먹여주고 이 닦아 주고 방 청소해주는 일이다. 그런데도 간병인이 이마저도 힘들다고 기피하니 여간 속상한 일이 아니다.

비교적 손쉽게 할 수 있는 환자 허리 껴안고 휠체어에서 소파에 앉혀주는 일조차도 허리가 안 좋다고 난색을 표하니 기가 막힐 뿐이다.

아내는 1급 중증 환자로서 요양보호사가 공단에서 타가는 급여도 결코, 적지 않다. 거기다가 나는 토요일에 한 차례씩 목욕을 시켜주는 대가로 별도 기십만 원을 더 얹어 준다.

언제부터 편안하게 돈벌이를 하는 세상이 되었는지 모르겠다. 나는 지금 하루에 두 차례 방문하는 요양보호사를 구하지 못하여 애를 태우고 있다. 겨우 사정사정하여 오전 일을 하는 사람을 한 명 구했는데 다른 한 사람이 더 필요한 실정이다.

이런 형편이다 보니 앞으로 당분간은 꼼짝없이 오후는 매달려 지내야 할 것 같다. 그러니 사회 활동을 접어야 한다. 혹자는 이런 나의 사정을 두고 요양 시설을 이용하면 안 되겠느냐고 충고하기도 하는데, 환자가 싫어하는데 그럴 수는 없다. 그러기는 나도 바라는 바가 아니어서 고려하지 않고 있다.

그것은 전에 병원에 입원했을 때 겪은 트라우마도 한 이유가 된다. 한 요양보호사가 환자에게 증인을 서달라고 막무가

내로 군 일이 있었던 것이다. 그 일은 병원에서 일어난 돈 분실 사건이 사달이 되었다. 병원에 입원하고 있을 때 환자를 방치하는 일이 많았던 것이다.

하루는 내가 집에서 음식을 챙겨서 가니 어처구니없는 상황이 벌어지고 있었다. 그때 나는 그 어처구니없는 상황을 맞닥뜨리고 강력히 항의를 표했다.

요즘 우리 집에는 무거운 침묵이 흐른다. 이를 깨기 위해 나는 의식적으로 명랑한 척하지만, 눈치 빠른 아내가 그것을 못 알아차릴 리가 없다. 해서 절대로 시설에는 보내지 않겠다고 명토를 박지만 아내는 못 미더운지 불안한 마음을 풀 기미가 없다.

이런 마당인지라 화장실 벽에 걸린 운동기구를 보노라니 더욱 안타까운 마음이 밀려온다. 이런 경우를 당하지 않으려고 그렇게도 억척스럽게 재활운동을 했던 것인데, 좋은 끝을 보지 못했다는 회한도 남는다.

눈에 들어오는 운동기구는 그간 얼마나 많이 당겼는지 거의 닳아서 끊어질 지경이다. 그것이 오늘따라 격하게 가슴을 짓누르고 먹먹하게 만든다. (2019)

무지가 보여준 소탐대실(小貪大失)

한동안 산책할 때면 마주 대하는 기품이 좋아 눈길을 주던 나무가 있었다. 남녘에서는 좀체 보기 드문 서어나무다. 이 나무는 수령이 어림잡아 100년도 넘었다. 그런 만큼 몸피도 한 아름이 넘는다. 이 나무는 어느 집 입구의 언덕배기에서 언제는 수호자인 듯 자리를 지키고 있었다.

그런 까닭에 안채는 비록 담장이나 대문이 없어서 누추해 보이지만 나무가 살짝 가려주는 바람에 굴레 벗은 듯 보이지 않고 안온해 보였다. 나무는 두 그루였다. 크기도 엇비슷해서 마치 쌍둥이처럼 보였다.

이 나무가 서어나무임을 안 것은 수피가 소나무처럼 터져있어서다. 오직 두 종류 만이 수피가 거북등처럼 터지는데 이 나무가 운치를 더한 것은 몸을 타고 오르는 마삭줄도 한몫했다.

나무를 빙빙 감아 올라서 꼭대기까지 이르렀는데 그것이 더없는 풍치를 느끼게 한 것이다. 그것이 자연미를 살리고 집 분위기도 한층 돋보이게 했다. 나는 그것이 보기 좋아 산책을 하는 날은 일부러 이 나무가 있는 곳을 택하여 안길을 걸었다.

집은 언덕배기 밑에 있어 위에서 내려다보면 마당과 함께 딸린 텃밭이 한눈에 들어온다. 집에는 가끔 승용차가 마당에 서 있을 때가 있다. 하지만 젊은 사람은 보이지 않고 노파가 집을 지키면서 텃밭을 일구고 산다.

나는 그 나무를 볼 때마다 정원수로 말하자면 이만한 것이 또 있을까 생각했다. 다른 사람들은 좋은 집을 지어놓고 운치를 살리기 위해 고가의 나무를 정원에 심기도 하는데 저절로 자란 나무가 기품을 더해주니 여간한 풍치가 아니었던 것이다. 자연스럽고 얼마나 멋있는 풍광인가.

나무는 봄철이면 잎사귀를 틔어서 그늘을 드리워 주고 늦가을이면 모두 잎을 떨궜다. 그러면 나뭇가지에는 여름내 깃든 새들이 떠나고 빈집만 덩그러니 드러났다.

나는 이 나무를 보면서 때로 당나라 시인 향산거사(香山居士) 백거이를 떠올렸다. 그는 오동나무에 걸린 달이 좋아서 집을 살 때 값을 두 배나 더 주고 샀던 사람인데, 얼마나 멋있는 일인가. 아마도 모르면 모르지만 그가 이 집을 본다면 가장 반겼으리라.

한데 이 나무에 변고가 일어났다. 어느 시기부터 서서히 죽어가기 시작한 것이다. 처음에는 두 나무 중 한 나무가 먼저 까닭 없이 시들기 시작했다. 알 수 없는 일이었다. 하나, 나는 짚이는 데가 있었다. 처음에는 그걸 보면서 막연히 뿌리가 부실해서 그러는가 여겼는데, 이태 사이에 연달아서 다른 나무마저 죽어간 것을 보자 의구심이 생겼다. 근래 들어 극심한 한해가 든 것도 아니다. 거기다가 갑자기 무슨 공해 물질이 덮친 것도 아니다. 그렇다면 충분히 의심이 가지 않는가. 그동안 100여 년을 지나도록 아무렇지도 않던 나무가 아닌가.

그렇다면 합리적인 의심을 해볼 수가 있는 것이다. 혹여 나무에 극약처방을 한 것이 아닐까. 누군가가 그런 일을 자행했다면 틀림없이 손쉬운 방법을 택했을 것이다. 나무를 죽이는 방법으로 뿌리에 소금을 집어넣기도 한다. 만약 그 방법을 썼다면 이해당사자가 그리 했을 것이다.

그렇다면 집주인이 한 것이 아닐까. 그런데 정확한 증거가 없으니 집주인을 다그쳐 물으면 틀림없이 저절로 시름시름 죽어갔다고 둘러댈 것이다. 그래도 곧이듣지 않고 증거를 대면 그때는 다른 핑계를 댈 것이다. 집으로 넘어질 위험이 있어서 베었다고.

마침 나무는 언덕배기에 다소 비스듬하게 서 있기는 했다. 그렇다고 통행에 지장을 주거나 넘어질 위험도 없었다. 그렇다면 왜 그랬을까. 이유를 나름으로 생각해 본다. 아마 작은 텃밭에 그나마도 나무로 인해 그늘이 지니 베어낼 생각을 한 것이 아닐까. 그렇다고 해도 꼭 그래야 했을까. 그게 방해가 되면 얼마나 되고 그곳에서 수확을 올리면 얼마나 올리겠는가.

텃밭에 그늘이 지고 가을에는 낙엽이 좀 떨어진다손 치더라도 무지막지하게 잘라버려야만 했을까. 어처구니가 없는 일인가.

죽은 나무는 한동안 그 자리에 베어져서 버려져 있었다. 몇 동강이 났는데, 여간 아깝지 않다. 그것은 이제 화목밖에 더 되는가.

거기다가 집은 이제 아주 볼품없게 되어 버렸다. 나무를 베어내고 나니 초라함만 드러난다.

자꾸만 베어진 나무가 아깝다는 생각만 든다. 그 나무를 세워둔 채 팔았다면 얼마든지 좋은 조건에 비싼 가격으로 팔았을 게 아닌가, 집안에 그럴듯한 나무가 있다면 백거이만 욕심내는 것이 아니다.

그래서 나는 그곳을 지날 때마다 언짢은 마음을 어찌하지 못한다. 생각하면 그것은 개인 소유라고도 할 수 없다. 나무가 한 곳에 자라서 이미 100년을 넘게 한자리를 지켰다면 공공재이기도 한 것이다.

그렇다면 개인이 마음대로 손을 댈 나무도 아니다. 아무튼, 그 나무가 시야에서 사라지니 허망하고 허탈한 생각만 든다. 그러면서 소탐대실(小貪大失)이라는 말을 되씹게 된다. 앞으로 한동안은 그런 안타까운 마음을 내려놓지 못할 것 같다. (2018)

삼사일언(三 思一言)

사람이 살아가는 세상은 늘 평온하지만은 않다. 개성이 다른 사람들끼리 모여 사니 잦은 의견 충돌도 빚고 그로 인해 마음도 상하게 된다. 그 중심에는 '말'이 있다. 그래서인지 예로부터 언어에 관한 경계의 말이 많이 전해 오는데, 대표적인 것이 '칼로 베인 상처보다 말로 베인 상처가 더 깊고 오래간다.'란 말일 것이다.

아침 산책하러 나가던 길이었다. 산밑 동네 앞을 지나가는데 웬 늙수그레한 두 노인이 어느 집 앞 돌계단에 앉아서 자못 심각한 표정으로 대화를 나누고 있었다.

충고를 하는 모양인지 한 사람은 말을 하고 다른 사람은 묵묵히 듣고 있었다. 그 장면이 이색적이어서 지나면서 슬쩍 건너다 보았다. 두 사람의 나이는 비슷해 보이는데 그중 한 사람이 손윗사람인 것 같았다. 나무란 것도 같고 권유를 하는 것도 같았다. 목소리가 여간 진지하지 않았다.

“그것은 자네가 당최 잘못한 것이여. 술 먹은 개라고 술 취한 사람은 탄하지 말라는 말도 있지 않던가. 뭐 하려고 부아를 돋아. 목구멍에 화가 올라와도 침 생키대끼 꿀꺽 생켜야제.”

이렇게 받고 있었다.

“그렇게까지 성질부릴지 알았담요.”

“그건 백번 자네 잘못이여. 어여 성질 풀고 집에 들어 가소.”

충고하는 목소리가 단호했다. 중동무이가 된 대화로 봐서 손아랫사람이 남편과 싸움을 한 것 같았고 나이 많은 사람은 그런 행동을 타이르는 것으로 보였다. 나는 그 토막 이야기를 엿들으며 말로 인한 오해이거나, 술 마신 것을 탓하다가 크게 일이 벌어진 것으로 짐작되었다.

나는 그 이야기를 들어서인지 걷는 발걸음이 가볍지 않았다. 그러면서 이런저런 생각들이 머릿속을 가득 채웠다.

말이 늘 문제이다. 무심코 내뱉은 말 한마디가 생사를 갈라놓기도 한다. 해서 여말의 문신 이첨 같은 이도 ‘말을 할 때는 가득 찬 물그릇을 들 듯 조심하라.’라고 일렀을 것이다. 말에 관한 경계와 교훈이 되는 사건으로 지금도 인구에 회자되는 것을 들라고 하면 남이 장군과 유자광의 얽힌 일일 것이다. 남이 장군은 17세에 무과시험에서 장원급제하였다. 또한, 26세 약관의 나이에 병조판서까지 올랐다.

그는 사람됨이 대범하고 문벌도 좋았다. 태종의 4녀인 정선

공주가 조모이고, 장인은 당대 중신인 권근이었다. 그는 세조의 총애를 받았다. 하나 그는 사람을 가리어 사귀지 못했다. 그런 틈에 야심가인 유자광이 끼어들었다.

그를 알고 지내던 때에 함경도에서 이시애 난이 일어났다. 이때 장군은 선봉장이 되어 진압에 나서게 되었다. 출발 직전 궁성의 갑사로 경비를 서고 있던 유자광이 자기도 참전하고 싶다고 했다. 남이 장군이 말렸다.

"자네는 궁성을 지키는 일이 중요하지 않는가?"

"이곳의 일도 중요하지만, 장군을 돕고 싶습니다."

그리하여 유자광을 대동하여 난을 잘 평정해 공을 세우게 되었다.

세조는 크게 치하했다.

장군에게 병조판서의 직첩을 내리겠소"

이에 장군은,

"유자광의 활약이 컸습니다. 그를 상 주소서."

"알겠소. 그에게는 병조정랑 자리를 내릴 것이요."

한데 유자광은 장군을 오해했다. 세조가 승하하고 예종이 왕위에 오르자 그는 무고를 했다.

"남이가 역모를 꾸몄습니다. 몇 해 전 제가 궁성 경비를 서고 있는데, 혜성이 날면서 꼬리가 떨어지자 '이는 옛것이 없어지고 새것이 나올 징조로다.' 했습니다."

"그게 맞지 않느냐? 내가 새로 왕이 되지 않았느냐?"

"그게 아니옵고 이런 증거가 있습니다. 남이는 남아 이십에

미천국 하면 대장부가 아니라고 했는데, 이는 필시 '미득국'이라는 것을 감추고 한 말입니다."

그리되어 남이 장군은 모함에 걸려들어 27세의 아까운 나이에 참변을 당하고 말았다. 처음에는 그런 일이 결단코 없었다고 부인했으나 가혹한 형벌 앞에서 견뎌내지 못하고 허위진술을 한 때문이었다.

자고로 '그 사람의 마음을 알기 전에는 경계하는 마음이 없어서는 아니 된다(防人之心 不可無).' 했는데 첫 번째의 잘못은 간신배를 곁에 둔 것이지만 그 밖에도 오해를 살만한 말을 한 것도 잘못이다.

이를 보더라도 말조심은 늘 신경 써야 할 것이 아닌가 한다. 속담 중에 경계를 강조하는 말들이 있다. '앞에서 할 수 없는 말은 뒤에서도 하지 마라. 농담이라도 다 용서되는 것은 아니다. 두고두고 괘씸한 느낌이 드는 말은 위험하다. 말을 독점하면 적이 많아진다. 무시당한 말은 바보도 알아듣는다. 험담에는 발이 달렸다. 사랑이라는 말로 잔소리는 용서가 안 된다.' 이런 것을 떠올리면서 내가 늘 명심하는 것이 있다. 다른 것이 아니다.

是禍之門/ 舌禍斬身刀/

閉口深藏舌/ 安身處處宇

입은 재앙을 불러오는 문이요, 혀는 몸을 자르는 칼이다.

입을 닫고 혀를 깊이 감추면 가는 곳마다 몸이 편안하다.

또 하나 말과 관련하여 새겨볼 글이 있다. 조선 시대 인방준 선생의 구잠(口箴)이란 글이다.

言而言/ 不言而不言/

不言不可/ 不言而言亦不可

口乎 口乎/ 如是而已

말을 해야 할 때는 말을 하고 말해서 안될 때는 말하지 말라

말해야 할 때 말을 안 해도 안 되고 말해서 안될 때 말을 해서도 안 된다.

입아 입아 그렇게만 하여라.

조선 시대 어느 재상은 누가 곤란한 질문을 하면 잠자코 있다가 자기 코만 매만졌다고 한다. 그리고 신유사옥 때 다산선생은 형들의 죄상을 이실직고하라는 문초를 받자 "내가 말하면 임금을 속이는 일이고 동시에 형제를 해치는 일이니 말할 수 없다."라고 단호히 거부했다고 한다. 이를 두루 참고하건대, 말은 평상시나 위기에 처해서나 항상 신중히 하고 가려서 해야 하지 않는가 한다. (2018)

자계(自戒)의 글

자계(自戒)는 스스로 경계한다는 말이다. 따라서 '자계의 글'이라 함은 그것을 실천하고자 하는 글이 될 것이다. 이것을 생각하면 '좌우명(座右銘)'이 떠오른다. 스스로 경계하고 마음에 새기는 일은 동떨어진 것이 아니고 한 묶음이기 때문이다.

1980년 4월, 나는 직장 상사를 따라 화순 고을을 방문하여 어느 선각자를 만난 적이 있다. 전 해에 10·26이 터져 대통령이 시해되고 이어서 12·12 사태가 일어나 신군부가 정권을 장악하면서 어수선한 때였다. 만나 뵌 분은 조덕헌(曺德憲) 옹. 당시 연세가 90세였는데 그때까지도 전혀 허리가 굽지 않고 눈빛이 형형한 노인이었다. 상사분이 평소 존경한 분이라 도착하자 우리는 바로 사랑채로 안내되었다. 그때 당신이 느닷없이 이런 말을 했다.

"내가 전번에 뭐라고 하던가. 가을쯤에 나라에 큰 변고가 있을 거라 하지 않던가."

그것은 다른 것이 아니었다. 나중에 들어서 안 것이지만 대통령 유고를 뜻하는 것이었다. 그러니까 직장 상사는 앞이 보이지 않는 시국에 나라가 어찌 되어 갈지 걱정이 돼서 찾아뵌 것이었다. 그날은 다른 사람의 발걸음도 있었다. 어느 장성인지 몰라도 성판을 가리고 찾아왔다.

그분 역시 수상한 시국에 사태가 어찌 전개될지 불안하여 찾아온 것이었다. 상사분의 말에 의하면 그분은 앞을 내다보는 혜안을 지녔다고 했다. 김구 선생님과도 인연이 깊다고 했다.

노옹의 서상 뒤에는 '愼獨'이란 큰 글씨가 쓰여 있고 말미에 '曺德憲 仁兄'이라 쓴 가리개가 있기에 물으니 백범 선생님과는 국내는 물론 상해에 머무를 때 주요 서신을 주고받았다는 것이었다.

나이가 15세 연하로 차이가 나지만 각별한 사이였다고 했다. 그분은 아침에 일어나 하루 일진을 보고 중요한 서류를 항아리에 담아 옮겨놓으면 나중에 일경이 급습하여 뒤졌는데, 늘 한 발짝 먼저 손을 쓴 바람에 위기를 모면했다는 것이었다. 그런 저간의 행적을 보면 보통 분이 아님을 알 수 있었다.

나는 그날 깊은 인상을 받고 집에 돌아와 사전을 들춰 '신독'이란 어휘를 찾아보았다. 풀이가 '남이 보지 않는 곳에 있을 때 도리에 어긋나지 않도록 조심하여 말과 행동을 삼감'으로 되어 있었다. '아하 그렇다면 이것은 당신의 좌우명이구나.'라는 생각이 들었다.

그 밖에도 백범 선생님을 떠올리면 또렷이 생각나는 문구가 있다. 바로 서산 대사가 짓고 당신이 즐겨 애송한 시다.

踏雪野中去(**답설야중거**)
不須胡亂行(**불수호난행**)
今日我行路(**금일아행로**)
遂作後人程(**수작후인정**)

눈 덮인 들길 걸어갈 때 / 함부로 흐트러져 걷지 마라 / 오늘 남긴 내 발자국이 / 마침내 뒷사람의 길이 될지니.

이 시는 조국이 절체절명의 위기에 처하여 두 동강이 날 지경에 으르자 이를 막기 위해 1948년 남북협상에 나서면서 읊은 것으로도 유명하다. 이 시문은 나중에 유묵으로도 남겨져서 전해온다.

그렇다면 사는 시대가 다르고 삶의 위치가 다른 내가 살아가면서 마음에 새기고 간직할 적당한 것이 없을까. 그런 생각을 하다가 찾아낸 마음에 든 문구가 있다. 다음과 같은 것이다.

환생어다욕(患生於多慾)
화생어다탐(禍生於多貪)
과생어경만(過生於輕慢)

즉, 근심은 욕심이 많은 데서 생기고 / 재앙은 탐하는 마음이 많은 데서 생기고 / 허물은 잘난 체하고 남을 하찮게 여긴 데서 생긴다는 말이다.

그리고 또 다른 것이 있다.

계안막간타비(戒眼莫看他非)
계구막담타단(戒口莫談他短)

즉, 눈을 조심하여 남의 잘못된 점을 보지 말고 / 입을 조심하여 남의 단점을 말하지 말라는 것이다.

이것이야말로 가장 피부에 와닿고 실천궁행할 말이 아닌가 하여 나는 자계의 문구로 삼고 있다. 그런 만큼 이것을 컴퓨터 앞에 써 붙여 놓고 늘 읽어 본다. 마음을 다잡으려는 뜻이다. 인간은 어떤 존재인가. 인간은 본시 불안정한 인격체이기에 자기를 비추어 반드시 경계 삼음이 있어야 한다. 그래서 세간에는 가훈이며 좌우명도 생긴 것이다. 이것은 무엇보다도 실천하는 것이 중요하다.

공자님은 일찍이 나이 40이 되면 미혹함이 없어진다고 했으나, 범인(凡人)은 어디 그런가. 나 역시도 70이 넘었지만 수시로 흔들린다. 남이 좋게 말해주면 좋아하고 소홀히 대접하거나 서운하게 대하면 성내고 근심한다. 이런 마당에 마음을 붙잡는 무엇이 있어야 하지 않겠는가. 그래서 이 글을 써두고 가까이서 보며 되새기는 것이다.

그런데 그것도 시각이 중요한 것 같다. 남이 나를 어떻게 대하고 보느냐 보다는 내가 어떻게 보고 평가하며 실천하는가가 중요한 것 같다. 70 나마 나이를 먹어보니 비로소 느끼는 깨달음이다. 그러고 보니 '신독(愼獨)'이라는 말이 달리 보인다. 홀로 독(獨) 삼갈 신(愼). 유교 사서(四書)의 하나인 대학에 나오는 이 말. 이것이야말로 짧지만 강한 의미와 메시지가 담겨있는 것이 아닐까.

새삼스레 이 아침, 경구이기도 하고 자계(自戒)의 말이기도 하는 이 글을 새삼스레 되새기며 마음을 가다듬는다. (2020)

수석(壽石) 이야기

흔히 하는 말로 '되로 배워서 말로 풀어 먹는다.'라는 말이 있지만 나의 한문 실력과 수석(壽石) 견문을 생각하면 실로 그런 경우가 아닐까 싶다. 한문 공부라야 서당을 고작 1년 정도 다닌 것이 전부요, 수석 채취는 전라도 밖 진주의 경호강과 남해 정도를 다녀온 것이 전부인데 애석가로 자처하고 있으니 말이다.

애석인들이 두고 쓰는 말이 있다. 가장 빼어난 수석을 일러 악급(愕級)이라는 것이다. 우선, 한자에 놀라서 내지르는 의성어인 '愕' 자가 존재한다는 것이 놀라운데, 아무튼 최상급의 수석을 '악' 소리가 나는 돌이라고 한다. 이런 돌은 아무리 애석인을 자처해도 평생에 하나 만날까 말까 하다.

그런데 나는 모름지기 애석인이라면 남한강이나 임진강, 낙월도를 한두 차례 다녀오지 않는 사람이 없는데, 그런 곳은 언감생심, 엄두를 내지 못한 사람이다. 비용도 적잖이 들뿐 아니라, 그런 곳을 가려면 시간도 1박 2일쯤은 내야 해서 다녀올 생각을 못했다.

그런 깜냥으로 애석인을 자처하니 스스로 생각해도 우습다. 발목을 잡힌 것은 우선 다니는 직장이 토요일이나 일요일, 공휴일이 없이 언제나 꼭 한 번씩은 나가봐야 하는 곳이어서 쉽사리 결행을 못한 것이다. 그런지라 방안퉁수로 주변만 맴돈 것이 석력(石歷)의 전부이다. 어쩌다 운 좋게 외지로 나가는 때도 하루 코스로 마음 졸이며 돌아보고 오는 정도가 고작이었던 것이다.

한문은 어쭙잖게 주워들은 것으로 문장 구조와 어조사의 쓰임을 간파하여 깨우치게 되었다. 그런 만큼 어디다 내놓을 정도는 못되고 향당에서 겨우 청맹과니를 면할 정도이다. 수석도 다행히 지방에 몇 군데 수석 가게가 문을 열어서 부지런히 드나들며 각 산지의 특성을 파악하게 되었다.

그래서 지금은 어느 정도 어섯눈이 트여서 돌의 강도와 색채만 보고도 '이것은 어느 지방 돌이다.' 하고 알 수 있게 되었다. 특징이 뚜렷한 보성 제석산 돌과 순창 호피석, 고성 용석과 봉계 혹돌, 고성 옹기석과 청송 꽃돌은 물론이고 남한강석 중에서도 도화리 초코석과 청풍의 묵석, 미사리 미석도 훤히 꿴다.

그런 돌들은 상인들이 사 와서 선을 보이기도 하지만, 도내 각 산지에서도 엇비슷한 돌이 출토되어 비교가 되는 까닭이다. 그간 어쭙잖게나마 40여 년의 석력을 쌓다 보니 애석인은 물론, 유래석이나 수석에 얽힌 재미난 이야기를 알게 되었다.

그것은 특히 글을 쓰면서 옛 분들의 시문을 찾아보고 음미하며 견문을 넓힐 수 있었다. 그렇게 알게 된 분으로는 조선 후기 애석인 조면호 선생의 애석시와 추사 김정희 선생의 시문 등이 있다. 한데 이들의 시는 조선 중기 이전을 거슬러 오르지 못한다. 세조 때 생육신인 김시습이 돌로 마음을 달래며 애완한 것 중에 짧은 단문이 있고, 역시 동시대 사람인 강희안이 그린 '고사관수도(高士觀水圖)'에 물 가운데 작은 바위 경을 즐기는 그림을 남기고 있는 정도이다. 고려 말 문익점 선생도 애석 생활을 했다고는 하나 남겨진 시문은 보이지 않는다.

그런데 근간에 우연히 의미 있고 재미있는 시 한 편 찾아냈다. 조선 중종반정과 기묘사화에 대한 기록을 찾아보다가 애석시(愛石詩)를 발견한 것이다. 그것은 한편의 완벽한 애석시일 뿐 아니라 수석의 감상법까지도 담고 있었다.

拾盡凶琓石(**습진흉완석**)

平鋪清淨流(**평포청정류**)

浦風四海若(**포풍사해약**)

然後吾放舟(**연후오방주**)

부족하고 흉물스러운 돌 주어와

깨끗한 물 흐르는 곳에 담아볼까

바람도 잡고 바다도 가둔 후에

나는 쪽배를 띄워 볼까.

이것은 유운(1485~1528)의 시이다. 애석인의 마음으로 해석해 본다. 그런데 이 시를 보면 놀라운 점이 있다. 흉한 돌을 완상한다는 표현이 그것이다. 이는 바로 골이 파이고 변화 많은 괴석이나 기석을 말함이 아닌가. 거기에다 '바람을 잡고 바다를 가둔다.' 함은 또한 수반에 물을 채우고 그것을 감상한다는 뜻이 아닌가.

이거야 말로 지금 수석인들이 취하고 있는 감상 태도가 아닌가 말이다. 그렇다면 이미 5백 년 전에도 돌을 그렇게 감상했다는 말일 것이다. 경탄하지 않을 수 없다.

유운은 조선 성종과 중종 시대를 살다 간 분이다. 충청도 관찰사와 대사헌을 지냈으며 기묘사화 때 신진사류로 몰려 화를 입었다고 한다. 당시 조광조의 신원을 청원하다 파직을 당하고 관원 명부에서조차 이름이 삭제되었다. 얼마나 그 처지가 통한에 사무쳤을까.

그런 울분을 수석과 벗하며 잊고자 했음인가. 시문에서처럼 수반석에 괴석을 배치하고 물을 채워놓고서 마음속으로 배를 띄워 시름을 달랬던 건 아닐까. 그 심정이 짐작이 간다. 그렇게라도 하면서 괴로움을 잊었으리라는 생각이 들기 때문이다. 그렇지만 그는 쌓인 울화를 다스리지 못하고 술로 풀면서 살다가 40대 초반에 생을 마감했다.

그렇지만 불우한 시절을 보내며 남긴 시가 한국 수석사(壽石史)에서 가장 이른 시기에 쓰인 최초의 시가 되었으니 의의는 자못 크지 않은가 한다. 나는 이 시를 발견하고 눈이 번쩍 띄었다. 대상을 감상하는 시로서는 온전히 격식을 갖추고 있어서였다.

아마도 이 시는 앞으로도 우리의 수석사를 논할 때 빠지지 않고 언급되지 않을까 한다. 그런 시문을 찾아내어 서투르나마 풀어본 것은 사료 발굴의 의미에서도, 그리고 수석을 사랑하는 후대인에게 전하는 의미에서도 뜻이 있지 않은가 한다. 실로 보람된 발견이라고 생각한다. (2020)